公共部门经济学
创新与实践

主 编◎王 宁
副主编◎董银红 陈丽琴

Public Sector
Economics

清华大学出版社
北京

内容简介

公共部门经济学也称公共经济学,是一门以公共部门的经济活动,特别是政府部门的经济活动为研究对象的学科。近年来,公共部门经济学的相关理论在政治学、经济学、政策分析、治理研究以及政府行为研究领域的应用越来越广泛。

本书在回顾和梳理公共部门经济学发展脉络、研究方法以及学科定位的基础上,分析了公共部门经济学的逻辑起点或学理基础,即市场、政府与公共经济的关系,重点矫正了市场失灵或政府失灵的传统观点。在引入外部性概念的前提下,本书系统地阐述了公共物品、公共选择、公共支出、公共收入、公共预算、公共规制、公共经济政策等公共部门经济学的主要知识领域和核心概念体系,结合学科知识前沿和学术观点,讨论了公共部门经济学的知识进展与学科趋势,建构了公共部门经济学的基本知识体系。

本书每章后的"理论探索""思维拓展""制度实践"三个部分聚焦了前沿理论、学生知识迁移以及当下制度实践,在相关学科知识的基础上,拓展读者思维,植根于中国大地,讲好中国故事,关注中国公共经济实践的具体问题。

本书不仅可以作为公共管理类专业课程的教材用书,还可以作为其他相关社会科学领域有益的参考用书。

本书封面贴有清华大学出版社防伪标签,无标签者不得销售。

版权所有,侵权必究。侵权举报电话: 010-62782989, beiqinquan@tup.tsinghua.edu.cn。

图书在版编目(CIP)数据

公共部门经济学. 创新与实践 / 王宁主编. -- 北京:清华大学出版社,2024.12.
ISBN 978-7-302-67860-1

Ⅰ. F062.6

中国国家版本馆 CIP 数据核字第 2025UW3735 号

责任编辑:杜春杰
封面设计:刘 超
版式设计:楠竹文化
责任校对:范文芳
责任印制:杨 艳

出版发行:清华大学出版社
网 址:https://www.tup.com.cn,https://www.wqxuetang.com
地 址:北京清华大学学研大厦 A 座　　邮 编:100084
社 总 机:010-83470000　　邮 购:010-62786544
投稿与读者服务:010-62776969,c-service@tup.tsinghua.edu.cn
质量反馈:010-62772015,zhiliang@tup.tsinghua.edu.cn
印 装 者:天津鑫丰华印务有限公司
经 销:全国新华书店
开 本:185mm×260mm　　印 张:15　　字 数:351 千字
版 次:2024 年 12 月第 1 版　　印 次:2024 年 12 月第 1 次印刷
定 价:65.00 元

产品编号:103577-01

前 言

习近平总书记指出，人类命运共同体，顾名思义，就是每个民族、每个国家的前途命运都紧紧联系在一起，应该风雨同舟，荣辱与共，努力把我们生于斯、长于斯的这个星球建成一个和睦的大家庭，把世界各国人民对美好生活的向往变成现实。人类命运共同体是一种基于共同利益的价值观，是中国在把握世界发展潮流、人类命运走向上展现出的深邃智慧。人类命运共同体同样是人类社会生活经验和秩序扩展的结果，存在于人类社会生活扩展的过程中，更是人类社会生活扩展的未来形态。

人类社会生活经验和秩序扩展的一个重要标志就是公共领域、公共空间、公共关系（又称为社会关系），甚至是公共文化的扩展，公共领域、公共空间、公共关系和公共文化都需要一种稳定持续的公共秩序来维护。人类社会建构公共秩序的方式不外乎两种逻辑：一是基于自上而下的强制逻辑；二是基于自下而上的契约逻辑。但是，无论是哪一种逻辑，国家特别是近现代的国家（政府）都扮演着核心角色，代表国家的政府也就逐渐成为公共秩序的建构者、规制者和执行者。在现实社会中，政府对公共秩序的指导、维护、建构或干预均显现出多样的政府行为，这些政府行为可以简单地归结为公共部门行为，这些行为需要更多的理论来支持，也需要更多的理论来解读、分析政府这一最具有影响力的公共部门行为。因此，公共部门经济学是一门担负着研究公共部门行为重任的学科。

公共部门经济学是一门以公共部门的经济活动，特别是政府部门的经济活动为研究对象的学科。近年来，公共部门经济学的相关理论在政治学、经济学、政策分析、治理研究以及政府行为研究领域的应用越来越广泛，研究也越来越深入。从一般意义而言，公共的概念是针对私人的概念提出的，如公共领域与私人领域、公共财产与私人财产等。在传统计划经济体制下，私人部门不发达意味着以提供公共服务为核心的公共部门不发达，公共部门不发达也就意味着对公共部门的研究相对匮乏。公共部门经济学作为一门新兴的学科，正像公共部门或第三部门在中国的发展一样，可谓方兴未艾。公共部门经济学教育实际上可以理解为经济学知识在公共领域的延伸，也是经济学理论应用到公共领域的具体实践。植根于中国大地、讲中国故事、研究中国经济规律的中国经济学，不仅为中国当前的公共部门经济学提供基本的经济学理论，还为中国特色社会主义经济发展的实践提供理论指导。很多现实中的公共经济活动实践又进一步佐证了中国经济学的相关理论。因此，公共部门经济学是经济学与公共部门活动或行为相结合的一个学科领域，既具有理论性特征，又具有现实性特征。

本书是一部高等学校的社会科学相关专业，特别是公共管理类或其他社会科学专业的本科生和研究生相关专业的适用教材，遵从公共部门经济学类教材的一般体例，但并不简单地按照一般教材的"市场失灵"逻辑展开，而是从"市场失灵"和"政府失灵"这种普遍共存的现象展开论述；同时，用简洁的语言把较新的公共经济相关理论知识融汇其中，特别是每章后的"理论探索""思维拓展""制度实践"进一步强调理论观点、知识迁移以及与具体实践的联系。"理论探索"与每一章知识点的联系极其紧密，有利于学生扩展阅读范围，特别是增加与每一章知识相关的制度实践作为理解理论知识的辅助，希望读者能从中得到一定的感悟和启发，培养读者的知识迁移能力，提升读者的知识应用能力。"思维拓展"以提问的形式呈现，不拘泥于唯一答案，重点在于对读者的知识迁移能力和思维观念进行训练。"制度实践"为每个知识点提供理论依据、现实解释与实践描述。

本书的主要内容包括导论，市场、政府与公共经济，外部性问题，公共物品，公共选择，公共支出，公共收入，公共预算，公共规制，以及公共经济政策。

习近平总书记强调，改革开放以来，我们党开始以全新的角度思考国家治理体系问题，强调领导制度、组织制度问题更带有根本性、全局性、稳定性和长期性。今天，摆在我们面前的一项重大历史任务，就是推动中国特色社会主义制度更加成熟、更加定型，为党和国家事业发展、为人民幸福安康、为社会和谐稳定、为国家长治久安提供一整套更完备、更稳定、更管用的制度体系。2020年10月，海南省出台的《海南自由贸易港制度集成创新行动方案（2020—2022年）》提出，在"精简行政许可、深化'极简审批'的制度集成创新""优化营商环境的制度集成创新"等十八个领域开展制度创新与实践，这为本书提供了现实、生动、聚焦的文本。按照本书公共部门经济学的相关理论，我们选取了已经发布的海南自由贸易港制度创新案例作为创新和实践的制度案例，希望能够借此帮助读者建立起理论与实践的思维联系，在实践知识中理解理论，在理论基础上理解制度创新与实践。

全书由王宁主编，董银红、陈丽琴二位老师作为副主编辅助编撰、修订并定稿。

本书在编写过程中参考了大量著作和文献资料，虽数易其稿，但仍难免存在不当之处，恳请读者给予批评指正，我们将进一步修改和完善，共同促进公共部门经济学的常识普及和公共部门经济学知识的应用。

王　宁
2024年8月

目　　录

第一章　导论 … 1
第一节　公共部门经济学的含义与特征 … 1
一、公共部门经济学的含义 … 1
二、公共部门经济学的特征 … 2
第二节　公共部门经济学的研究对象 … 3
第三节　公共部门经济学的发展 … 4
一、财政学是公共部门经济学的起点 … 4
二、公共部门经济学的兴起和发展 … 6
第四节　公共部门经济学的研究方法 … 8
一、实证分析与规范分析 … 8
二、理论分析与计量研究 … 9
三、案例研究 … 9
四、比较研究 … 10
第五节　公共部门经济学的学科定位 … 10
一、公共部门经济学与财政学 … 10
二、公共部门经济学与政府经济学 … 11
三、公共部门经济学与当代西方经济学 … 11
四、公共部门经济学与公共管理学 … 12
五、公共部门经济学与其他学科 … 12
理论探索 … 12
思维拓展 … 12
制度实践 … 13

第二章　市场、政府与公共经济 … 18
第一节　市场经济 … 18
一、市场经济的基本内涵 … 18
二、市场经济的构成要素 … 19
第二节　市场经济与资源配置 … 21
一、资源配置 … 21
二、有效资源配置的三个基本条件 … 23

第三节　市场失灵假定及其表现 ·························· 25
　　一、市场失灵假定 ··· 26
　　二、市场失灵的表现 ··· 26
第四节　公共部门与经济活动 ···································· 29
　　一、公共部门的经济职能 ······································· 30
　　二、作为公共部门代表的政府 ······························· 33
　　三、政府失灵 ·· 34
第五节　政府参与经济活动 ······································· 36
　　一、政府参与经济活动的角色 ······························· 37
　　二、政府经济活动的相关研究 ······························· 37
理论探索 ·· 40
思维拓展 ·· 40
制度实践 ·· 41

第三章　外部性问题 ·· 42
第一节　外部效应概述 ·· 42
　　一、外部效应的概念 ·· 42
　　二、外部效应的基本特征 ······································· 43
　　三、外部效应产生的原因 ······································· 44
第二节　外部效应的类型 ·· 46
　　一、正外部效应和负外部效应 ······························· 46
　　二、生产、消费外部效应 ······································· 46
　　三、公共外部效应和私人外部效应 ······················· 47
　　四、单向外部效应和双向外部效应 ······················· 47
　　五、空间外部效应和时间外部效应 ······················· 47
　　六、技术性外部效应、货币性外部效应和政治性外部效应 ······ 48
第三节　外部效应与资源配置效率 ····························· 48
　　一、资源配置效率 ·· 48
　　二、负外部效应对资源配置效率的影响：产量过剩 ······ 51
　　三、正外部效应对资源配置效率的影响：产量不足 ······ 54
第四节　外部效应的治理 ·· 55
　　一、外部效应公共矫正措施 ··································· 56
　　二、外部效应私人矫正措施 ··································· 60
　　三、外部效应社会制裁措施 ··································· 62
理论探索 ·· 63
思维拓展 ·· 63
制度实践 ·· 63

第四章 公共物品 ... 66

第一节 公共物品概述 ... 66
一、私人物品 ... 66
二、公共物品 ... 67
三、混合物品 ... 68

第二节 公共物品的有效供给 ... 69
一、私人物品的供求关系 ... 69
二、公共物品的供求关系 ... 70
三、混合物品的供求关系 ... 72

第三节 公共物品的提供方式 ... 73
一、政府提供公共物品 ... 74
二、私人部门参与提供公共物品 ... 80
三、社区提供公共物品 ... 84
四、第三部门提供公共物品 ... 84

理论探索 ... 85
思维拓展 ... 85
制度实践 ... 85

第五章 公共选择 ... 88

第一节 公共选择理论概述 ... 88
一、私人选择与公共选择 ... 88
二、公共选择理论 ... 89

第二节 公共选择的规则 ... 91
一、投票规则 ... 91
二、投票悖论求解 ... 97

第三节 公共选择的政治行为分析 ... 101
一、选民的行为 ... 101
二、政党的行为 ... 103
三、官僚的行为 ... 106
四、利益集团的行为 ... 108

理论探索 ... 110
思维拓展 ... 110
制度实践 ... 110

第六章 公共支出 ... 112

第一节 公共支出的含义、特性与原则 ... 112
一、公共支出的含义及特性 ... 112
二、公共支出的原则 ... 113

第二节　公共支出的范围及其界定原则与分类 ... 115
　　一、公共支出范围界定的原则 ... 115
　　二、公共支出的范围 ... 116
　　三、公共支出的分类 ... 116
第三节　购买性支出与转移性支出 ... 118
　　一、购买性支出 ... 118
　　二、转移性支出 ... 120
第四节　公共支出增长 ... 124
　　一、公共支出增长理论 ... 124
　　二、影响公共支出增长的因素 ... 128
　　三、公共支出规模的衡量 ... 129
第五节　公共支出结构 ... 130
　　一、公共支出结构的内涵 ... 130
　　二、公共支出结构的影响因素 ... 130
第六节　公共支出效益 ... 132
　　一、公共支出的经济效益 ... 132
　　二、公共支出的社会效益 ... 133
　　三、公共支出效益的分析方法 ... 134
理论探索 ... 136
思维拓展 ... 136
制度实践 ... 136

第七章　公共收入 ... 139

第一节　公共收入的原则与形式 ... 139
　　一、公共收入的原则 ... 139
　　二、公共收入的形式 ... 140
第二节　税收：公共收入的主要形式 ... 141
　　一、税收的含义与特征 ... 141
　　二、税收的分类 ... 143
　　三、税制要素 ... 145
　　四、税收原则 ... 148
　　五、税收是政府取得公共收入的最佳形式 ... 149
第三节　公债：有偿性的公共收入形式 ... 150
　　一、公债的含义 ... 150
　　二、公债的特征与种类 ... 151
　　三、公债对经济的影响与公债负担 ... 153
第四节　公共收入规模的分析 ... 156
　　一、公共收入规模的含义与衡量指标 ... 156

二、影响公共收入规模的因素分析 ·················· 157
　理论探索 ·· 159
　思维拓展 ·· 159
　制度实践 ·· 159

第八章　公共预算 ·· 162
　第一节　公共预算概述 ··································· 162
　　一、公共预算的概念和特点 ·························· 162
　　二、公共预算的分类 ································· 164
　　三、公共预算的原则 ································· 165
　　四、公共预算的模式 ································· 166
　第二节　我国公共预算管理体制 ························· 168
　　一、公共预算管理体制的内涵 ························ 168
　　二、新中国公共预算管理体制的演变 ················· 169
　　三、我国公共预算管理体制领域的改革实践 ··········· 173
　第三节　公共预算的编制、执行、调整与决算 ············ 175
　　一、公共预算的编制 ································· 175
　　二、公共预算的执行 ································· 176
　　三、公共预算的调整 ································· 178
　　四、公共决算 ······································· 179
　理论探索 ·· 180
　思维拓展 ·· 180
　制度实践 ·· 181

第九章　公共规制 ·· 183
　第一节　公共规制概述 ··································· 183
　　一、公共规制的定义 ································· 183
　　二、公共规制的原因 ································· 184
　　三、公共规制的分类 ································· 185
　　四、公共规制的理论 ································· 186
　第二节　经济性规制 ····································· 188
　　一、经济性规制的含义 ······························ 188
　　二、经济性规制的方式 ······························ 189
　第三节　社会性规制 ····································· 191
　　一、社会性规制的含义 ······························ 191
　　二、社会性规制的类型 ······························ 191
　第四节　公共规制改革 ··································· 192
　　一、公共规制放松 ··································· 192

二、社会性规制加强 193
　　三、激励性规制 193
理论探索 195
思维拓展 196
制度实践 196

第十章　公共经济政策 198

第一节　财政政策 198
　　一、财政政策的目标 199
　　二、财政政策的工具 200
　　三、财政政策的类型 201
　　四、财政政策的功能 203
　　五、财政政策的传导机制和时滞 204
　　六、从预算平衡论到功能财政论 206
　　七、财政乘数 207

第二节　货币政策 211
　　一、货币政策的目标 211
　　二、货币政策的工具 212
　　三、货币政策的类型 214
　　四、财政政策与货币政策的联系和区别 215
　　五、财政政策与货币政策协调配合的必要性 216
　　六、财政政策与货币政策协调配合的方式 217

第三节　收入分配政策 219
　　一、收入分配的概念与原则 219
　　二、收入分配政策的目标 220
　　三、收入分配政策的工具 221

理论探索 222
思维拓展 222
制度实践 223

参考文献 225

第一章 导论

经济学是研究资源配置的学问,作为公共部门典型代表的政府同样面临着资源配置问题,同样需要经济学的相关理论提供理论基础。公共部门经济学是一门综合性、交叉性、应用性较强的新兴学科,侧重于从经济学的角度研究、解释、分析和规范以政府为代表的公共部门的职能和作用。公共部门经济学的研究对象是公共部门经济活动或公共部门的经济行为及其产生的结果。在现代经济发展中,政府、第三部门等公共部门与企业、家庭或个人等私人部门都是经济发展的重要组成部分。

第一节 公共部门经济学的含义与特征

一、公共部门经济学的含义

公共部门经济学(public sector economics),又称为公共经济学(public economics),是研究经济系统中公共部门的经济活动及其经济行为的科学。

现实的社会经济体系中存在两种类型的经济主体:一类是私人部门(private sector),即企业与家庭;另一类是公共部门(public sector),即政府、第三部门及其附属物。两类部门在市场运行中扮演不同的经济角色,并都以各自的目的和行为方式参与国民经济的运行,在国民经济中发挥不同的经济功能,影响着国民经济发展的方向和速度。现代经济活动是私人经济与公共经济组成的复杂混合经济活动,公共部门的经济活动免不了要涉及私人部门的经济活动,私人部门的经济活动同样会影响公共部门的经济活动。公共部门的经济活动需要私人部门的经济活动支持,公共部门的经济活动的目的是保证公共部门所遵循的公共价值观念得以实施,私人部门的经济活动在追求某种符合规范的私人目的的基础上促进社会福利水平的提升。在现实世界的经济活动中,参与经济活动的政府、企业和家庭是三个平等的经济主体,三者相互关联,在遵循某种统一规则的基础上,如价格、法规等,又按照各自的规律运行。虽然政府、企业与家庭共同参与经济活动,其行为方式和目的却大相径庭。企业和家庭作为私人部门是以收益最大化为前提和目标的,而政府部门至少是以全社会的福利与公平为前提和目标的。

早期的市场经济是一种以私人部门的完全竞争为主的市场运行模式或资源配置方式,此时政府部门的作用并不明显,故政府被当作经济系统的外生变量。随着经济系统规模的扩张,产生了垄断、信息不完全、外部效应等各种市场失灵的现象,单纯依靠市场机制已经不能保障社会经济体系有效运行和社会资源有效配置与利用,以政府为主体的公共部门对经济体系的直接介入成为必然的选择,如各种反垄断的法律等。在市场经济条件下,政府的经济目标主要有四个,即经济增长、物价稳定、充分就业和国际收支平衡。无论公共部门的最终目标是什么,其经济行为同样需要相应的理论解释。公共部门经济学就是专门研究以政府为主体的公共部门的经济行为的科学。

公共部门主要是指政府部门。政府部门是对公共部门中不从事产品或服务的生产和销售,主要依靠税收取得收入,免费或部分免费地为社会提供产品或服务的单位的总称。从狭义上讲,政府部门是指通过政治程序设立,在一定区域内行使立法、司法和行政权力的实体组织,通常是指中央政府和各级地方政府。从广义上讲,在中国,政府部门还包括政府设立的事业单位,这些单位虽然不拥有行政权力,却在实际上执行政府的政策或体现着政府的某种特定目标,如学生资助、国家考试、质量标准等。具体例如,通过政府创办的学校来实施政府的教育政策,通过政府建立的医院来执行医疗保健政策,通过社保基金来执行政府的社会保障政策,等等。

公共部门除政府部门之外,还包括非政府组织,如公共企业、非营利组织、国际组织和民间社会团体等,它至少以公共伦理和社会福利最大化为社会目标。公共企业一般是指政府拥有的以提供公共物品和公共服务为目的的国有企业,同时包括以提供公共物品和公共服务为目的的非国有企业。如供水、供气、供电、公共交通等部门,它们主要以销售收入作为生产活动的资金来源,也可以获得政府的某种补贴。非营利组织是以从事公共事务为目的的、营利组织和政府组织之外的公益组织,如各种基金会、慈善组织、学会、协会、研究会等,主要提供社会福利、教育培训、医疗保健、救灾赈灾等服务。国际组织是指联合国、世界银行、国际货币基金组织、亚洲开发银行、世界卫生组织、国际红十字会等跨国组织。这些组织通常由各成员单位共同出资来从事公益性的活动,但这些活动不属于政府行为。民间社会团体名目多、范围广,如民间自发形成的以教育救助为目的的各种公益性的团体,它们也属于公共部门范畴。

此外,中央政府和地方政府为了扶持经济发展或出于其他非经济性目的,往往建立一些政策性金融机构,如我国的进出口银行、国家开发银行、农业发展银行,国际上的世界银行、亚洲开发银行等。这些政府或其他组织设立的政策性金融机构,一般也可以界定为公共部门。

二、公共部门经济学的特征

1. 公共部门经济学是主要研究政府及其行为的科学

市场存在失灵现象。与市场一样,政府也存在着失灵的现象,因此就需要对政府行为进行科学的研究。公共部门经济学就是要解决此类问题,即:政府为什么要干预经济活动?什么时候干预经济活动?怎样干预经济活动会取得最优效果?政府从事经济活动的范围、方式、途径和效果分别有哪些?

2. 公共部门经济学用经济学的方法来研究政府的经济行为

人们研究政府可以从许多角度来进行,如从社会学的角度、从政治学的角度、从心理学的角度等。用经济学的方法研究政府的经济行为，在经济学领域中也存在不同的侧重点，并取得了很大的进展。西方古典经济学认为，人们是通过理性的利己主义行为，利用价格机制和竞争机制在商品货币关系中完成自己的交易行为，政府的角色是"守夜人"，政府是服务性的政府。制度经济学从制度的建构、制度的效率、制度的变迁等方面论证了政府在经济或社会繁荣中的作用。实验经济学用实验的方法研究政府供给公共物品的效率或公共物品的供给形式。

3. 公共部门经济学更加注重对实际问题的研究

公共部门经济学研究提供公共物品、政府价格管制、外部性与政府行为、政府政策与经济自由度、寻租等问题时，采用了大量的科学方法。这些方法对解决实际问题起到了极大的作用，如运用委托—代理理论、博弈理论、信息理论、公共选择理论、制度经济学理论等。作为经济活动主体的政府在实际工作中也迫切需要这样一些理论来指导自己的实践，既能够完成社会的目标，又能够提高政府经济活动效益，更主要的是能够为政府的决策，特别是公共问题的解决方案提供有力的解释和说明。

第二节　公共部门经济学的研究对象

公共部门经济学是以公共部门经济活动作为主要研究对象的。公共部门为什么要参与经济活动？公共部门如何参与经济活动？公共部门的经济决策是如何做出的？这是公共部门经济学关注的重要学术命题。经济史学研究成果已经表明，现代经济制度是基于市场交换的经济制度，这种市场经济在资源配置过程中发挥着有效的基础性作用。由于现实经济中存在市场失灵问题，才使得公共部门参与经济活动成为必要，市场失灵甚至成为公共部门干预经济的逻辑前提。当然，政府对于经济的干预同样存在政府失灵的问题，从某种程度上说，政府是否失灵是公共部门是否参与经济活动边界的判断标准。

公共部门的经济活动涵盖的范围十分广泛，总体上包括公共收入活动、公共支出活动、公共规制活动以及公共经济政策等。无论哪种经济活动，都会对相关经济主体的资源进行重新配置，无论这种重新配置是积极、有效地提升社会福利，还是消极、无效地降低社会福利。

公共部门经济学关注的核心问题是公共部门经济活动可能带来的效率、公平和稳定，可以概括为三个方面：一是研究资源如何在公共部门与私人部门之间实现最优配置，研究公共部门如何参与非市场性的资源配置；二是研究公共部门如何从事社会财富的再分配以增加收入分配的公平性与合理性；三是研究公共部门如何维护经济运行的稳定性，提升社会经济活动的福利。

以政府为主体的公共部门参与的非市场性资源配置活动，是指政府为满足居民的公共消费需要和社会存在与发展的必然要求，通过向社会成员征税和强制转移财富的办法来筹措资金，不以营利为目的，提供国防、治安、环境保护、教育、卫生、文化等公共服务。

公共部门所从事的社会财富再分配是指为了保证社会公民获得公平与公正的待遇、保护弱势群体、缓和社会矛盾，采取税收等强制手段对社会成员的财富进行重新分配。越有效运行的市场，越会维持最初的收入分配状况。但收入分配的不公平、经济运行的不稳定等问题是无法依靠市场来解决的。

公共部门稳定经济是指公共部门通过财政政策、货币政策或其他行政手段，制定相应的公共经济政策，对国民经济总量与结构进行调控，以减少宏观经济波动，稳定经济运行，促进经济增长。

公共部门经济学的主要内容包括公共物品理论、公共选择理论、公共收入理论、公共支出理论、公共预算理论、公共规制理论等。

第三节　公共部门经济学的发展

一、财政学是公共部门经济学的起点

公共部门经济学与财政学有着极深的渊源，可以说，公共部门经济学正是在传统财政学的基础上形成和发展起来的，因此把财政学称为公共部门经济学的前身并不为过。实际上，时至今日，仍有许多学者认为公共部门经济学就是财政学。但是更为普遍的看法则是，传统财政学所涉及的问题主要是政府收入和支出，即税收与公债、财政支出等。相比较而言，公共部门经济学的研究领域至少在两个方面有所扩展：一是政府政策对经济的影响；二是关于政府的选择和决策。公共部门经济学是对传统财政学的扩充与发展并为财政学的发展提供了理论基础。可以说，公共部门经济学为财政学提供了理论上的依据，提升了财政学的理论化、科学化水平。

1. 重商主义的财政思想

重商主义（mercantilism）是在欧洲原始积累时期代表商业资产阶级利益的一种经济学说和政策体系。它于15世纪初萌芽，到17世纪达到极盛时期。重商主义考察资本主义生产方式是从流通领域的角度出发的，它注重金银实物货币的积累，认为国家的强大必须以经济为基础，必须以拥有金银货币的数量来衡量其财富的多少。国家经济政策和活动的一切目的都是获取货币，主张实行包括税收政策在内的干预经济的政策，鼓励出口、限制进口，以换回更多的金银，积累货币财富。

2. 重农主义的财政思想

重农主义（physiocracy）主张，自然法则支配着经济运作，尽管这些法则独立于人类意志，但是人类能够客观地发现它们——正如人类能够发现自然科学法则一样。这一观点极大地促进了经济学与社会科学的发展。重农学派的代表人物为法国古典政治经济学家弗朗斯瓦·魁奈（Francois Quesnay），该学派于18世纪形成于法国，它主要反对重商主义和封建特权，其内容有提倡、重视和发展农业，反对国家干预经济，提倡在经济上实行自由放任。重农学派把理论研究从流通领域转向农业生产领域，认为农业是物质财富的真正源泉，只有农业才能创造"纯产品"，只有发展农业，才能使财源茂盛，增加财政收入。从这一角度出发，重农学派在财政方面主张实行"单一土地税"，并由占有"纯产品"的地主承担全部税负，取消其他课税；同时反对行会限制和国家干预经济生活，提倡减轻人头税负担，反对包税制的征收制度。魁奈在 1758 年发表的名著《经济表》（*Tableau Economique*）中着重阐述了社会总产品的交换和流通，对财政和社会再生产的联系进行了最初的分析，提出了"纯产品"学说和"单一土地税"的税收主张。另外，魁奈还认为国家应该把政策重点放在经济繁荣上。

3. 古典经济学派的公共财政思想

古典经济学是代表新兴资产阶级利益的一种经济理论和体系，产生于 17 世纪中叶，完成于 19 世纪初。英国的威廉·配第（William Petty）于 1662 年发表的《赋税论》（*A Treatise of Taxes and Contributions*）是古典经济学产生的标志，亚当·斯密（Adam Smith）于 1776 年发表的《国民财富的性质和原因的研究》（又名《国富论》）（*An Inquiry into the Nature and Causes of the Wealth of Nations*）是主要的理论代表作，大卫·李嘉图（David Ricardo）于 1817 年发表的《政治经济学及赋税原理》（*On the Principles of Political Economy and Taxation*）为古典经济学的终结。其他主要代表人物还有布阿吉尔贝尔（Boisguillebert）、杜尔哥（Anne Robert Jacques Turgot）和西斯蒙第（Sismondi）等。

威廉·配第是英国从重商主义向古典政治经济学过渡的代表人物。1662 年，威廉·配第在其《赋税论》中将国家经济分为军费、官员俸禄与司法费用、宗教事务经费、大学及其他学校费用、孤儿抚养费及无业人员生活救济费、修桥铺路费及其他公共福利费用六个项目。同时，这部著作主张财政支出按国家职能划分为军事、行政司法、宗教、教育、社会事业和公共土木工程等项目，并认为国家支出应以提高劳动生产率、振兴产业为目标，削减非生产性支出，增加生产性支出。赋税是将一部分人民财产转移给政府，人民所纳赋税应以其在公共秩序中所享受的权益而定。他提出了"公平""简便""节省"的征税标准。在税收制度上，他主张以地租为主要税源，以单一国内消费税取代其他税种，并倾向于实行比例税制。

亚当·斯密是英国古典政治经济学的杰出代表，其经济学著作《国民财富的性质和原因的研究》创立了古典政治经济学理论体系和财政学体系，因此他被誉为"政治经济学之父""财政学之父"。《国民财富的性质和原因的研究》产生于英国由工场手工业向大机器工业过渡的时期。作者以资产阶级人性论为出发点，以国民财富为研究对象，使用了双重的研究方法，即一方面探索各个经济范畴的内在联系，另一方面仅描绘经济现象的表面联系。贯彻全书的一个基本指导思想是主张自由放任，即主张在自由竞争中发展资本主义经济。

大卫·李嘉图继承和发展了威廉·配第和亚当·斯密的财政思想。大卫·李嘉图（1772—1823）是英国资产阶级古典政治经济学的主要代表之一，也是英国资产阶级古典政治经济学的完成者，他的主要经济学代表作是 1817 年完成的《政治经济学及赋税原理》。大卫·李嘉图早期是交易所的证券经纪人，后受亚当·斯密《国家财富的性质和原因的研究》一书的影响，激发了他对经济学的研究兴趣，其研究的领域主要包括货币和价格，对税收问题也有一定的研究。

二、公共部门经济学的兴起和发展

公共部门经济学理论以约翰·梅纳德·凯恩斯（John Maynard Keynes）于1936年发表的《就业、利息和货币通论》（*The General Theory of Employment，Interest and Money*）为始点，按发展顺序划分，主要有凯恩斯学派、供应学派、公共选择学派等。

英国经济学家凯恩斯可谓经济学界最具影响力的人物之一。凯恩斯一生对经济学做出了极大的贡献，一度被誉为"救星""战后繁荣之父"等，他认同借助于市场供求力量自动地达到充分就业的状态就能维持经济的观点。他于1936年发表的《就业、利息和货币通论》引起了经济学的革命。20世纪初，自由资本主义演变为垄断资本主义，资本主义固有的矛盾逐渐暴露。经济危机开始周期性地袭击和破坏资本主义经济，克服和消除危机成了西方国家经济学家孜孜以求的研究目标。20世纪30年代的世界性资本主义经济危机使经济学发生了重大变革。凯恩斯对自由经济提出了质疑，主张国家（政府）对经济全面干预。美国"罗斯福新政"为凯恩斯的国家干预论提供了完整的注释和成功的典范。在理论和实践的推动下，西方主要资本主义国家中，政府的经济活动和作用日益扩大，从单向的财政收支扩展到对经济的管理和调控，政府直接介入生产领域并形成一定规模的公共企事业和公共生产，政府收支规模也较以前大幅扩大。

20世纪70年代以来，市场经济国家出现了经济"滞胀"的局面，凯恩斯学派的需求管理政策受到了严峻挑战。由于凯恩斯学派的需求管理政策忽视劳动、储蓄、投资、生产等供应因素，从而导致经济增长率降低。以供应学派为代表的经济理论应运而生，他们认为要医治"滞胀"的经济顽症，就要重视供给管理政策，降低税率以刺激经济增长，减少国家干预经济，提高私人经济的效率。在税收上，要强调税收的中性原则，即征税结果不要影响纳税人在生产、投资、消费等方面的行为。供应学派反对赤字财政政策，主张实行紧缩性的财政政策，恢复预算平衡。在具体政策措施上，他们主张减税政策，以鼓励人们的工作积极性，刺激投资，增加供应。他们提出了"拉弗曲线"，以此来描述税收和生产之间的关系。

货币学派以米尔顿·弗里德曼（Milton Friedman）为代表，兴起于20世纪五六十年代。他们反对凯恩斯的理论及政策主张，主张实行单一的货币政策以调节经济。货币学派认为，推行凯恩斯扩大财政支出政策会造成货币供应的增加，导致持续的通货膨胀。因此，他们反对赤字财政政策，主张实行紧缩性的财政政策和货币政策来控制通货膨胀。在税收方面，货币学派提出了全面降低个人所得税的基本税率，减征投资收入税、土地开发税和公司利润税，实行"负所得税"的设想。

这些学派的观点提供了众多可资借鉴的研究思路。这些研究思路逐渐聚焦于三个公共经济的问题：第一，要搞清公共部门应该从事哪些活动以及这些活动是如何组织的；第二，尽可能地理解和预测政府经济活动的全部结果；第三，评价政府的各种经济政策的效果。很显然，这些都不是财政学所能回答的。

1959 年，美国经济学家理查德·阿贝尔·马斯格雷夫（Richard Abel Musgrave）出版了《财政学原理：公共经济研究》（*The Theory of Public Finance: A Study on Public Economics*），首次引入了"公共经济"这一概念。马斯格雷夫在该书的一开始就指出："的确，我一开始就不愿把本书看作对财政理论的研究。从很大程度上说，问题不是财政问题，而是资源利用和收入分配问题……因此，最好把本书看成对公共经济的考察。围绕着政府收入—支出过程中出现的复杂问题，传统上称为财政学……虽然公共家庭（政府）的活动涉及收入和支出的倾向流量，但基本问题不是财政问题。它们与货币、流动性和资本市场无关，而是资源分配、收入分配、充分就业以及价格水平稳定与经济增长的问题。因此我们必须把我们的经验看成研究公共经济的原理，或者更准确地说，研究的是公共预算管理中出现的经济政策问题。"马斯格雷夫因此也被称为"公共部门经济学之父"。在马斯格雷夫的带动下，约瑟夫·E. 斯蒂格利茨（Joseph Eugene Stiglitz）、马丁·费尔德斯坦（Martin Feldstein）、彼得·M. 杰克逊（Peter M. Jackson）、安东尼·B. 阿特金森（Anthony Barnes Atkinson）等人相继出版的著作都开始把财政学改称为"公共经济学"或"公共部门经济学"。从 1966 年开始，又有了在公共经济学名义下召开的定期会议和阿特金森主持的公共经济学会及会刊。1972 年，美国《公共经济学杂志》（*Journal of Public Economics*）创刊。在此之后，公共经济学进入了一个快速发展时期，一批高水平的公共经济学著作不断涌现出来。

1977 年，爱德华·普雷斯科特（Edward C. Prescott）把公共经济学中公共产品的研究范围扩展到发展中国家，而 1980 年阿特金森和斯蒂格利茨合著的《公共经济学》（*Lectures on Public Economics*）则把这一问题的研究推向了更高阶段。从 20 世纪六七十年代以来，随着福利国家危机的出现，一批主张经济自由的经济学家纷纷开始怀疑政府作为公共产品唯一供给者的合理性。20 世纪 80 年代以后，公共经济学理论被西方经济学界广泛接受。公共经济学被经济学家们称为"经济学的令人激动和富于挑战性的分支"。对推动公共经济学的形成做出过突出贡献的经济学家至少包括卡尔·门格尔（Carl Menger）、威廉姆·斯坦利·杰文斯（William Stanley Jevons）、里昂·瓦尔拉斯（Léon Walras）、克努特·威克塞尔（Knut Wicksell）、埃里克·罗伯特·林达尔（Erik Robert Lindahl）、保罗·萨缪尔森（Paul Samuelson）、理查德·阿贝尔·马斯格雷夫（Richard Abel Musgrave）、詹姆斯·M. 布坎南（James M. Buchanan）、阿马蒂亚·森（Amartya Sen）、让·梯若尔（Jean Tirole）等。

同时，在 20 世纪初期以来逐渐形成的福利经济学日臻成熟，为公共经济学提供了更为坚实的理论基础，而公共选择学说的发展则为公共经济学的问世提供了有效的思维路径和研究方法。时代的发展、经济环境的变化以及经济理论的创新，都在很大程度上推动了公共经济学的产生与发展。20 世纪 90 年代以来，许多著名的西方财政学家撰写的相关著作都将"public finance"（财政学）改称为"public economics"（公共经济学）或者"public sector economics"（公共部门经济学），这些变化绝不仅仅是简单的名称变化，而是存在着深刻的背景原因。随着经济的发展和社会的进步，经济结构和经济环境日益复杂，这些变化都从客观上要求对公共部门的经济活动做更为广泛和深入的研究，而研究的重点已经从财政学主要研究的政府收支问题转向更加注重研究这种收支活动的经济影响、分析公共部门经济活动的合理性和绩效水平,以及对各种类型的公共政策进行评价等。

近几十年来,西方经济学,特别是微观经济学、福利经济学、制度经济学的发展为公共部门经济学的发展提供了理论的支持,如道格拉斯·诺思(Douglass C. North)、莱昂尼德·赫维奇(Leonid Hurwicz)、埃莉诺·奥斯特罗姆(Elinor Ostrom)、托马斯·萨金特(Thomas J. Sargent)、劳埃德·沙普利(Lloyd S. Shapley)、理查德·塞勒(Richard Thaler)等人的经济学理论。公共部门经济学的发展不仅体现在内容上比传统的财政学有很大拓展,如研究公共经济存在的合理性及其合理范围的界定,研究政府选择和政府决策的内容及其政治程序的经济效应,注重具体分析政府收支的社会经济效应,重视研究政府对宏观经济的调控与管理,重视政府政策对经济的影响,把公共生产及其定价、公共产品的供给与生产的关系等问题引入公共部门经济学的研究范畴,另外,公共选择理论也成为公共部门经济学的核心理论等,而且体现在研究方法的改进、定性研究与定量研究结合、增加实证考察和案例分析等方面,使研究更为具体深入。

第四节 公共部门经济学的研究方法

公共部门经济学作为经济学的一个分支,已经发展成一门学科。学科成立的标志之一是特有的研究方法的形成。公共部门经济学的研究方法与一般经济学的研究方法类似,主要有实证分析与规范分析、理论分析与计量研究、案例研究、比较研究等。

一、实证分析与规范分析

实证分析与规范分析实际上是两种既相互联系又相互区别的研究方法。实证分析,是指按照事物的本来面目去描述事物,确认事实本身,说明研究对象究竟"是什么",或者究竟是什么样的。此方法的主要特点是通过对客观存在物的验证,即所谓"实证",来概括和说明已有的结论是否正确。将实证分析法运用于公共部门经济学,就是通过对公共经济活动实际情况的分析与描述,讲清楚公共部门经济活动实际上是一种什么样的活动,它对经济已经产生了什么样的影响以及将来会产生什么样的影响;讲清楚在各级政府之间政府职责、政府收入和政府支出究竟如何划分,这种划分对经济、社会以及政府本身产生了什么影响;讲清楚有关公共经济政策是怎样发挥作用的以及作用的结果怎样;等等。

规范分析,是经过一定的价值判断提出某些标准作为分析处理经济问题的标准,通过分析所要解决的是"应该是什么"的问题。此方法的主要特点是:在进行分析之前,要根据一定的价值判断确定相应的准则,然后,依据这些准则来分析判断研究对象目前所处的状态是否符合这些准则;如果不符合,则分析其偏离的程度如何,应当如何调整等。将规范分析方法运用于公共部门经济学,就是要根据一系列的准则来分析和判断现行公共部门经济活动是否与既定准则相符合;如果不符合,应当如何调整。

公共部门经济学的研究既离不开实证分析,也离不开规范分析。在公共部门经济学研究中,一方面,在运用规范分析方法研究某些问题时,常常需要运用实证分析方法来论证研究对象与既定规制之间的符合程度;另一方面,在运用实证分析方法研究某些政府活动问题时,常常需要运用某些既定准则来验证分析结果。再者,某些规范分析准则实际上也是在实践探索的基础上,运用实证分析方法概括和总结出来的。公共部门经济学以效率、公平、稳定为目标,追求社会福利最大化,或者追求社会效益最大化。实证分析要计算政策带来的均衡状态的变化,规范分析要评价政策的福利方面的后果。通过实证分析可以揭示出公共部门经济学中最基本的效率、公平、福利的增加与损失等范畴与原理。规范分析则可以给处理公平与效率的关系、公共产品供给的主体、政府在市场经济中作用的定位等问题以合理的解释与明确的答案。

二、理论分析与计量研究

公共经济研究也经常进行理论分析,或借助于比较研究和逻辑演绎,或借助于数理方法。理论研究方法不局限于数理方法,但在西方学术界,理论研究基本上已经等同于用数理方法。在现实中,除了极少数的经济学大师,如诺贝尔经济学奖得主科斯和布坎南等,已经少见议论性的理论研究。当然,理论研究更加注重其中的经济学思想,而非纯数学工具本身,这也是经济学不同于数学的地方。计量经济学的研究方法在公共经济研究中的运用与在其他人文社会科学领域的运用一样,也很广泛。理论研究构建的模型是否成立,往往要通过计量经济学方法的检验。在公共经济研究中,计量经济学方法的普及原因有三个:一是计量经济学理论的发展,数据处理水平的提高;二是现在经济学家可以获得比以往多得多的经济数据;三是研究的实证化趋势。

三、案例研究

案例研究是法学院和商学院课程中的常用方法。实际上,公共经济研究也可以运用这一方法。案例研究方法是指一种对发生在自然场景中的某种现象进行探索、描述或解释,并试图从中推导出新的假说或结论的研究方法。案例研究方法是一种综合性的研究方法,对一个案例可以运用多种方法进行描述、解释和说明。在公共经济研究中,可以通过一个具体的公共经济事件,对公共经济行为、公共经济政策、公共经济制度等做出详细的描述和深入的剖析;可以是纯粹的描述,从大量的历史事实中总结出公共经济规律;也可以是用公共经济理论作为指导,检验理论在具体的公共经济活动中的适用性。通过公共经济案例的研究,可以深化对公共经济理论的认识,并在案例研究中发现理论与实践的差异,找出公共经济存在的问题;还可以在解决问题的过程中,深化公共经济理论与公共经济政策研究。与其他研究方法相比,案例研究方法具有综合性、直接现实性、真实性、实践性的特征,但在应用中也要充分考虑到它的代表性和可靠性。

四、比较研究

比较研究是对不同的公共经济理论、不同的公共经济实践模式、不同国家的公共经济形态、不同历史时期的公共经济形态进行比较，从而把握公共经济中一般与个别之间的关系。公共部门经济学一般理论的形成需要对各国公共经济实践进行描述、分析和解释，提炼其共同点。同时，这些共同点是否适用于某个个别的国家或地区，需要比较不同国家或地区公共经济运行的条件和制约因素，找出不同公共经济形态的特殊性。通过对公共经济各要素的比较，对公共经济发展的比较，对不同历史阶段公共经济形态、结构、运行机制的比较，能够帮助研究者较为清晰地认识不同国家和地区公共经济的特点，从而为采取不同的公共经济模式提供借鉴。

第五节 公共部门经济学的学科定位

公共部门经济学属于一门交叉性学科。公共部门经济学脱胎于财政学，在经济学理论基础上，它与政治学交叉后又分出了政府经济学。公共部门经济学在发展过程中与财政学、政府经济学、当代西方经济学、公共管理学甚至心理学等多个学科都有着较为密切的关系。

一、公共部门经济学与财政学

公共部门经济学是对财政学的继承，公共部门的经济行为要依赖于国家财政的支持。公共部门经济学又是对财政学的发展，无论是在研究领域上，还是在研究方法上，都有一定的拓展与创新。公共部门经济学的研究领域比财政学的研究领域更为宽广。财政学主要研究国家财政的"收""支"及其平衡问题。公共部门经济学除研究国家自身的财政收支与平衡问题之外，还研究公共部门的经济行为及其对经济的影响、公共部门与私人部门的经济关系、非政府公共部门与政府部门的关系、经济决策的影响及其作用机制等。经济学家彼得·M.杰克逊提出：传统的财政学主要侧重财政中的税收方面，忽略了公共支出与公共选择。他认为，与财政学相比，公共部门经济学近年来发展的一个特征是经济学家们更加注重公共产品与公共政策的供求研究。[1]还有学者认为，过去公共财政专家关注的是如何有效和公正地进行课税和使用税收，但当代研究的许多内容已经不能由公共财政学所涵盖，"而公共经济学很好地包含了这些内容：对国家财政的控制；谁拥有，谁控制，谁管理和谁制定政策，以及谁关注政府的经济政策"[2]。在研究方法上，财政学主要侧重实证分析，分析政府是如何进行收支的；公共经济学则采用现代经济分析方法，融入了规范

---

[1] 杰克逊. 公共部门经济学前沿问题[M]. 郭庆旺，刘立群，杨越，译. 北京：中国税务出版社，2000：2-3.
[2] 斯蒂格利茨. 政府为什么干预经济：政府在市场经济中的角色[M]. 郑秉文，译. 北京：中国物资出版社，1998：153.

分析、均衡分析、计量分析、案例分析等方法,在和其他相关学科的不断融合与渗透的过程中,将理论与实践结合起来。

二、公共部门经济学与政府经济学

不少学者认为公共部门经济学就是政府经济学,还有学者将财政学、公共部门经济学、政府经济学三者等同。分析其原因大致有两个:一是二者的研究对象确有不少相同之处;二是我国非政府公共部门和组织对社会的经济运行的影响相对有限。为数不多的非政府部门和组织被归入既非私人部门和组织又非政府部门的"第三部门",与私人部门和组织相对应的主要是政府部门。二者的差异性可以从以下几个方面进行分析:一是二者的研究主体不同。政府经济学研究的经济主体是政府部门;而公共部门经济学研究的经济主体是包括政府部门在内的公共部门或公共组织。公共部门或公共组织是相对于私人部门或私人组织而言的。凡是非私人的、涉及社会的部门或组织,都可以归入公共部门,政府也在其列。而与政府部门相对的,则是非政府的部门和组织。因此,公共部门和组织的概念外延大于政府部门的概念外延。二是二者的学科性质不同。政府经济学与政治学有着较为密切的联系。在一定意义上,政府经济学更像是经济学与相关学科(如政治学、管理学、社会学等)交叉形成的交叉学科。公共部门经济学则属于经济学学科。二者的学科性质不同,致使它们在研究方法、遵循的原则、范畴体系等方面也有所不同。

三、公共部门经济学与当代西方经济学

当代西方经济学理论由微观经济学理论与宏观经济学理论组成。微观经济学是以单个经济单位为研究对象,研究单个经济单位的经济行为以及相应的经济变量如何决定。公共部门经济学与微观经济学的联系非常密切:微观经济学研究价格机制、消费者行为理论、生产者行为理论、分配理论等,而公共部门经济学把政府看成一个经济活动主体,该主体为实现其经济利益最大化而生产和消费。因此,微观经济学的优化资源配置的研究目的,同样适用于公共部门经济学。宏观经济学是以整个国民经济活动为考察对象,研究经济中各有关总量的决定及其变化,解决国民经济的整体协调与稳定问题。它是从整个国民经济体系中寻求经济资源的优化配置,其政策目标是充分就业、物价稳定、经济增长和国际收支平衡。公共部门经济学研究如何在公共事务领域界定政府与市场之间的关系,提高公共经济资源的利用效率,从而实现公共经济资源的优化配置。而作为公共部门经济学研究对象的公共部门所具有的配置、稳定和分配的职能与宏观经济学的目标又是一致的。宏观经济学中关于经济周期、总供给与总需求、财政税收与货币政策等理论研究成果,不仅对公共部门经济学的研究思路、方法具有总体性的指导作用,而且是公共部门经济学不可或缺的理论组成部分。

四、公共部门经济学与公共管理学

公共管理学是从管理科学的角度研究公共领域管理的一般特点、规律、原则、方法和手段等问题的学科。20 世纪 80 年代前后，许多国家由于财政危机和管理危机的出现，纷纷掀起了"政府再造"的新公共管理运动。新公共管理运动强调以管理替代行政的管理理念。管理主义以经济、效率、科学和理性作为公共管理的价值取向，强调管理技术和专业管理角色在公共领域的运用，主张公共部门仿效私人部门的管理方法、模式和思想。经济管理领域的研究大都兼有经济学与管理学的两重性，几乎难以分清其是纯粹的经济学还是纯粹的管理学。一个简单的事实是，经济学分析最终产生的政策含义，必须通过管理付诸实践才能转化为现实生产力。在公共部门中，信息不对称和经济人行为导致官僚往往夸大公共产品提供的成本，或通过寻租以谋取部门或个人经济利益；政府经济活动的弱成本约束，造成公共部门运行成本高昂；而传统官僚体制僵化刻板，人员照章办事，又造成公共部门行动迟缓、效率低下。这些弊端都深为新公共管理的倡导者们所诟病，必须用以经济、效率为核心价值的管理主义对其进行革新和重塑，再造公共管理的流程和模式。一方面，管理效率主义大行其道，且与经济学强强融合的趋势日益明显；另一方面，公共部门成本高昂、效率低下的弊端呼吁管理主义的革新运动。因此，公共部门经济学与公共管理学的研究结合十分必要。公共部门经济学在研究公共部门经济行为的过程中，必然涉及公共经济部门中与效率、公平等公共管理问题有关的内容，公共管理学理论成果的应用对公共部门经济学研究方法的创新、公共经济运行效率的提高具有积极的意义，而公共经济运行的一般特点、规律的研究又必然会为认识和改进公共部门的管理提供科学的理论指导。

五、公共部门经济学与其他学科

公共部门经济学与其他一些学科也有着交叉、渗透和关联，如福利经济学、公共政策学、政治学、管理学、伦理学等。学习公共部门经济学，需要对这些学科有一些基本的了解，从而加深对公共部门经济学的理解，并在交叉领域形成新的学科生长点或新的学科领域方向。

理论探索

要对公共部门经济学进行更为深入的研究，可阅读安东尼·B. 阿特金森和约瑟夫·E. 斯蒂格利茨合著的《公共经济学》（*Lectures on Public Economics*）（蔡江南、许斌、邹华明译，上海三联书店，1992 年版）。

思维拓展

1. 依据本章所学知识，论述公共部门经济学的研究对象范畴是否仅局限于政府经济行为，并回答原因。

2. 根据本章所学相关知识，可知"公共部门经济学与财政学有着极深的渊源，可以说，公共部门经济学正是在传统财政学的基础上形成和发展起来的"。我们是否可以说公共部门经济学继承了财政学的学科内容，请结合公共部门经济学的发展过程回答。

制度实践

姚洋：经济学的意义（节选）

首先，经济学是研究人的行为的科学。

经济学要研究人的行为，因为人的行为是市场和社会互动的前提条件，不先把人的行为搞清楚，后面的研究至少是没有系统的。经济学有一个统一的认知——人是理性的，一切研究都从这个前提假设出发。

文学也研究人，也称自己为人学，但文学靠讲故事反映人性。社会学也研究人的行为，但其弱项是没有像经济学这样对人的行为有统一的假设，而是把人作为一个更加全面的实体来研究，这使得研究范围有点太大，不像经济学，主要就是研究人的行为。

人的行为是怎么来的？有什么规律可循？这就涉及进一步的思考：人到底是什么？人做决策时的动机究竟是什么？搞清楚这个问题非常不容易。人类可以认识宇宙，马斯克甚至要把人送到火星上居住，但我们对人的大脑如何工作都还知之甚少。脑科学目前研究出来的成果还不足以解释很多问题。尤瓦尔·赫拉利写的《人类简史》一书中有一个很重要的观点：人的决策很多时候不受自己的理性支配，而是化学反应在支配。例如，你的脾气、性格，你自己无法控制，是大脑的一些化学反应在控制，你自己也不知道是怎么回事，你就是那样的一个人。心理学家对此也做了很多研究，目前已经从行为的描述又向前走了一步，与脑科学结合，包括利用 MR 扫描去观察人做决策时，脑区里哪些地方在活动，但这类研究目前也比较浅。要搞明白人是怎么做决策的，可能要深入到分子层面，甚至更微小的层面。

在生理学、心理学等都未有突破性进展的情况下，经济学怎么研究人的行为？怎么开展研究？

一两百年的摸索，经济学给这个学科设置了一个假设，即"理性人"假设，认为人是理性的。什么叫"人是理性的"？就是人首先都关心个体，其次有计算能力，最后是有学习能力，能学习并掌握关于现在和未来的很多知识，由此进行计算。

当然，人性是多面的，"理性人"假设也只能叫"假设"，人不可能达到纯粹理性的程度。

经济学为什么要做这个假设？因为基于这个假设，经济学家才能构建经济学的模型，让大家讨论、批评，经济学才不会原地踏步。正如数学有一套最基本的公理，要想当数学家，你必须先认可这些公理，然后在这些公理的基础上发明你的数学定理。

经济学基于"理性人"假设，构造了一个庞大的经济学大厦，而且其中的逻辑非常严密。这是经济学与其他社会科学显著不同的方面。社会学、政治学、政府管理、外交等，没有一门社会科学能像经济学一样，构造如此逻辑严密的数理体系，然后大家在这个数理体系里面学习和创造。

当然，严密的体系也带来很多约束，被主流框住，以后难以再有革命性的创新，这是事实。但这个基本假设和严密的体系构造为经济学做出的贡献远大于羁绊。

经济学的主要假设是"理性人"假设，过去二三十年有很多经济学家和心理学家开始研究人到底是不是自利的理性人，是否还可以找到人的一些规律性的行为逻辑，由此产生了行为经济学，也已经有多位经济学家因此而获得诺贝尔经济学奖。

行为经济学的很多研究基于实验，这些实验基本上还停留在心理、行为层面，达不到生理层面，但和经济学此前相对单纯的"理性人"假设不同，行为经济学提出了心理账户等不同的理论。

举个例子，很多美国人会买下整个球赛赛季的票，但很少有人能够全部看完。按照经济学理论，这些人从一开始就不理性，因为他们能预测到自己一定会有一段时间不能看，为什么还要买整个赛季的票？纯粹靠经济理性没办法解释。还有一些人买了整个赛季的票之后，无论下雨、下雪都要去，按理说雨雪天气交通很不便，而且可能观赛体验极其不好，甚至有生病的危险，但很多人还是会去。按照经济学理论，这是沉没成本，你今天去或不去，成本已经不会改变。这是理性假设无法解释的。金融市场很多时候也没有办法用"理性人"假设去解释：你为什么买这个股票？为什么追涨杀跌？所以又有了行为金融学。

综上所述，经济学研究人的行为，但本身也在扩展。有朝一日，经济学是不是全面放弃理性假设？目前还不知道。毕竟到目前为止理性假设的利大于弊。

其次，经济学研究资源配置及其后果。

资源配置是人类的基本活动之一，也可以说是最重要的活动之一。当今世界，如果不研究资源配置，这个国家就没办法运转。政治家都明白经济是第一位的，不把经济搞好，想当选就很困难。正如克林顿当年所说："It's economy"，把经济搞好了，胜选的概率就大，因为这是我们基本生活的一部分。

市场存在的时间很长，自从人类有文明之后就有了市场。有些国家的市场比较受限，有些国家却自由发达。就中国而论，在北宋时期我们就有了比较发达的市场体系。读古人的著作可以发现，那时候人们就开始认识市场运行的规律。例如，王安石就是一个大经济学家，对当时的经济运行有很明确的认识，以现代经济学的眼光来看，他的变法相当不错，只不过在执行过程中出现了很多问题，最后被推翻了。

经济学家研究市场、资源配置，着重于以下两个方面。

第一，市场是什么？怎么工作？亚当·斯密作为经济学的鼻祖，主要讲的是市场如何推进分工，价格怎么形成。到了马克思，他对市场的运作有了更深入的认识，深挖到劳动价值论。从劳动价值论的角度，提出市场在配置资源的过程中不只是配置资源，还分配权利，马克思对此提出了更深刻的见解。当然，马克思的目的是要推翻资本主义社会，建立共产主义社会，但他对市场经济分析的洞见，直至今天仍然振聋发聩。

到凯恩斯时代，他开创了宏观经济学，研究经济整体在动态的过程中怎么形成价格，怎么影响大家的决策。这是一个很大的推进，从此大家可以研究总量的概念。凯恩斯经济学主导了很长时间,直到20世纪六七十年代美国进入"滞胀"时期,该理论遭到很多批评,新自由主义经济学兴起。

在美国,20世纪50年代还兴起了发展经济学——研究发展中国家问题,并于六七十年代开始研究发展中国家的微观问题。这个过程中产生了信息经济学。博弈论早就有了,但在很大程度上是应用于数学领域,只有它开始和信息经济学结合,才能在发展经济学领域获得深入的应用:一位是詹姆斯·莫里斯(James Mirrlees),用于研究税收;另一位是约瑟夫·E.斯蒂格利茨(Joseph Eugene Stiglitz),用于研究发展中国家产权和租赁权的分配。到了20世纪七八十年代,博弈论得到更大的发展,对我们认识人与人之间的互动,认识企业的定价和各种制度的产生都起到了决定性作用。

有人说经济学过去二百年没有多大发展,还是停留在亚当·斯密阶段。这种看法不对,至少博弈论的发展是最近四五十年的事情,一个学科的发展总是一步一步推进。

经济学还有国别之分。例如我们今天在研究中国的问题,有很多是新问题,还有一些问题有特殊性。但特殊性中蕴藏了多少普遍性,值得我们重新认识。我们生活在正经历伟大变化的中国,认真研究中国经济的变化就可能产生新的理论、新的洞见。

第二,市场"应该是什么"?这也是经济学家要研究的。马克思研究资本主义社会,实际上他最终想告诉大家市场"应该是什么"。在马克思时代,资本主义非常肮脏,他看到了满目的剥削和贫困,觉得这个世界不应该是这样,应该创造一个新的世界,他描绘了这个新世界应该有的样子。这一点也很重要。

当代的很多经济学家也是在设定的目标下开展研究的。例如,如何提高经济的效率。马克思其实已经超越了这个层面,他会问:什么样的社会是一个更加美好的社会?这是一个更高的层次,上升到了政治哲学层面。

但直到今天,这些问题还在争论,因为如何建设一个更美好的世界,是一个开放的命题,也是难有终极答案的命题。

在这两个方面的经济学研究主题之外,是否还有更多的领域值得研究?答案是肯定的。

一是世界在不断地变化,不断有新的问题冒出来需要我们去探索。如我前面所说,像中国这样的国家有很多激动人心的问题值得我们去研究。

二是在理论方面还有很多学科需要完善。举例来说,如果你对宏观经济学感兴趣,就会发现它内部存在不同的流派。为什么会出现流派?因为宏观经济学研究的都是总体概念,如总需求、总供给、价格,这些都是内生的,不清楚谁决定谁,所以容易产生分歧。与之相反,微观经济学的大厦已经构筑得非常好了,所以基本上没有学派,大家都是一致的。在宏观经济学的各种流派中,总有一个是比较正确的,但是我们现在还不知道,所以还有很大的探索和发展空间。

再次,经济学研究政府、制度与经济之间的关系。

我觉得这一点对中国来说非常重要。在马克思的年代,即经典经济学家时代,这一点不言而喻。那时候的经济学都是所谓的政治经济学,但后来形成了新古典经济学,大家基本上就不再去研究政府和制度对经济的影响了。

什么时候又开始了研究?最重要的起因是"亚洲四小龙"的崛起。

"亚洲四小龙"经济增长得非常快,几十年间从贫困经济体变成了几乎是发达的经济体。只一代人的时间便实现了从贫困到富裕的跨越,这在人类历史上前所未有。在"亚洲四小龙"的成功因素中,政府的作用非常大,参与非常深,所以大家重新开始讨论政府与市场之间的关系、制度与经济增长之间的关系。因此,1993年研究制度的经济学家道格拉斯·诺思(Douglass North)获得了诺贝尔经济学奖。

现在,制度经济学和新政治经济学是经济学里发展比较快的两个分支,因为这里面还有很多值得研究的东西。

下面举两个例子。

一是政治经济学。政治经济学主要研究分配对于生产的影响。因为市场要有分配机制,首先要建立产权,然后市场根据你的贡献或资本等来分配这些资源,这些资源反过来会强化你的产权,这样会对经济产生影响。2020年欧美国家货币大放水,谁变得更加富有?那些掌握资本的人。事实上,货币大放水拉大了国家间的贫富差距。政治经济学就要研究,这样的财富分配方式从一开始是不是正确,是不是对经济增长有利,怎么去改变或调节这样的分配方式才能有利于经济增长。所以,托马斯·皮凯蒂(Thomas Piketty)的《21世纪资本论》一书非常有影响力,因为他提出了全球资本税的概念来调节收入分配。这样,大家都意识到,初始产权分配最终会对经济产生很大的影响。

二是在中国,关于政府和市场经济关系的争论非常多。中国经济在过去40年间取得了巨大的成功,我们的体制和其他国家非常不一样,我们的党和政府很强大,政府和党在经济发展中到底起什么作用?我们现在的研究还不够全面、不够充分。

最后,经济学研究人与人的互动。

经济学研究人的行为,再推进一步就很容易想到,经济学可以研究人与人之间的互动。

博弈论主要研究的就是人与人之间、国与国之间、组织与组织之间的互动。因为经济学的分析工具太强大,所以我们可以分析以前我们不分析的事物,如家庭、组织。

记得20世纪80年代末期我还在北京大学读书,林毅夫老师刚回国的时候来到北京大学给我们做讲座,他说用经济学的成本收益方法可以分析家庭。这在当时对我们来说是开了脑洞,一直觉得家庭是因为爱情而形成的,爱情怎么能用经济学来分析呢?我们当时不知道,美国的加里·贝克尔(Gary Becker)写了《家庭经济分析》一书,还获得了诺贝尔经济学奖。

后来,博弈论又大量应用到组织行为学上,研究组织的成果也获得了诺贝尔经济学奖,还有研究不完全合约、研究拍卖的经济学家都获得了诺贝尔经济学奖。

组织研究有一个很著名的定理叫作"多目标理论"。当一个组织有多个目标的时候,这个组织或组织代理人就会把更多的精力放在那些更容易测量的任务上面。例如,中国官员的任务很多,但是官员把工作重心都放在容易测量的经济增长方面。消灭了多少害虫,没人知道,因为数不清;种了多少草皮,大家也看不到,但经济增长的数字大家一目了然。

以前,组织是社会学研究的对象,经济学家其实是侵入了以前社会学的领域,甚至把这个领域占领了。现在经济学家大量参与组织研究,而且有机会获得诺贝尔经济学奖。还有人用经济学的方法去研究法律,形成了法律经济学。

所以，很多人会说"经济学帝国主义"。经济学的研究方法虽好，但到处去用是不是正确？关于这一点的争论很大。有些经济学家，如美国的罗纳德·科斯（Ronald H. Coase）就持反对态度，他认为经济学只是研究经济运行，而且他定义得很窄。什么样的社会是美好的社会？我们只要提高社会的效率就行，效率是唯一的目标，这是我们经济学家的任务，我们只能在这个框架里面做研究。但是另外一些经济学家认为，我们有这么好的工具、这么好的能力，为什么不去研究那些领域？现在看来，是第二类经济学家占了上风，很少有经济学家还坚持科斯对经济学的解释。

现在，经济学对其他学科的影响，特别是对社会学和政治学这两个相关学科的影响特别大。美国大部分的政治学博士生必须跟着经济系学一个学期的经济学，学微观经济学和博弈论。所以，美国政治学杂志上的很多文章也开始出现数理模型，被经济学同化。社会学也用经济学的"理性人"假设做研究，他们发表的论文也开始与经济学趋同。著名社会学家谢宇老师说，经济学和社会学的论文，如果用计量的方法做，其实只有引言部分不同，后面的方法都一样。社会学家也开始采用计量经济学的办法，学科之间开启了互通。

可以说，经济学的发展在某些方面推动了其他学科的发展。

资料来源：姚洋：经济学的意义[EB/OL].（2021-03-29）[2024-12-20]. http://www.nsd.pku.edu.cn/sylm/gd/513254.htm.

第二章 市场、政府与公共经济

一般而言,市场是指商品交换的场所,是商品交换顺利进行的空间条件,是商品流通领域一切商品交换活动的总和。市场是社会分工的产物,是在商品生产基础上形成的,后来进一步引申为商品交换的基本形式。参与市场活动的主体本着私利原则做出买卖决策。从理念层面讲,公共部门的代表政府是公权力的代表,是现代国家权威的表现形式,可以被看成一种制定和实施公共政策,追求公共价值,满足社会公共需求,以增进社会福利为目标,遵循公共性原则行使政府职能的机构。市场在遵循私利原则运行的过程中,存在着市场失灵的现象,需要遵循公共性原则的政府弥补这种市场缺陷,在配置公共资源、调节收入分配和稳定经济增长等方面发挥作用。作为公共经济部门典型代表的政府,其参与市场经济活动的现象和行为构成了公共经济研究的内容。

第一节 市场经济

市场在早期是商品交换的场所,后来逐渐发展成了交换的基本形式。市场经济是指市场活动主体依据自愿原则、平等原则和互利原则参与交换,市场价格像"一只看不见的手"(invisible hand)引导着资源的流向,形成资源优化配置的局面。市场经济后来逐渐发展成一种进行有效资源配置的基本经济制度。

一、市场经济的基本内涵

市场经济又称为自由市场经济,是一种经济体系。在这种经济体系下,商品或劳务的生产和销售在市场经济条件下,消费者与生产者之间按照市场价格进行交换活动,市场价格像"一只看不见的手"引导供给和需求,供给方不断创新和降低成本来满足需求方的需要,从而推动经济增长。在市场经济活动中,消费者和生产者分别按照自己的理性原则参与交换活动,消费者追求的是物美价廉的商品效用,生产者追求的是薄利多销的商业利润。在市场经济里没有协调机构来指引消费者和生产者做出决定,但是在理论上,市场活动主体通过"理性决策",依据市场价格进行判断,通过产品和服务的供给和需求产生复杂的相互作用,进而达到自我组织的效果。市场经济看重的是人们在追求私利的过程中,通过"一只看不见的手"——价格的作用,实现资源的优化配置。

在市场经济条件下,经济活动是由市场调节的,政府干预的因素较少,"生产什么,生产多少,如何生产,为谁生产"等问题都由供求力量以及由此决定的价格机制调节。市场价格可以调节资源配置、产品产量的决定以及要素的收入分配。

"一只看不见的手"的驱动力源自人自身的欲望、期望、需要等所谓的理性要素。"理性经济人"假设也顺势成为市场经济条件下，或者说经济交换领域最基本的人性假设，"一只看不见的手"也成了对市场价格的经典比喻。市场经济在市场活动主体的经济理性基础上，依据"一只看不见的手"做出经济决策，从而间接推动了整体经济的发展和社会福利水平的提升。

二、市场经济的构成要素

1. 市场主体

市场主体又称为市场活动主体，是指参与市场活动，享有权利和承担义务的个人、家庭、团体或组织等。市场主体是市场经济活动的第一要素，也是市场经济活动的能动要素。市场主体按照"理性经济人"的假设从事市场交换活动，以盈利为活动目的，这是其最本质、最重要的特征。市场主体具有基于自身利益的独立性和灵活性，市场主体遵循市场规律对市场竞争战略和策略进行调整。此外，市场主体具有关联性特征，没有关联的市场主体就不是真正的市场主体，市场主体本身蕴含着关系要素——简单的买卖关系、复杂的契约关系，甚至是多元的连带关系等。市场主体具有平等性特征，没有平等的市场主体，就不可能拥有平等的权益关系，而且市场经济蕴含着深刻的平等价值理论——这是市场经济平等交换的理论基础。市场主体还具有合法性特征，合法性约束是保证市场有效、有序运行的条件，市场经济也具有法制经济的特征。

按照现代微观经济学的观点，市场主体由消费者、生产者以及政府三大主体构成。消费者一般是指具有消费意愿和消费能力的个人或家庭，在经济学著作中通常作为需求方出现。生产者一般是指具有资本和技术条件，能够提供商品或劳务的工厂或企业，在经济学著作中通常作为供给方出现。而政府的市场主体身份就相对比较复杂，一方面，政府代表公众或国家作为社会资源的最主要配置者出现，维护市场契约关系，维持市场公平竞争，甚至还要调控市场经济运行，如凯恩斯主义经济学概念中的政府和计划经济模式下的政府就具有这种身份或角色特征；另一方面，政府也是参与市场竞争的主体，既是公共物品的供给者，也是市场领域的消费者，按照市场经济的规则参与市场竞争。政府在市场经济中的角色和作用也是经济学领域比较有争议的问题，在以亚当·斯密、萨伊、马歇尔等经济学家的理论为主的新古典经济学领域，政府是作为"守夜人"的角色出现的，并不直接干预市场竞争。在20世纪30年代的欧洲经济危机后，以凯恩斯为代表的经济学家开始强调政府干预经济的作用，政府的角色发生了部分变化。当前的经济学研究领域，仍充满着"政府力量的强大与否甚至直接决定了市场经济的成败"这样的争论，但不可否认的是，政府是作为市场主体出现的。

2. 产权关系

产权是市场经济活动的另一个核心要素。产权是市场主体参与市场经济活动的基础，多以法律术语的形式出现。简单来说，产权是经济所有制关系的法律表达形式。

在不同的领域，产权具有不同的含义。在政治领域，产权可以用来描述不同政治体制的经济基础——公有制、私有制或混合所有制等，具有某种意识形态的含义。在法律领域，产权是个人、组织与物的关系的描述，体现的是法律上的权利和义务关系，更多地关注的是产权的物的含义。因此，产权要指向特定的客体，即任何产权都是以特定客体为前提和基础的，没有特定客体的存在，产权便不再存在，同样，任何产权都是依赖于特定客体的产权，也只能是某一特定客体的产权。在现实生活中，产权的客体有多种表现形式，如资产、商品、发明专利、著作、艺术作品等。另外，产权是指主体对客体的权利，即主体与特定客体的关系，主要包括对特定"产"的所有权、占有权、使用权、支配权、收益权和处置权等，可以说，产权是主体对客体一系列权利束的总称。产权还应该包括不同主体基于对特定客体的权利，相互之间发生的各种各样的经济关系，如生产者、经营者、消费者等之间的相互关系。在现代公司制中，产权经常是公司的所有者与公司的经营者以及公司各利益相关者的关系等。

但是，在市场经济领域，产权不仅是一个物权的概念——界定了物权关系，还是一种经济关系的描述——界定了经济关系。产权是用来界定人们在经济活动中如何受益、如何受损以及他们之间如何进行补偿的相关规则，是收益权和控制权相结合的有机体。产权是开展市场交换的首要条件，没有产权的交换等于掠夺或盗窃，没有产权的交换不是平等的市场交换，是不符合交换双方的经济理性原则的，同时不受法律保护。产权是经济理性得以实施或达成的基本条件，没有产权作为基础，无论是生产者还是消费者都不可能以最大的努力追求利润和效用，也就不可能最大限度地激励生产者和消费者，同样，不可能实现资源配置的高效率。而且，以罗纳德·H. 科斯（Ronald H. Coase）、奥利弗·伊顿·威廉姆森（Oliver E. Williamson）、乔治·斯蒂格勒（George Joseph Stigler）、哈罗德·德姆塞茨（Harold Demsetz）和张五常等经济学家为代表的现代产权理论派已经证明，产权制度的设计也是市场经济有效运行的必要条件，糟糕的产权设计不利于市场经济配置资源能力的发挥，因为糟糕的产权制度设计会增加相应的"交易费用"。例如，公有制产权与私有制产权的效率问题就是一个产权理论的争议焦点。现代产权理论的奠基者和主要代表、1991 年诺贝尔经济学奖得主罗纳德·H. 科斯认为，没有产权的社会是一个效率绝对低下、资源配置绝对无效的社会，而能够保证经济高效率的产权应该具有明确性、专有性、可转让性和可操作性等特征。美国经济学家哈罗德·德姆塞茨曾经在其著作《关于产权的理论》（*Toward a Theory of Property Rights*）中专门论述过产权问题，认为产权是一种社会工具，其重要性在于它们能帮助一个人形成他与其他人进行交易时的合理预期，所以产权是一种人与人之间的关系，而非人与物之间的关系。根据经济学家张五常关于产权的定义，产权并非单指对物件的拥有权，还包含自由转让权、独立收入享受权和私人使用权三项权利。

3. 市场信息

市场信息是一个在传统经济学领域并没有受到关注的市场经济要素。信息是指能够反映市场状态的要素，也是市场主体做出理性决策的重要因素，消费者会依据获得的商品或劳务的效用信息做出自己的购买决策，生产者会依据对整个消费市场、资本市场以及管制法规等信息的了解做出生产决策，政府也会依据整个经济运行状况做出干预与否的决策，当然，政府也可以依据市场信息做出购买商品或劳务的决策。正是在于对市场信息把握的多寡或完全与否，消费者、生产者和政府才能做出是否有利于自己的决策，一旦这种市场信息的传递和获得出现偏差，必然导致消费者、生产者和政府的损失。

市场信息的重要作用在 20 世纪 40 年代逐渐受到经济学界的关注，在 50—60 年代得到了一定程度的发展，在 70 年代逐渐成熟，发展成为一门重要的经济学分支学科。早在 1961 年，美国经济学家、信息经济学的创立者之一的约瑟夫·E. 斯蒂格利茨（Joseph Eugene Stiglitz）就在《政治经济学》杂志上发表了题为《信息经济学》的论文，对信息的价值及其对价格、工资和其他生产要素的影响进行了研究，认为获取信息要付出成本，信息不完备会导致资源的不合理配置。1979 年，首届国际信息经济学学术研讨会召开，信息经济学研究开始引起世界各国的重视。1979 年，丁·希契莱福门（D. Hirsshleifer）和 J. 赖利（J. G. Riley）从与不确定性经济学关系的角度对信息经济学的有关基本问题、基本概念进行了研究，对信息经济学的完善做出了贡献。1983 年，美国经济学家保罗·罗默（Paul P. Romer）提出，应把信息当作一种生产要素，重视信息在市场经济中的作用。1984 年，著名经济学家阿罗（Kenneth J. Arrow）出版了《信息经济学》（*The Economics of Information*）论文集，对信息经济进行了开拓性的研究。1996 年度诺贝尔经济学奖授予了英国剑桥大学的詹姆斯·莫里斯（James Mirrlees）教授和美国哥伦比亚大学的威廉·维克里（William Vickrey）教授，以表彰他们对西方信息经济学研究做出的贡献。2001 年度的诺贝尔经济学奖授予了约瑟夫·E. 斯蒂格利茨（Joseph Eugene Stiglitz）、乔治·阿克尔洛夫（George A. Akerlof）、迈克尔·斯彭斯（A. Michael Spence）三位美国经济学家，以表彰他们从 20 世纪 70 年代开始在"使用不对称信息进行市场分析"方面所做出的重要贡献。市场信息已然成为现代经济学的热门研究领域。

第二节　市场经济与资源配置

一、资源配置

资源配置问题是西方经济学研究的首要问题。通常在西方经济学著作开篇的假设中就会提到该问题，一些经典的经济学著作也把稀缺性与欲望之间的资源配置作为经济学研究的核心问题。英国经济学和经济思想史学家莱昂内尔·罗宾斯（Lionel Robbins）的著作《经济科学的性质和意义》曾经专门论述过该问题。莱昂内尔·罗宾斯认为，经济学研究的是人类在资源稀缺情况下的行为方式，行为和资源的本身不是经济学研究的内容，即经济学研究的是人类行为和资源配置这两者之间的关系，探究此关系保持不变的条件，探究关系变化的原因，以及如何预测这种变化关系，因而具有历史永恒的意义。"经济学是把人类行为当作目的与具有各种不同用途的稀缺手段之间的一种关系来研究的科学。"[1]可以看出，面对人的无限欲望的资源配置方式问题，是现代经济学研究的主题，经济学也就被用来研究如何更加有效地配置有限资源。

而且，经济学中的资源配置问题基本上围绕着"生产什么、生产多少、如何生产、为谁生产"这些经济问题展开。

根据现代人类经济活动的经验，经济领域的资源配置可以大致分为：源于农业社会，以社会风俗和惯例为主的传统经济方式；以市场交换为主的市场经济方式；以计划指令为主的计划经济方式；融合计划与市场的混合经济方式。在现代经济社会条件下，最主要的资源配置方式是以市场交换为主的市场经济方式和以计划指令为主的计划经济方式两种。

1. 以市场交换为主的市场经济

市场经济通过市场竞争和市场交换实现资源配置的目的，在整个市场经济活动的过程中，商品和服务的生产及销售完全由自由市场的自由价格机制所引导，生产者和消费者依据价格信号做出理性判断和利己决策。从主观上看，生产者与消费者都是基于自己的私利出发，寻求交换活动的最优结果；从客观上看，生产者与消费者在追逐自己私利的过程中，市场实现了资源的优化配置，社会福利得到了提高。在亚当·斯密的《国民财富的性质和原因的研究》一书中有这样的表述："各个人都不断地努力为他自己所能支配的资本找到最有利的用途。固然，他所考虑的不是社会的利益，而是他自身的利益，但他对自身利益的研究自然会或者毋宁说必然会引导他选定最有利于社会的用途……确实，他通常既不打算促进公共的利益，也不知道他自己在多大程度上促进那种利益……由于他管理产业的方式的目的在于使其生产物的价值能达到最大程度，他所盘算的也只是他自己的利益。在这个场合，像在其他许多场合一样，他受着'一只看不见的手'的指导，去尽力达到一个并非他本意要达到的目的。也并不因为事非出于本意，就对社会有害。他追求自己的利益，往往使他能比在真正出于本意的情况下更有效地促进社会的利益。"[2]这些话表达出的基本意思是以市场交换为主的市场经济在符合"理性经济人"假设的前提下，市场参与者在私利的引导下，实现了资源的优化配置。

在市场经济条件下，市场主体本身就是产权拥有者，基于经济理性，以私有产权为前提，通过市场交换来回答"生产什么、如何生产、为谁生产"这三个经济问题。当然，市场经济在资源配置中还存在缺陷或失灵的问题，但这并不能否认市场经济仍然是人类经济发展历史上最伟大的经验总结。

2. 以计划指令为主的计划经济

以计划指令为主的计划经济，或计划经济体制，又称为指令性经济，是一种经济制度。在这种体系下，国家在生产、资源分配以及产品消费各方面都由政府或财团事先进行计划。几乎所有计划经济体制都依赖政府的指令性计划，因此计划经济也被称为"指令性经济"。计划经济体制或计划经济模式经常与社会主义制度相联系，侧重于拥有强有力的

---

[1] 罗宾斯. 经济科学的性质和意义[M]. 朱泱, 译. 北京：商务印书馆, 2000: 20.
[2] 斯密. 国民财富的性质和原因的研究：下卷[M]. 郭大力, 王亚南, 译. 北京：商务印书馆, 2009: 25-27.

中央计划机构对整个社会的经济活动进行规划安排。

计划经济的起源是从对市场经济的批判开始的。一般来说，最早出现计划经济构想的是德国政治经济学家弗里德里希·李斯特（Friedrich List）对于亚当·斯密《国富论》的批判，当时是作为政府干预经济行为的第一次理论阐述，之后的《政治经济学的国民体系》更是系统地阐述了政府对经济干预的必要性和对经济发展的主导性。计划经济比较早地在德国进行实践，宣扬政府控制经济，同时以这种思想主导德国的经济发展，马克思称之为"国家资本主义"，这种靠政府干预执行计划目标的经济发展模式，在本质上，可以称为计划经济。计划经济发展的高峰时期，或者说最有力的试验就是苏联的计划经济体制。列宁领导"十月革命"建立了世界上第一个社会主义政权，采用了全民所有制和高度集中的计划经济体制，但在1991年后，随着苏联解体，计划经济体制崩溃，计划经济影响力便逐渐式微。1949年后，中国照搬苏联模式，通过"社会主义工业化、农业改造、手工业改造和资本主义工商业改造"的"产权改革"，形成了公有产权基础，建立了以公有制为基础的计划经济体制的社会主义经济模式。伴随着1978年的改革开放，计划经济体制模式逐渐被打破，中国逐步建立了社会主义市场经济体制。

计划经济从一开始就受到崇尚市场经济的经济学家的批评，奥地利经济学派的路德维希·冯·米塞斯（Ludwig Heinrich Edler von Mises）认为实行计划经济必然会失败，因为"经济计算问题"注定了经济计划者——政府永远无法正确地计算复杂万分的经济体系。只要缺乏了价格机制，政府根本无从得知真实的市场需求情报，而随之而来的必然是计划的失败和经济的彻底崩溃。"中央计划之所以会失败，是因为中央计划机构无法获得必需的信息，更遑论处理这些信息，并以此为基础直接指挥经济体中的众多企业了。市场经济的优势部分体现在信息效率之上。"①

实行计划经济需要产权公有和强有力的集权政治模式这两个非常必要的条件，同时，计划经济通常会忽略个体消费者的真实消费意愿的表达，缺乏私人参与，不利于提高经济活动参与个体的积极性，经济活动便没有源自需求方的活力与多样化。

二、有效资源配置的三个基本条件

有效资源配置，一般是指资源配置实现了由意大利经济学家维尔弗雷多·帕累托（Vilfredo Pareto）提出的一种经济状态——帕累托状态（Pareto optimality），即任何形式的资源重新配置，都不可能使至少有一人受益而又不使其他任何人受到损害的状态。简单来说，帕累托最优是指资源配置的一种状态，在不使任何人境况变坏的情况下，而不可能再使某些人的处境变好。与帕累托最优同时出现的另外一个词是"帕累托改进"，它是指一种变化，在没有使任何人境况变坏的前提下，使得至少一个人变得更好。一方面，帕累托最优是指没有进行帕累托改进的余地的状态；另一方面，帕累托改进是达到帕累托最优的路径和方法。帕累托最优是公平与效率的"理想王国"，是一种不可能实现的绝对理想，

---

① 斯蒂格利茨.斯蒂格利茨经济学文集：第一卷（上册）[M].纪沫，陈工文，李飞跃，译.北京：中国金融出版社，2007：4.

而帕累托改进则是指资源配置朝向最优状态的过程，是通常都会出现的经济发展过程。

通过市场活动进行资源配置，从而达到资源配置的帕累托最优的高效率，需要在一定的环境条件下实现。这些条件基本上由完全自由竞争的市场主体、具有完全信息以及没有壁垒的市场规制构成。

1. 自由市场

自由，通常作为政治哲学或伦理价值中的概念出现，可以理解为人类可以自我支配，凭借自由意志而行动，并为自身的行为负责。市场经济领域中的自由一般具有两个层面的意思：一是自由的市场主体可以参与平等竞争，二是自由的市场环境可以保障平等竞争。自由是市场经济活动中市场主体不可或缺的基本权利，没有自由的市场主体不可能依据自己的经济理性做出决策。也就是说，消费者没有自由选择商品或劳务的权利，而生产者也没有自由的权利依据市场的需求做出生产决策。在这种情况下，必然没有消费者或生产者偏好的真实表达，就没有真实的市场竞争，也就不能形成资源的优化配置。另外，自由的市场环境一般是从外部力量对市场的管制或规制来说的，外部力量一般是指公权力机构，如政府或具有政府背景的公共机构。公权力机构对市场的管制或规制越多，市场自由活动的空间和条件就越少，消费者和生产者的偏好不能够得到真实的表达，市场配置资源的效率也必定不符合帕累托改进。例如，典型的例子就是美国总统拜登于 2023 年 8 月签署了关于"对华投资限制"的行政命令，该命令将严格限制美国对中国敏感技术领域的投资，并要求美国企业就其他科技领域的在华投资情况向美国政府进行通报。这个法案看似基于美国利益的考虑，但从长期看并不利于美国利益。美国投资者的权利受到限制和政府扩大了干预投资的权限，这是对美国传统自由市场经济精神的一种背叛和悄无声息的侵蚀。

2. 完全信息

完全信息条件一般是指市场主体能够获得足够、充分和完全的决策信息或相关知识，参与市场竞争并做出决策。完全信息是一个有效率的完全竞争市场所必需的理论前提条件。在某种意义上讲，它也是经济理论中"经济人（理性人）假设"所必需的条件。在完全信息条件下，消费者在每个时点都了解市场上各种商品的全部可能价格，以及他自己的偏好、存货，并能够在每个个人的环境状态（偏好和资本）和市场价格基础上计算出超额需求。同样，生产者也知道生产要素、价格与投入产出之间各种形式的可能组合配置。这样，消费者与生产厂商之间在任何时点都能了解市场上各种商品的供求状态，于是，出现了市场均衡价格。完全信息在以前并没有引起古典经济学家的关注，大多数古典经济学家认为，市场可以通过"一只看不见的手"——价格来传递市场信息，市场参与者只要依据已知的偏好，加上市场价格的引导，就能做出最优决策。事实上，完全信息条件是不存在的，而且信息的获取和使用也是需要相应的搜索和判断成本的，因此，现实情况是没有一个市场参与者能够获得足够、充分和完全的决策信息、市场信息，市场基本上处于一种"信息不对称"的绝对状态。"信息不对称"就会造成类似于"逆向选择"的道德风险。逆向选择是指市场交易的一方如果能够利用多于另一方的信息使自己受益而对方受损时，信息劣势的一方便难以顺利地做出买卖决策，于是价格便随之扭曲，并失去了平衡供求、促成交易的作用，进而导致市场效率的降低。在"信息不对称"条件下，就会产生欺诈、机会主义甚至犯罪，提高市场交换的机会成本必然会导致市场资源配置的效率下降。

3. 没有壁垒的市场规制

市场规制也称为市场管制或市场限制。在传统的经济学教材中，通常不会把市场规制作为市场进行有效资源配置的基本条件。市场规制一般是指公权力机构、具有垄断某一市场能力的企业或行业协会基于某种目的，通过某种管制措施，如法律法规、技术标准或行业规则等，限制市场领域的自由竞争，限制市场主体偏好的自由表达，甚至限制市场主体参与竞争的权利。市场规制可以理解为给市场竞争设置壁垒，从而实现市场的限制性竞争。就现代市场经济运行情况而言，较大的市场规制来自公权力机构，如最低工资法案是对劳动力市场的管制、控烟措施是对烟草市场的管制、贸易领域的关税措施、农业产品领域的技术标准等，其他如垄断型的企业或行业协会更多的是通过市场竞争本身设置壁垒，如行业技术标准、较低的倾销价格等。在传统的经济学领域，由于公权力机构名义上拥有更多的社会伦理价值要求，更多地把公权力机构的市场规制作为弥补市场失灵的"良方妙药"，而事实上是越来越多的公权力机构的市场规制限制或扭曲了市场竞争发挥作用，从而降低了资源配置的帕累托改进，反而进一步加剧了市场失灵，如对货币市场的管制容易造成通货膨胀或通货紧缩，对经济活动的非市场刺激计划造成了未来经济更大规模的不稳定，对烟草行业的管制形成了垄断的暴利行业，美国1920年实施的"禁酒令"（prohibition of alcohol）推高了酒类的黑市交易价格等。"由政府介入其中造成资源无效配置的市场不乏其例。在运输业（如铁路、航空、货车、公共汽车及出租车）中实行进入管制即带来行业价格上升和效率降低。更毋庸置疑的是，管制常常被政府用以达到某些目的，如收入的再分配和特殊产业的鼓励，而置经济效率于不顾。"[1]综上所述，除部分公共领域以外，任何市场管制都是对市场力量的限制，事实上是影响了市场资源配置的效率，公权力机构规制市场的程度越深，市场资源配置的效率就越低。

第三节　市场失灵假定及其表现

市场失灵（market failure）又称为市场无效或市场缺陷。也就是说，单一依靠市场交换调节经济资源配置不能使资源配置实现帕累托最优状态，也可以理解为只靠自由竞争市场机制达不到资源的最优配置，即在现实的经济生活中市场机制并不是万能的。市场失灵通常还有狭义和广义之分。狭义的市场失灵主要表现为外部性表现为负，如垄断经营的产生、公共物品供给不足、非对称信息情况下的市场壁垒以及社会收入分配不公等问题的调节上运作不灵。广义的市场失灵，除包括狭义的市场失灵的内容外，还包括由宏观经济总量失衡导致的经济波动，如世界历史上的经济危机、金融危机等。

---

[1] 史普博. 管制与市场[M]. 余晖，何帆，钱家骏，等译. 上海：格致出版社，上海三联书店，上海人民出版社，2003：26.

一、市场失灵假定

在这里之所以会讲到市场失灵假定,目的是认清导致市场失灵的根本原因,也就是说,市场失灵到底是不是市场经济不可克服的缺陷。在现代经济体系中,特别是在市场经济制度建设并不完善的经济体中,市场失灵经常被当作政府干预的合法性理由,或者当作市场经济自身不可克服的缺陷。事实上,市场失灵的原因或许并非市场交换或市场竞争本身的产物。市场交换和市场竞争是资源优化配置的手段,市场并没有社会伦理价值预设,怎么会产生"失灵"问题呢?也就是说,市场失灵更多的是人们对市场经济制度的一种社会伦理价值判断,例如,市场经济可能导致公共产品供给不足、收入分配差距、失业、通货膨胀等问题。市场经济真的就是这些问题产生的根本原因吗?或者,反过来讲,有没有其他的资源配置方式能够避免产生公共产品供给不足、收入分配差距、失业、通货膨胀等问题呢?现在看来,不能简单地把公共产品供给不足、收入分配差距、失业、通货膨胀等问题归结为市场经济的问题,更不能因此而否认市场经济在人类历史上发挥了增进社会福利的巨大作用。"应该强调的是这些悲剧的产生有其自我起因,不在于市场体制,而在于追求狭隘定义的利益。不采用市场进行资源配置的国家也遭遇了类似的环境问题,并且通常更为严重。例如,在 20 世纪后半期,东欧的计划经济国家经历了比西欧的市场经济国家更严重的污染问题。"①市场失灵只能说是市场经济运行过程中衍生出来的问题:可能是外部的某种力量扭曲了市场运行的规则产生了某些问题,也可能是基于禀赋的差异而产生的问题。例如,通货膨胀问题本质上是由于流通领域存在过多的货币追逐商品或劳务,是货币发行出现的问题,而非市场失灵,还有就是沙特地区的石油资源决定了沙特地区的财富状况。诺贝尔经济学奖获得者、美国经济学家保罗·萨缪尔森(Paul Samuelson)认为市场失灵是"高效率市场一般规则的例外",间接肯定了市场经济的作用。因此,可以把市场失灵看作一种假定,而并非市场经济的问题,但是,通常情况下,经济学家、政府官员和社会公众还是会把一些问题归结为市场失灵,或者把市场经济运行中的一些问题归结为市场失灵。

二、市场失灵的表现

市场失灵的表现是指在市场经济运行过程中,资源配置失效或在公共领域出现的一些问题。这些问题出现的原因相对比较复杂,并不完全是市场经济天生就不能克服的弊病使然。目前,更多的社会舆论、政策制定者或经济学家总是把经济领域出现的问题归结为市场失灵,本质上并不是市场失灵带来的经济领域的问题,恰恰是一个需要认真回答的问题。市场失灵更多的是一个价值判断的问题。

1. 公共产品

公共产品是服务于社会公众的,既不具有排他性,又不具有竞争性的一类物品。因

---

① 利奇. 公共经济学教程[M]. 孔晏,朱萍,译. 上海:上海财经大学出版社,2005:2.

此，这类物品的市场提供相对就没有效率。具体表现为在国家防卫、市政建设、生态环境保护、教育、医疗保健以及社会保障等公共部门或准公共部门的产品，它们不能像汽车、食物、家用电器等私人产品那样，在市场上被自发有效地生产出来。其本质的原因就在于对公共产品的消费具有非竞争性和非排他性的特点，增加一个人消费某种公共产品并不会减少其他人对该产品的消费数量和质量，而且要排除某个人对该产品的消费也几乎是不可能的。只要它被生产出来，人们就可以免费使用它；如果强行收费，或不让人们免费使用它，则会使整个社会支付的成本上升或使整个社会得到的好处（福利）降低。公共产品供给的缺失在一定程度上是市场失灵的表现，但与此同时，伴随着公共部门经济学的发展，公共产品领域也在不断探索市场化的公共产品的供给方式。

2. 外部性

外部性又称为溢出效应、外部效应、外部影响或外差效应，是指一个人或一群人的行动和决策使另一个人或一群人受损或受益的情况。外部性分为正外部性和负外部性。正外部性是某个经济行为个体的活动使他人或社会受益，而受益者无须花费代价；负外部性是某个经济行为个体的活动使他人或社会受损，而造成外部不经济的人却没有为此承担成本。外部性失灵是市场失灵中非常普遍的现象，在现实生活中，许多产品和劳务的成本或收益有着显著的外部性。这类产品的生产或消费，可以绕过价格机制直接影响他人的经济环境和经济利益，对他人产生额外的成本或收益，但并未因此进行赔偿或得到报酬。这些成本或收益在一个企业进行核算时往往不予考虑，这种现象一般称为外部性现象。具有外部性特征的产品，其私人成本和收益与社会成本和收益是不一致的，其差额就是外部性导致的成本和收益。当某些市场主体的活动给外部（社会或其他主体）带来经济损失时，通过市场机制的自发作用来调节将难以达到有效配置社会资源的目的。经济发展过程中比较显著的外部性是环境污染问题，即在发展经济的同时，工业生产带来的环境污染直接威胁着整个人类社会的生存环境。

3. 失业和通货膨胀

失业和通货膨胀问题也是当前市场经济国家经常面临的两难问题。此类国家的经济依靠市场机制运行，时常会出现失业和通货膨胀问题。劳动力是重要的经济资源，失业意味着劳动力这种经济资源不能够获得充分的利用，带来的是劳动力的浪费和各种社会问题，甚至给社会稳定带来威胁。通货膨胀，从本质上讲，可以理解为作为市场交换媒介的货币发行量超过了实际的市场经济活动需求量，二者之间的矛盾表现为通货膨胀或通货紧缩。通货膨胀带来的是社会个体和家庭财富的缩水、购买力的下降以及对未来经济增长的失望。在市场经济活动的过程中，失业在本质上体现了经济活跃程度不能够提供足够的就业岗位；通货膨胀则意味着市场领域存在较多的货币，无论是较少的就业岗位还是较多的货币，都是在市场经济运行的过程中产生的问题。但是，失业和通货膨胀并不一定就与市场经济相联系。失业和通货膨胀出现的原因比较复杂：既有经济运行的周期问题，也有货币管理机构的问题；既有劳动力市场的问题，也有货币市场的问题。因此，失业和通货膨胀问题应该看作市场经济运行过程中的衍生问题，并不一定是市场经济本身的问题。

4. 收入分配失灵

收入分配失灵表现为在收入分配领域的不公平，单纯依靠市场机制的自发作用不可能完全实现公正的收入分配。分配不公的原因可以分为两大类：一类是由于经济制度设计与分配制度设计本身存在问题，多表现为不平等的经济制度设计或分配制度设计，如经济制度领域的垄断条件的设计和反垄断条件的设计、贸易壁垒制度等，特别是在垄断的条件下，会使价格严重背离价值，从而使部分人获得不合理收入，或者说是背离自由市场交换原则的收入。另一类可以归结为市场经济活动固有的问题。在市场机制的自发作用下，生产要素供求状况的不平衡必然形成要素收入的不合理差距，人们自身的禀赋不同，收入水平就会有差别，而且在市场经济效益的作用下，各经济利益主体追求各自利益最大化的结果，会使收入差距不断拉大，甚至出现富者越富、贫者越贫的现象，即贫富分化严重。但是，需要关注的是，市场经济带来的收入分配失灵部分是自由竞争的结果，部分是由于制度设计的问题，但是不能据此就否认市场经济带来的经济增长和收入增加。而且，收入分配不公更多的是一种社会价值观念的考察，而非单纯的经济结果的考察。但是，在市场经济条件下，任何经济活动上的不均衡似乎都可以归结为市场失灵，所以，有人也把宏观经济失灵归结为市场失灵的表现。

5. 垄断

垄断可以简单分为由自由竞争形成的垄断和由管制形成的垄断。由自由竞争形成的垄断是从自由的市场竞争或管制的市场中成长起来的市场活动主体完全或部分控制某个或若干部门的生产、销售和经营活动。在垄断条件下，市场自由竞争不可能实现，同时，消费者福利也会受损。在自由竞争的市场环境里，垄断既是市场竞争的结果，也是市场失灵的表现。在自由竞争市场，优秀的经营者通过对资源的高效使用逐渐获得了行业地位，在此基础上，通过不断的竞争或技术优势获得更大的市场份额或市场话语权，逐渐形成垄断地位，这是基于自由竞争的垄断。但是这种垄断也是对其他竞争者的威胁，并不利于自由市场经济的发展，更不利于消费者福利的增加。另外，对市场的管制也会形成垄断，因为管制的市场本身就不是自由竞争市场，是更容易产生垄断性企业的领域，例如国家限制私人进入的领域，如烟草、石化、食盐等行业。这类垄断通常依靠政府管制或立法管制形成垄断局面，本质上是对自由竞争市场的侵害，更不利于消费者福利的增加。在垄断经营过程中，垄断商品价格总是按照最高价格出现，而不是一种自然市场价格，垄断导致价格严重背离价值，使垄断方获得部分超额利润。价格扭曲和产量扭曲使得消费者和生产者不能够充分表达自己的偏好，必然降低消费者剩余和生产者剩余的总和，导致生产效率不高，无法实现社会资源的有效配置。

6. 宏观经济

在市场经济条件下，宏观经济运行出现的问题通常归结为宏观经济失衡。宏观经济是指整个国民经济或国民经济总体及其经济活动和运行状态，即国民经济的总体活动，通常以物价稳定、充分就业、经济增长和国际收支均衡为目标。凡是偏离此目标的，就是宏观经济失衡。宏观经济失衡可以理解为市场经济配置宏观经济资源时出现的低效率或无效率问题，也就是说，"自发的市场机制并不能自行趋向于充分就业、物价稳定和适度经济增长。这一点早已被创立现代宏观经济理论与政策体系的凯恩斯学派所证明"。[①]宏观经济是非常复杂的经济运行系统，虽然凯恩斯曾经试图解释宏观经济失衡的原因，但是他并没有找到切实的原因证明，可他还是提出了应对宏观经济失衡的办法，即主张国家采用扩张性的经济政策，通过增加需求促进经济增长，即扩大政府开支，实行财政赤字，刺激经济，维持经济繁荣。宏观经济失衡的发生与前面几个市场失灵的表现一样，并不完全是市场经济导致的结果，而且宏观经济运行更多的是公权力机构考虑的事情，严格来说，与微观的经济活动没有直接的、必然的联系。

第四节 公共部门与经济活动

市场失灵表现在，市场在面对公共领域的需要或者在遵循公共性价值取向时不能够有效运作。所谓公共领域是相对于私人领域而言的，公共领域的需要是相对于私人需要而言的，公共性价值取向是相对于私人价值取向而言的，公共性价值取向更关注的是具有整体性、普适性和社会性的价值理念。无论是公共领域的需要，还是公共性价值取向，都可以归结为具有整体性、公共性和强制性的社会公共需要。整体性是指基于所有社会个体的共同需要而提出来的，不具有个体、组织或团体色彩的需要，如环境问题是人类共同面对的问题。公共性是指一般由社会公共机构主动负责提供的而不是由私人机构负责来满足的需要。强制性是指这种公共需要不可以分割，不具有排他性，私人不愿意提供，必须由具有公共强制力的公权力机构依托政治权力、运用强制力来完成。可以看出，这类社会公共需要完全依靠市场的力量来解决并不一定能获得使公众满意的结果，这恰恰是所谓的市场失灵领域。

既然这些社会公共需要是人类社会共同体生存与发展的必需条件，而完全依靠市场自发竞争来完成供给又不能够满足这些社会公共需要，这就必然需要一个能够担负起供给社会公共需要的机构——公共部门或者政府部门。公共部门或者政府部门担负起满足社会公共需要的任务是理所当然的事情。市场不能有效运作也就意味着公权力机构的代表（公共部门或者政府部门）在经济活动中应该扮演一定的角色。公共部门或者政府部门如何扮演这种角色以及如何利用或参与市场，是公共部门经济学研究的核心问题。

这里需要明确一个概念——公共部门。公共部门是指负责提供公共产品或进行公共管理，致力于增进公共利益的各种组织和机构，最典型的公共部门是政府部门，它以公共权力为基础，具有明显的强制性，依法管理社会公共事务，服务社会公众，其目标是谋求社会的公共利益，追求社会公平与效率，对社会与公众负责，理论上不以营利为根本目的，不偏向于任何集团的私利，以增进公共福利为目标。一般来讲，公共部门按照组织类型基本上可以分为三类：以公权力为运行基础的政府机构；从事公共服务的，为公众提供科

---

① 高培勇. 公共经济学[M]. 北京：中国人民大学出版社，2004：10.

学、文化、医疗卫生等公共产品的公共事业机构；具有企业性质的公共企业机构，如表 2.1 所示。

表 2.1 社会领域的基本构成

私人领域	私人部门	个体、家庭、私人企业
公共领域	公共部门	政府机构、公共事业机构、公共企业机构
	第三部门	非营利组织、俱乐部、慈善组织、科研机构、协会、基金会等

考察当前各个国家的实际情况可知，政府是社会领域最大的公共部门，"纠正市场缺陷的任务一般归属政府……在其他情况下，政府本身也卷入产品和服务的提供与生产。经济中存在许多纯公共产品与具有拥挤性的公共产品，其中多数是由政府提供的"。[1]很多公共部门经济学教材甚至直接把政府的经济活动作为公共部门经济学研究的核心内容。

一、公共部门的经济职能

市场失灵为公共部门介入经济活动领域提供了合理性、合法性的前提和基础，但并不是说公共部门介入经济活动领域就不需要市场经济的作用。公共部门参与经济活动仍然是在发挥市场机制作用的基础上发挥辅助性或补充性的作用，并不是说要取代市场机制的作用。公共部门特别是政府在参与经济活动中既扮演"守夜人"的角色，也是市场经济活动的参与者。公共部门参与经济活动的主要目的是弥补市场缺陷，满足社会公共需要，提高社会公共福利水平。市场失灵的领域也是公共部门应该承担经济职能的领域。美国公共部门经济学家理查德·阿贝尔·马斯格雷夫于 1959 年出版的《财政学原理：公共经济研究》指出，这些领域基本上可以归结为配置公共资源、调节收入分配以及稳定经济增长三类。

1. 配置公共资源

公共部门参与公共资源配置是指公共部门为社会成员提供能够满足社会公共需要的商品或劳务，同时，运用经济、法律甚至政治手段来弥补负外部性，以限制侵害市场主体福利的行为。公共部门参与配置公共资源的主要原因可以归纳为：私人部门不愿意提供公共物品，私人部门不考虑外部性问题，市场领域的规模报酬递增容易导致垄断的产生。首先，私人不愿意提供公共物品的根本原因是公共物品的成本和收益具有很大的不确定性，这是因为公共物品本身并不具有排他性和竞争性，容易产生"搭便车"行为。而私人物品就不会有这个问题，私人物品具有典型的竞争性和排他性，消费者必须通过支付费用才能获得商品或劳务的效用，而私人物品的排他性自然会将"搭便车"者排除在外，私人供给商品和劳务不仅能使成本得到补偿，而且有可能盈利。其次，私人部门没有外部性成本的约束。外部性的存在使得作为资源配置信号的市场价格不能真实地反映社会边际成本和社

---

[1] 利奇. 公共经济学教程[M]. 孔晏，朱萍，译. 上海：上海财经大学出版社，2005：11.

会边际收益。在利润最大化动机的支配下,生产者仅仅考虑成本的最小化,并不会关注外部性问题(如污染问题),这就需要公共部门通过环保法律法规或排污权交易限制负外部性问题。最后,市场竞争造成的垄断需要公共部门进行干预,这种情况的典型例子就是规模报酬递增。规模报酬递增是指某一行业或产业的产品产量增加的速度大于生产要素增加的速度,从而生产出更多的低价商品参与市场竞争,带来超额利润,从而导致垄断。在这种条件下,越大的生产规模就会产生越高的利润率,就会在竞争中处于优势地位,并以较低的价格和丰厚的利润逐渐形成垄断局面。而一旦垄断条件成熟,生产者自主确定价格,必然会形成垄断价格,使消费者福利受损,同时,其他生产者被限制进入该商品市场,最终会形成资源配置低效率。

因此,公共部门参与资源配置的结果如下:一、可以通过公共支出直接提供公共物品或劳务,满足社会公共需要;二、可以通过公权力的授权制定法律法规,或者通过抬高经营成本的办法限制负外部性,或者负外部性成本内在化减少生产经营活动的负外部性;三、在容易产生规模报酬递增的领域实行政府规制,或者政府直接投资,减少垄断发生的可能性。

2. 调节收入分配

"均贫富,等贵贱"的思维从中国封建社会形成以来在中国社会就具有一定的号召力,特别是在朝代更迭的时期,"均贫富"的概念更是一个政权取代另外一个政权合法性的诠释内容之一。在现代市场经济条件下,"均贫富"的概念可以用收入分配是否合理来替代,公平、公正或平等的收入分配更多的是反映社会公正或伦理价值的含义,本身就不是一个经济学领域的概念。事实上,在微观的市场经济领域,并不存在收入分配不公的问题,这是因为市场机制发挥作用,自然会遵循劳动力价格进行按劳分配,或者按照资本价格进行分配。那么,为什么要进行收入分配调整呢?这里需要明确的是,所要调整的收入分配包含两个方面的内容:一是基于社会同情或社会伦理的考察,对没有劳动能力的人通过某种制度获得收入上的援助,如老人、儿童、残疾人的收入援助就属于这一类。亚当·斯密曾经在《道德情操论》(The Theory of Moral Sentiments)中描述过这些问题:"无论人们会认为某人怎样自私,这个人的天赋中总是明显地存在着这样一些本性,这些本性使他关心别人的命运,把别人的幸福看成是自己的事情,虽然他除了看到别人幸福而感到高兴以外,一无所得。"[1]二是基于在市场交换的过程中社会财富集中程度的考察,也就是说,从整个国家或经济体层面来看,社会财富的集中程度反映了总体的收入分配状况和社会的贫富差距情况。在经济学中,洛伦兹曲线[2]和基尼系数[3]是衡量整个社会中人们的收入

---

[1] 斯密. 道德情操论[M]. 蒋自强, 钦北愚, 朱钟棣, 等译. 北京: 商务印书馆, 2011: 5.

[2] 洛伦兹曲线(Lorenz curve)是指在一个国家或地区内,将"最贫穷的人口计算起一直到最富有的人口"的人口百分比对应各个人口百分比的收入百分比的点组成的曲线。为了研究国民收入在国民之间的分配问题,奥地利统计学家 M. O. 洛伦兹(Max Otto Lorenz)于1907年提出了著名的洛伦兹曲线。

[3] 基尼系数(Gini coefficient)是20世纪初意大利经济学家科拉多·基尼(Corrado Gini, 1884—1965)于1922年提出的定量测定收入分配差异程度的指标。它是根据洛伦兹曲线找出的判断分配平等程度的指标,经济学家们通常用基尼指数来表现一个国家或地区的财富分配状况。这个指数在0和1之间,数值越低,表明财富在社会成员之间的分配越均匀,反之亦然。按照国际通行标准:基尼系数<0.2时,表示绝对平均;基尼系数为0.2~0.3,表示比较平均;基尼系数为0.3~0.4,表示基本合理;基尼系数为0.4~0.5,表示差距较大;基尼系数>0.5时,表示收入差距悬殊,通常把0.4作为收入分配差距的"警戒线"。

差距程度的标准。虽然社会财富集中程度是多种因素（如制度设计、资源禀赋、劳动能力、风俗习惯等）促成的结果，但不可否认的是过度的社会财富集中不利于社会稳定，也不符合人类社会的伦理价值。这种收入分配差距对社会的负面效应越来越受到政府、社会舆论甚至社会公众的关注。公共部门特别是政府应该在不影响市场资源配置效率的基础上，实现社会的公平分配，对社会收入进行再分配或适当调整。一般情况下，政府会通过财政工具或法律法规等调节收入再分配，如税收制度、工资管制法案或最低工资法案等。但是，需要注意的是政府在运用这些措施时，应该以不损伤经济效率和经济公平为前提。"经济公平是市场经济的内在要求，它强调的是要素投入和要素收入相对称，这必须在平等竞争的环境下由等价交换来实现。在个人消费品的分配上，实行按劳分配，个人通过诚实劳动与合法经营取得收入，个人的劳动投入与劳动报酬相对称。这既是经济效率的原则，也是经济公平的原则。"[①]

3. 稳定经济增长

稳定经济增长有两层含义：一是公共部门运用一定的手段和工具，保持经济平稳运行，防止经济出现剧烈动荡，如 2008 年世界范围内的金融危机；二是公共部门要创造良好的经济环境，保持经济稳定增长，增加公众的社会总福利。稳定经济增长、增加社会财富，是任何政府都应该担负的基本责任。之所以会存在稳定经济增长的诉求，根本原因在于经济运行并不是一帆风顺的，而且政府是公权力的代表，有义务稳定经济增长并增加社会福利。在经济发展过程中，经济运行过程中经常会出现繁荣与萧条、通胀与通缩、失业与充分就业交替的局面。这种局面的产生原因比较复杂，既有市场经济运行方面的原因，也有资源禀赋方面的原因，更有经济制度设计上的原因，如市场缺陷、国际贸易壁垒、资源禀赋差异和经济制度设计缺陷等。总体经济运行中的问题多体现在社会总供给与总需求之间的矛盾。总供给与总需求之间的过度失衡会造成经济运行不稳定，不利于经济增长。供求总水平如果过度不平衡，或偏离平衡状态太远，就会造成较大的经济波动，主要表现为失业和通货膨胀问题。社会总供给与总需求之间产生矛盾的原因有很多种，经济方面的原因主要是消费者的总需求受到外部因素（如失业）的影响，对经济未来预期变得不那么乐观，降低了"边际消费倾向"，减少了购买数量。而同时，生产者受到外部因素的影响，降低了"边际收益倾向"，不愿意投入生产，不能为社会提供足够多的商品，减少了对劳务的需要，产生了失业问题，人们的收入减少了，降低了"边际消费倾向"，减少了购买数量，整个社会经济进入通货紧缩时期。相反，当外部因素向好，消费预期转向乐观，"边际消费倾向"增加，总需求增加，生产者的"边际收益倾向"增加，扩大生产，增加雇用员工数量，货币需求增加，提高社会总体物价水平，造成通货膨胀。可以看出，经济的不稳定是市场经济活动的常态，政府稳定经济增长的职责随之发生作用。而且，凯恩斯在 1936 年出版的《就业、利息和货币通论》一书中对就业与物价不稳定的原因进行了分析，得出了政府有能力矫正或防止经济波动的结论，甚至由此形成了宏观经济学相关理论，这为政府稳定经济的职能与实施政策找到了理论支持。

---

① 张学敏. 公共经济学概论[M]. 重庆：西南师范大学出版社，2004：25.

二、作为公共部门代表的政府

政府是现代社会中最庞大、最有权力和分布最广泛的公共部门，几乎任何一个领域、任何一个角落都可以看到政府的力量。政府一方面作为市场经济的主体参与市场竞争，另一方面还会以市场管制者的角色出现，因此，政府参与经济活动具有一定的特殊性。它既不像完全的私人部门那样单纯追求利润和收益，也不像第三部门那样以单纯追求社会公益为目标。作为公共部门代表的政府具有以下鲜明的特征。

1. 从运作方式上讲，政府拥有来自授权的强制性权力

在现代民主政治制度下，政府的合法性来源于选民的支持、良好的政绩、合理的制度设计以及国家的象征等方面。但是，从本质上说，政府通过选民的支持获得授权开展管理国家和社会事务的权力。这种权力具有典型的强制性特征，强制性权力是政府发挥管理国家和社会事务的根本前提，例如国家防务、社会安全、征税权等。同样，在经济领域，政府也会依靠强制性权力参与经济事务，提供公共产品，维护经济秩序，例如通过财政政策和货币政策干预经济活动，甚至可以组建现代化的企业直接参与经济活动。但是，政府强制性权力的社会性作用如此巨大，必然会存在滥用的情况，因此国家或地方的权力机构应该通过各种措施对这种强制性权力加以限制。

2. 从政策对象上讲，政府面向的是全体社会公众

在现代民主政治制度下，政府制定政策所要面对的是繁杂的社会事务，但从本质上看，政府始终都应该关注全体社会公众。即使是反对政府政策的社会公众，也应该受到一视同仁的关注，这是由政府的性质决定的。特别是人民政府更应该无差别地服务于全体社会公民，提高社会福利水平。但是，仍然需要注意，政府在具体的经济活动中，并非时时刻刻都能够制定出服务于全体社会公众的经济政策，或者有益于全体社会公众的经济政策。这是因为构成政府的人员极有可能更先一步地享受到政府提供的公共服务，如在住房商品化前提下，政府仍然有空间、有条件建设公有住房、集体住房或经济适用房。这种差别化的住房制度设计事实上是对政府外社会公众的不公平社会服务。

3. 从目的性上讲，政府追求公共性目标

在现代民主政治制度下，任何政府似乎都是把公共性的目标、口号、价值倾向作为自己的标签提出，这是因为公共性目标是获得选民支持或获得良好社会声誉的必要条件，如教育、医疗、环境保护等。政府本身是不是很愿意把公共性目标作为自己的价值追求呢？事实上，不完全是这样的。政府之所以选择公共性的目标就是为了获得支持，也就是说，良好的政府不得不把公共性的目标放在自己价值追求的首位，没有了公共性目标价值追求的政府，也只能称为无良政府，必然会被失望的选民所抛弃。需要注意的是，政府虽然不得不把公共性目标作为价值追求，但并不是说政府就没有私人意愿蕴含其中，如当前的"考公务员热"，所有参加公务员考试的考生都是基于公共性目标吗？非常明显，答案是否定的。所以，对政府参与经济活动的目的要保持一种警惕或谨慎的心态，或许政府并不是

真的基于公共性目标，可能蕴含着其他的"私人性"意愿。这一点在西方国家的政府行为中很容易找到案例来证明。

事实上，从上述政府的三个基本特征可以看出，作为公权力代表的政府并非时时事事都把社会公共利益作为自己的价值取向。政府干预经济运行既有积极的方面，也有消极的方面，如何界定和判断政府的经济干预是否具有积极的效果是一个难题。"国家权力对于经济的反作用可能有三种，它可以沿着同一方向起作用，在这种情况下就会发展得比较快；它可以沿着相反的方向起作用，在这种情况下，它现在在每个大民族中经过一定的时期都要遭到崩溃；或者可以阻碍经济发展沿着某些方向走，而推动它沿着另一种方向走，这第三种情况归根结底还是归结为前两种情况中的一种。但是很明显，在第二种和第三种情况下，政治权力能给经济发展造成巨大的损害，并能引起大量的人力和物力的浪费。"[①] 因此，即使政府拥有其他组织或团体不具备的强制性，面对全体社会公众，崇尚公共性目标，也并不意味着政府就是万能的，或政府的干预就是积极的。

三、政府失灵

政府这个公共部门的代表在参与经济活动时就一定能够纠正市场失灵吗？或者说政府参与公共经济活动是不是就一定能够抑制或抵消市场缺陷呢？按照一般的公共部门经济学的逻辑，因为市场经济存在市场失灵的现象，所以才有政府干预经济活动的职能，至于政府干预经济活动的效果，那是另外一个问题。或者说，当市场失灵时，是不是政府一出面就可以解决问题？历史经验和经济学理论研究都已经证明，这一问题的答案是否定的，因为也存在政府失灵的情况。

政府失灵（government failure）[②]的概念由美国经济学家罗兰·麦肯恩（Roland McKean）在1965年提出，是指即使特定的市场无法满足完全竞争的标准，而政府的干预也可能会使经济环境变得更加恶劣。国内也有学者论及政府失灵的问题，"所谓政府失灵是指政府的经济活动或干预措施缺乏效率，其作用往往会恶化其市场失灵的结果；或者简单地说，政府做出了降低经济效率的决策或不能实施改善经济效率的政策。同市场失灵现象普遍存在一样，政府失灵现象也比比皆是。从大的方面说，如我国在20世纪50年代末的'大跃进'……70年代末出现的基本建设规模极度膨胀"。[③]再如，20世纪末期的东欧剧变和苏联解体都存在着政府失灵的影子。政府失灵一般可以理解为个人对公共物品的需求在现代化议制民主政治中得不到很好的满足，公共部门在提供公共物品时趋向于浪费和滥用资源，致使公共支出规模过大或者效率降低，政府的活动或干预措施缺乏效率，或者说政府做出了降低经济效率的决策或不能实施改善经济效率的决策。党的十八届三中全会审议通过《中共中央关于全面深化改革若干重大问题的决定》明确指出："市场决定资源配置是市场经济的一般规律，健全社会主义市场经济体制必须遵循这条规律，着力解决市

[①] 恩格斯. 致康·施米特[M] // 马克思恩格斯选集：第4卷. 北京：人民出版社，1975：483.
[②] MCKEAN. The Unseen Hand in Government[J]. The American Economic Review, 1965, 55(3): 496-506.
[③] 郭庆旺，赵志耘. 公共经济学[M]. 北京：高等教育出版社，2006：45.

场体系不完善、政府干预过多和监管不到位问题。"这既是对市场失灵的概括，也是对政府失灵的警惕。

政府干预经济活动失败，其基本的原因可以归结为以下几个方面。

1. 经济政策的成本与收益没有办法进行核算

宏观经济活动是基于微观经济活动个体展开的，宏观经济活动并非个体经济活动的累加，政府很难获得整个经济活动的真实状况，也不可能知道全部经济政策的成本与收益，更不知道经济政策执行以后的后果。以凯恩斯主义通过扩张的财政政策刺激经济为例，从表面上看，经济刺激计划带来一片繁荣的经济局面，事实上，这种刺激极有可能带来某一领域的经济过热，为未来的衰退留下隐患，后来的政府甚至都不知道经济衰退的原因在哪里，而且现代市场经济发展比较充分的国家已经认识到政府干预经济政策的恶果——通货膨胀和失业，便逐渐退出对经济活动的干预，不再采用这种干预经济的办法。但是，目前仍有很多经济学家在论证、建构、诠释政府干预经济活动的相关理论，或者说是修正政府干预经济活动的相关理论。

2. 干预经济政策的主观目的与客观目的不一致

政府干预经济活动与政府机构的性质有很大关系，政府是公权力的执行机构，是要对社会公众负责的，从这个角度来说，政府干预经济的主观目的是使经济运行得更好，事实上，政府的性质决定了其客观目的是满足社会公众的要求。而且，政府自身还有各种利益参与其中，如果没有外部的约束条件，政府不可能制定出有损于自身利益的经济政策，最典型的就是政府垄断行业的改革政策，如很多特许经营的市场领域（城市出租车、烟草、医疗等）。而且，干预经济政策还会出现委托—代理问题，当政府委托人雇用一个行为主体，如国有企业领导，要求其以政府委托人的利益行动时，就会产生委托—代理问题[①]，有时，行为主体会选择以自己的利益而非委托人的利益来行动。

3. 官僚体制与市场体制的矛盾

官僚体制与市场体制的运行规则完全不同。官僚系统遵循简单的权威上级授权原则，没有很大的自主权，多按照固定的程序和格式运行，不可能制定出符合市场运行规则的经济政策；而市场规则就很简单，它本着获益原则做出决策，没有权威，没有等级，甚至没有明确的指引，自行运行。官僚系统参与市场经济活动，容易利用公权力优势把官僚系统的行为风格强加给市场经济领域，不利于市场自发秩序的形成，更不利于市场自发竞争规则的运行。而且，官僚体制存在不计管理成本的倾向，必然会出现行政成本较高、程序繁杂僵化、政策效果较差的局面。无论是中央集权还是地方分权的官僚行政体制，都存在对市场经济活动的认识时滞、决策时滞甚至执行时滞等决策滞后的问题。这种决策滞后的问题既是官僚行政体制的基本特征，也是官僚行政体制的缺陷，它不能与瞬息万变的市场变

---

① 代理问题（agency problem）是指由于代理人的目标函数与委托人的目标函数不一致，加上存在不确定性和信息不对称，代理人有可能偏离委托人的目标函数，而委托人难以进行观察和监督，从而出现代理人损害委托人利益的现象，又称为委托—代理问题。

化趋势协调一致，而且官僚系统固有的保守主义倾向并不利于市场领域的创新和发展。

4. 对自由市场的干预降低了市场主体的自由度

政府干预的领域必然是经济自由度越来越低的领域。没有自由的市场主体，就必然没有平等的市场交换；没有平等的市场交换，就必然会带来资源配置效率和社会福利的降低。比较典型的领域就是中国的城市出租车服务市场，政府的管制政策降低了出租车服务市场的自由度，没有竞争，只有特许经营，损害了出租车司机和乘客的福利，违背了市场运行规律。反观伴随互联网技术发展起来的共享单车、共享汽车以及网约车，它们迅速改变了城市的公共交通服务，提升了公共交通服务品质。还有就是对医疗服务市场的管制，降低了社会资本进入医疗服务市场的可能性，不仅造成社会医疗资源不足，而且导致社会医疗服务水平不高，同时，政府又不愿意放开医疗服务市场，从而导致医疗社会福利水平低下，如对医院设立的管制、对医药市场的管制以及对医生自由执业的管制等。

另外，还有一个重要的政府失灵的原因，就是政府获得的市场信息永远是滞后的和不全面的，这也是政府没有办法对干预经济政策做出明确判断的重要原因。

但是，即使存在政府失灵，也并不是说在市场经济活动中不需要政府，毕竟从公共性的目标和社会性的伦理价值上讲，政府在市场经济的过程中仍然能发挥一定的作用。即使是新自由主义思想大师哈耶克也不否认政府在市场经济中的作用，"组织我们的社会事务，有两种基本的、非此即彼的方法，一种是依靠竞争的方法，而它如果要有效发挥作用，就需要政府从事大量活动以使其正常运转，在其不能正常运转的时候要弥补其缺陷……我要强调的是，在你能够创造出竞争的环境的地方，你就应当依靠竞争。我一直都在说，生活在这个国家的每个人都应当获得某种最低限度的收入。我不是一个无政府主义者。我没有说过，竞争制度可以在法律体系没有得到有效的强制执行，并被明智地制定出来的情况下照样正常运转"。①所以，政府干预经济本质上是在发挥市场竞争优势的前提下，利用公权力优势，弥补市场缺陷，以追求公共性目标的实现和社会福利的增加。

第五节　政府参与经济活动

在经济活动中，市场失灵与政府失灵客观存在的事实使公共领域的经济问题凸显出来。在原有经济学、政治学、财政学等学科基础上，研究公共领域经济问题或公共部门经济活动的公共部门经济学理论应运而生。公共部门经济学是以市场缺陷和政府失灵为前提，以市场经济运行规则看待公共领域的经济问题或公共部门经济活动，以社会公共需要的满足和社会福利水平的提高为根本目的，融合了经济学、政治学、财政学等学科知识的交叉学科领域。政府参与经济活动的研究在经济学发展的历史中也占有重要的位置。

---

① 艾伯斯坦. 哈耶克传[M]. 秋风，译. 北京：中国社会科学出版社，2003：149.

一、政府参与经济活动的角色

不同的历史时期,甚至在不同的经济体制条件下,政府以什么样的角色、身份和方式参与经济活动也是不同的。从政府参与公共经济活动的视角看,政府参与经济活动的角色基本上可以分为经济活动的直接参与者和经济政策的决策者与执行者,而且这两个角色有时还会有所交叉,甚至相互影响。

(1) 经济活动的直接参与者。在市场经济条件下,作为经济活动的直接参与者,政府与其他的消费者和生产者具有同等的地位、权利和责任,属于公平市场的参与者。具体而言,政府可以作为全民代表的国有资产的所有者、公共产品的生产者和市场领域的消费者。政府作为国有资产的所有者参与国有资产的经营与管理,并负有国有资产保值增值和防止国有资产流失的责任,如土地资源、矿产资源等;政府作为公共产品的生产者直接提供免费或部分收费性质的公共服务,如教育、医疗、公共设施等;政府作为市场领域的消费者购买市场领域的商品或劳务,主要表现为政府通过市场进行直接采购,如公用汽车、办公用品等。

(2) 经济政策的决策者与执行者。政府负责制定各种经济领域的政策以及为市场经济活动提供规制措施,使市场能够有效配置资源。作为经济政策的决策者与执行者,政府可以通过管制引导市场公平公正运转,如制定和实施反垄断竞争法案、最低工资法案等;作为经济政策的决策者与执行者,政府可以通过税收调节收入分配,实现财富在不同群体间的转移,从而消除或减轻市场机制带来的不均等;另外,有些政府还通过制定和实施宏观财政政策或货币政策调节经济运行,维持经济稳定。

二、政府经济活动的相关研究

政府参与经济活动可谓是公共经济的起点,没有政府参与经济活动,就没有公共经济领域的发展。

1. 政府财政:现代政府经济活动研究的起点

政府参与经济活动研究最显著的领域就是对政府财政的研究。英国古典政治经济学创始人、统计学家威廉·配第在《赋税论》一书中详细论述了公共经费、征税方法、政府筹集资金的方式和手段,为财政学的创立奠定了基础。在这部著作中,威廉·配第较为系统地阐述了公共支出的必要性及其影响,认为应削减国防费、行政费、宗教事务费,同时增加生活救济费及公共事业费。同一时期,有关财政收入、支出、国债以及国家财富的思想散见于大卫·休谟(David Hume)、托马斯·霍布斯(Thomas Hobbes)、约翰·洛克(John Locke)、让-雅克·卢梭(Jean-Jacques Rousseau)等人的著作中,进一步丰富了公共财政的相关内容。18世纪的英国工业革命推动了英国商品经济的发展,新兴资产阶级要求确立自己的经济权利,主张实行最少的政府干预,施行"自由放任"的经济政策。这一要求也反映在经济学的奠基人亚当·斯密于1776年发表的《国民财富的性质和原因的研究》(《国富论》) 一书中。这本书的第五篇讨论了"支出""收入""公债"等问题，涵盖了国民经济和公共财政领域的问题，基本确立了比较系统的财政学框架。大卫·李嘉图 (David Ricardo) 继承和发展了威廉·配第和亚当·斯密的财政思想。大卫·李嘉图于1817年完成其主要经济学代表作《政治经济学及赋税原理》，书中详细论述了赋税的来源、税收原则、地租税、利润税、工资税和农产品税等财税问题，更难能可贵的是该书还论及了社会总产品的分配问题。1872年，德国财政学家阿道夫·瓦格纳 (Adolf Wagner) 出版了《财政学》，建立了独立的财政学体系，并指出财政是以国家为中心建立起来的共同经济，国家财政分配也应该随着国家职能范围的扩大而增加，这一理论后来发展成著名的"瓦格纳法则"(Wagner's law)。1896年，瑞典学者、边际学派的代表人物克努特·维克塞尔 (Knut Wicksell) 出版了《公共财政理论研究》，书中独到地把公共财政决策过程看成一个集体选择过程，主张政治程序进入财政分析，这为后来公共选择理论提供了早期理论基础。1919年，瑞典学者埃里克·罗伯特·林达尔 (Erik Robert Lindahl) 在《公正课税论》(The Justness of Taxation) 一书中提出了"自愿交易理论"，以私人经济运行法则分析政府收支经济活动过程。1922年，道尔顿 (Hugh Dalton) 出版了《公共财政学原理》(Principles of Public Finance) 一书，开篇就指出，财政学是介于经济学与政治学之间的一门学科，这表明了政府活动所具有的经济学特征。由此可以看出，早期的公共财政研究关注的是国家或政府静态的收支问题，后来在瑞典学者的努力下，公共财政研究开始关注财政过程的研究，事实上，也就是政府经济活动过程的研究。

2. 经济政策：现代政府经济活动研究的扩展

伴随着20世纪30年代世界范围内的经济危机的出现，古典自由放任的经济理论遭到了空前的质疑，英国经济学家约翰·梅纳德·凯恩斯 (John Maynard Keynes) 的国家干预经济理论应运而生，受到政府部门的欢迎，政府干预经济找到了理论上的支持。公共部门的经济行为发生了重大变化，政府的经济活动逐渐扩张，从传统单纯的财政收支扩大到对经济的调节和干预，越来越多的经济学家把研究问题设定在分析政府经济活动、弥补市场缺陷的基础上，提出政府参与或干预经济活动的经济政策，比较典型的例子就是罗斯福新政。政府经济活动已经超越了一般的财政学研究范围，其方法、理念和内容均发生了根本性的变革。1933年，斯杜登斯基 (P. Studenski) 在其《公共财政学篇章》题为"公共经济的性质与机制"的一章中，全面地分析了公共集团性质、公共经济性质、公共经济发展、最高社会利益等问题，使"公共经济"这一思路在财政学中得到了进一步体现。1936年，意大利学者马尔科 (de Marco) 的《公共财政学基本原理》一书在第一章就指出，所谓的私人经济学，研究的是个人的活动，且迄今为止，它涉及的是私人需要的满足问题。所谓的公共经济学或公共财政经济学，研究的是国家的生产活动，它涉及的是共同需要的满足问题，同时，伴随着经济学家们关注国家干预经济政策调整的潮流，美英财政学理论关注的热点逐渐从"政府收支"转到"公共经济"上。政府参与经济活动逐渐使用了新的名词——公共经济学。1944年，奥地利经济学派代表人物路德维希·冯·米塞斯 (Ludwig Heinrich Edler von Mises) 发表了《官僚体制》(Bureaucracy) 一书，用经济市场的理论研究官僚行政系统，开创了运用经济理论研政府官僚行为的先河。1947 年，阿伦（E. D. Allen）和布朗里（O. H. Brownlee）出版了《公共财政经济学》（*Economics of Public Finance*）一书，从公共财政与公共经济的关系进一步确认了公共经济学的地位。1954 年，美国著名经济学家萨缪尔森（P. Samuelson）发表《公共支出的纯理论》（*The Pure Theory of Public Expenditure*）一文，提出了公共产品的核心概念。1959 年，美国著名学者理查德·阿贝尔·马斯格雷夫（Richard Abel Musgrave）出版了《财政学原理：公共经济研究》一书，正式引入了"公共经济学"概念，并在书中提出"必须把我们的经验看成是研究公共经济的原理，或者更准确地说研究的是通过预算管理中出现的经济政策问题"，这也意味着政府经济活动可以直接理解为公共经济活动，对政府经济活动的研究也逐渐从公共财政收支问题扩展到对整个社会经济的影响，甚至扩展到政府经济政策对社会整体资源配置效率和社会福利的影响。

3. 公共选择：现代政府经济活动研究的深入

20 世纪 60 年代以来，伴随着公共经济理论的发展，政府参与经济活动的研究得到进一步深入。1962 年，美国学者詹姆斯·M. 布坎南（J. M. Buchanan）和戈登·塔洛克（G. Tullock）合作出版了《同意的计算：立宪民主的逻辑基础》（*The Calculus of Consent: Logical Foundations of Constitutional Democracy*）一书，共同创建了"公共选择研究中心"，并于 1966 年出版了《公共选择》（*Public Choice*）杂志，促进了公共选择理论的迅猛发展，丰富了公共部门经济学的理论内容；同时，公共选择理论帮助人们理解和加深对公共产品、公共权力、公共选择等核心概念的认识，主要从古典经济学理论的视角介绍国家的起源、政府的权利和义务、公共所有权、公共资源、公共政策、宪法、宪政、共和、民主和自由、市场与国家等方面的基础理论与基本知识，用新古典经济学的分析方法对选举行为、官僚主义、党派政治和公共财政等论题进行解释。公共选择理论不仅扩展了公共部门经济学的研究领域，更为传统的政治学、行政学寻找到了新的发展方向，是研究政府行为的一种有益视角。后来，不断有学者深入研究公共选择理论。美国经济学家肯尼斯·约瑟夫·阿罗（Kenneth J. Arrow）于 1951 年所出版的《社会选择与个人价值》（*Social Choice and Individual Values*）一书也影响了公共选择理论的发展，探讨了政治选举过程中的问题，扩展了经济学在政治系统研究中的运用。美国公共行政学家安东尼·唐斯（Anthony Downs）于 1957 年所著的《民主的经济理论》（*An Economic Theory of Democracy*）开创性地将经济学理论思想引入政治学研究，被学术界誉为"政治科学的一部奠基性的著作"。安东尼·唐斯从政府、政党、选民的理性行为入手，分析了西方民主制度背后的经济实质，在"理性人"和"利益最大化"的经济学基本假设基础上，建立了一个理解公共政策和政府行为的理论模型，为分析西方民主制度提供了崭新视角，从而阐明了西方民主制度的运行机制、内在动因及其局限性。美国著名政治学者曼瑟·奥尔森（Mancur Olson）的《集体行动的逻辑》（*The Logic of Collective Action: Public Goods and the Theory of Groups*）（1965 年）、《国家兴衰探源：经济增长、滞胀与社会僵化》（*The Rise and Decline of Nations: Economic Growth，Stagflation，and Social Rigidities*）（1982 年）以及《权力与繁荣》（*Power and Prosperity: Outgrowing Communist and Capitalist Dictatorships*）（2000 年）等著作同样使用经济学的方法分析政府政治行为，扩大了公共选择学派的影响。1965 年，美国学者列夫·约翰森出版了《公共经济学》，明确界定了公共部门的范围与特征，并认为公共经济就是公共性质的政府经济，明确了公共经济就是研究政府的经济行为。1966 年，反映公共经济研究成果的专门杂志《公共经济学杂志》（*Journal of Public Economics*）创刊，进一步促进了公共经济研究的发展。20 世纪六七十年代，哈伯尔（Herber）的《现代公共经济学》、哈夫曼（Haveman）的《公共部门经济学》、布朗（Brown）和杰克逊（Jackson）合作出版的《公共部门经济学》（*Public Sector Economics*）等一系列研究公共经济的著作相继出版。特别是 1971 年美国学者尼斯坎南（W. A. Niskanen）出版的《官僚主义与代议制政府》（*Bureaucracy and Representative Government*）将公共经济研究运用于行政系统，来论证政府的效率。在整个 20 世纪 70 年代，以美国经济学家詹姆斯·M. 布坎南（J. M. Buchanan）为代表的公共经济研究学者，在继承瑞典学者克努特·维克塞尔（Knut Wicksell）、奥地利学者路德维希·冯·米塞斯（Ludwig Heinrich Edler von Mises）等前人研究成果的基础上，发展了公共选择理论。该理论运用个人主义的分析方法、经济人假设和政治市场交易三大要素，对政府活动展开分析，特别是对政治活动展开分析，开创了研究政府活动或政治现象的新领域。后来，在 20 世纪八九十年代，随着信息经济学和博弈经济学的兴起，研究者开始从非均衡市场、信息不对称等视角重新审视政府与经济活动的关系，特别是对政府参与经济活动过程中出现的问题的制度安排进行了深入研究，新制度理论和实验经济学研究开始引入公共经济研究。

 理论探索

要想对市场经济中产权的概念、产权在市场经济领域的重要作用以及世界经济发展的历史作更深入的了解，可阅读诺贝尔经济学奖获得者、美国经济学家道格拉斯·诺思与另外一位经济学家罗伯特·托马斯合著的《西方世界的兴起》（厉以平、蔡磊译，华夏出版社，1999 年出版）一书，该书主要从经济发展史的角度探讨了产权制度对于经济发展的重要作用。

想进一步加深对计划经济的有限性、市场领域自由竞争的重要作用、政府失灵的原因以及经济活动中的人类行为等问题的认识与理解，可以阅读路德维希·冯·米塞斯的《社会主义：经济与社会学的分析》（王建民、冯克利、崔树义译，中国社会科学出版社，2008 年出版）、《自由与繁荣的国度》（韩光明、潘琪昌、李百吉等译，中国社会科学出版社，1995 年出版）和《官僚体制·反资本主义的心态》（冯克利、姚中秋译，新星出版社，2007 年出版）等著名经济学经典著作。

思维拓展

1. 市场经济活动中的市场主体、产权关系以及市场信息构成了市场经济活动的基本要素。请结合某一市场经济活动的具体案例,回答市场主体、产权关系以及市场信息是不是不可或缺的。

2. 结合现实的经济活动,论述:市场失灵或政府失灵的原因是什么?如何评价什么是市场失灵,什么是政府失灵?

制度实践

林毅夫张维迎在争论什么

2016年年底,中国经济学界林毅夫和张维迎这两个著名经济学家的"产业政策之争"吸引了足够的社会关注。这场热闹不仅仅限于产业政策界或者经济学界,而是似乎正在演变成一场引人关注的大辩论。关于这场辩论流传很广的文章是林毅夫写的《我和张维迎到底在争什么》,其实并不是为这场大辩论写的文章,而是写于两年前。两年前,在著名经济学家杨小凯的追思会上,林毅夫和张维迎之间就产业政策问题已经有过一次辩论,只是引起的动静没这么大。在这次引发广泛关注的大辩论中,虽然张维迎写《为什么产业政策注定会失败》,林毅夫随后就发表《经济发展有产业政策才能成功》,看上去针锋相对,立场相悖,但实际上,两者对产业政策的界定完全不一样。

张维迎把产业政策看作穿着马甲的计划经济。林毅夫的界定是广义的,相对更宏观,而且把政府看作有为政府。张维迎认为政府应该做的是为企业提供"法治、社会公平和正义环境",而这些被林毅夫在某种程度上从宏观上纳入了产业政策。而林毅夫同样也反对政府对企业的错误指导。这样看来,两人的观点并没有本质上的冲突,算不上是一场真正意义上的辩论。林毅夫和张维迎之争,只是一个导火索,他们点燃了人们对发展的种种不确定性的担忧,这才是真正引起全民关注和讨论的,大概也正因此,这场辩论才被称为"关乎中国前途命运的辩论"。如果足够了解这两位经济学家的知识背景和职业经历,就可以理解这两位经济学家争论的核心问题就是"看得见的手"和"看不见的手"在经济发展中的作用问题,也就是政府和市场二者在经济发展中的作用问题。其实,政府何尝不是一个参与市场的主体?既然政府是市场的一个主体,政府制定产业政策干预经济活动的效果可想而知。其根本原因在于政府自身并没有条件、能力知道什么样的产业政策是符合当时当地条件的产业政策。

资料来源:杨军. 林毅夫张维迎之争引发的思考[J]. 南风窗,2016(21):23-24.

第三章　外部性问题

在公共部门经济学的研究文献中，外部性（外部效应）问题一直是比较难以琢磨且有争议的概念，有些经济学家选择回避这个概念，如约瑟夫·E. 斯蒂格利茨（Joseph Eugene Stiglitz）的《经济学》（*Economics*）、范里安（Hal Ronald Varian）的《微观经济学：现代观点》（*Intermediate Microeconomics: A Modern Approach*），但是又有很多经济学家不断强调这个概念，如马歇尔（Alfred Marshall）于 1890 年发表的《经济学原理》（*Principles of Economics*）中提出的"外部经济"概念、阿瑟·庇古（Arthur Pigou）从福利经济学的角度系统地研究了外部性问题、科斯用"交易费用"来研究外部性问题。外部性问题是经济学中比较重要的一个概念，其核心是对事物边界或者事物边界影响的考察。外部性又称为外部效应，是指一个人或一群人的行动和决策使另一个人或另一群人受损或受益的情况，用经济学的语言表述就是未在价格中得以反映的经济交易成本或收益。外部效应有多种类型，但正外部效应和负外部效应是基本的分类结果。正外部效应反映的是交易双方给第三方带来的额外收益，负外部效应反映的是交易双方给第三方带来的额外成本，但无论是额外收益还是额外成本都无法在价格中体现。因此，外部效应是市场资源配置失灵的表现。为了实现资源配置的帕累托最优，可采取矫正性税收、矫正性补贴、政府直接管制、讨价还价、企业一体化、排污权交易等矫正措施，综合运用多种手段实现外部效应内在化。

第一节　外部效应概述

随着社会经济联系的日益增强，外部效应对资源配置的影响也在逐渐扩大，掌握外部效应的概念，把握其内涵，了解外部效应产生的原因，对于准确诊断外部效应问题，实现外部效应内在化具有重要意义。

一、外部效应的概念

外部效应的概念源于阿尔弗雷德·马歇尔于 1890 年发表的《经济学原理》中提出的"外部经济"概念。阿瑟·庇古于 1920 年出版的《福利经济学》（*The Economics of Welfare*），扩充了外部效应理论。外部效应又被称作"溢出效应"，是指一个经济主体的行为对另一个经济主体的福利产生了影响，而施加影响的主体没有为此付出代价或因此而获得补偿。之所以称"外部"效应，是因为：（1）它存在于当事人决策"外部"。当一种经济交易的结果影响了除交易双方之外的第三者时便产生了外部效应。总之，外部效应的产生是人们决策范围之外的、预料不到的结果或影响，是随着生产或消费的进行而产生的某种副作用。(2) 它存在于市场定价制度"外部"。外部效应是未在价格中得以反映的经济交易成本或收益。例如,海上修建灯塔不仅可以为本地人提供海上导引服务,也可以为外地船只提供导引服务,而灯塔的建设成本及维护成本则只能由本地财政支付,这部分成本无法分摊到其他受益者身上。此时灯塔的建设成本及维护成本没有真实地反映经济交易成本和收益,它存在于市场定价制度之外。

二、外部效应的基本特征

1. 外部效应对第三者利益产生影响

外部效应使经济主体的行为除对自身有影响以外,还会对旁观者利益产生影响。例如,在自家门前种草养花不仅可以愉悦种花人的身心,也为周围邻居创造了一番美景,愉悦他人的身心。而种草养花所需投入的时间、精力、金钱完全是由养花人自己负担,其他从中获益的邻居则不用负担任何成本,在这个过程中,养花人的行为给邻居带来了无须任何成本支出的利益。但是,并非所有给交易双方之外的第三者带来的影响都可称作外部效应。那些可以通过价格或者能够在价格中反映的影响就不是此处探讨的外部效应。

2. 外部效应可能是正的,也可能是负的

经济主体行为对旁观者利益可能带来有利影响,也可能带来不利影响。在自己的门前种草养花会给邻居带来身心享受和愉悦,这是对旁观者利益的有利影响,属于正外部效应。正外部效应中的私人成本高于社会成本,则私人生产积极性会受到打击,产品生产供应会减少。很多公共产品就属于具有正外部效应的产品,私人提供该种产品成本高于收益,因此这类产品只能由政府提供。

负外部效应的典型例子是造纸厂向工厂附近的河流中排放污水,污水一旦进入人们的生活,就会导致人们罹患各种疾病,包括癌症。造纸厂的行为对周围居民的身体健康带来直接损害,而造纸厂产品的交易中却并没有体现出损害他人健康应付出的代价,也就是说,造纸厂对他人健康损害的成本没有附加在产品的生产成本中,这使造纸厂的生产成本远远低于社会成本,各种资源向该领域的配置增多,产出量增加。负外部效应中经济主体应该负担的成本没有负担,第三方应该得到的损害补偿没有得到,社会资源便处于低效配置状态。

3. 公共产品是一种特殊的外部效应

外部效应是指某些个人或企业的经济行为影响了其他人或企业,却没有为之承担应有的成本或没有获得应有的报酬。如果经济主体给第三方带来的收益远远大于自身的成本,即该种产品的私人成本高于社会成本,私人提供不如社会提供效率高,这种产品就成为公共产品。因此,公共产品就是一种特殊的正外部效应。当私人提供某种产品的成本远远高于其收益,而又无法从技术上排除他人对该产品的消费时,私人提供的积极性就会下降。虽然私人不愿意提供这种产品,但是社会又很需要,它就成为极端正外部性情况下的公共产品。当一种行为对每个人产生正的外部性时，这种外部性就是纯公共产品，如国防。国防产品的提供不仅可以保障富人的利益，也可以保障穷人的利益。每个人向政府缴纳的税收不仅可以给自己带来国防利益，也可以给其他社会成员带来国防保障，而无法从技术层面上对国防产品进行分割，并进行准确的产权界定，每个人都可以享有国防产品带来的国防保障，增加一个人对该产品的消费不会影响其他人对该产品的消费效果，私人提供国防产品的正外部效应过大，其私人成本将远远高于社会成本，无法运营管理，最终国防产品只能作为公共产品由政府提供。

4. 外部效应使社会脱离有效资源配置状态

西方经济学市场均衡理论认为，市场机制通过价格这个信号可以实现资源的合理配置，其条件是配置在每一种产品或劳动上的资源的边际收益等于其边际成本，这是一般均衡的条件。但由于外部效应的存在，市场均衡就会被打破。具体阐述如下：由于外部效应的存在，私人的一部分成本或收益实际上由社会承担或获得，而这一部分成本和收益并没有通过价格信号体现出来，所以演变成了外部成本和外部收益。这样，私人厂商的边际收益或边际成本同社会的边际收益或边际成本发生偏离，由于决定个人和厂商生产选择的是私人边际收益和边际成本，所以，当个人或厂商仅从自身的利益出发，而对其给社会带来的外部收益或外部成本完全不予考虑时，其所做出的决策就会使资源配置出现扭曲。在一些领域或行业中，资源会过分拥挤，而在另外一些领域中，资源的配置又会显得严重不足。例如，汽车尾气排放损害到其他公众的身体健康，但是在汽油的市场交易价格中并没有反映出对公众利益损害应付出的代价。利己的汽油生产企业不会考虑自己的产品对社会的负面影响，购油者也不会考虑自己的购买决策对他人身体健康的影响。由汽车尾气排放所产生的社会成本无法在由供求均衡所决定的市场价格中反映出来，公众的健康损失也无法在已有的市场机制中得到弥补。配置在创造负外部效应的石油行业的资源在不断增长，这是因为产生负外部效应的企业可以以低于社会边际成本的私人成本来安排生产，它的一部分成本由社会承担了，因此造成资源在这些行业中配置过多。另外，配置在创造正外部效应的行业（如教育、医疗等公共产品）的资源却在不断减少，甚至严重不足。正外部效应的存在使得一部分人即使不付出成本也可以获得收益，而人作为"理性经济人"往往只考虑自身的内在成本和收益，几乎不考虑社会成本和社会效益，这使得此类物品或劳务的供应不足，进而导致实际供应量少于社会真正需要量。

三、外部效应产生的原因

1. 市场机制论

厂商和消费者做出经济决策的依据是市场价格，而市场价格形成的基础是私人边际成本或私人边际收益。无论是厂商还是消费者，都不会主动地站在社会边际成本或社会边际收益的高度做出经济决策；或者二者在技术上无法将生产和消费过程中产生的副作用纳入成本或收益之中。正是对自身经济利益最大化的追求使人们更多关注自身利益和成本，很少关注社会利益和成本，因而出现外在的成本或收益无法内化、资源配置扭曲的状况。而市场机制就是一种以追求经济主体自身利益最大化为目标的机制，因此，无论是生产者的决策还是消费者的决策都有一定的逐利性、自发性和盲目性，而这正是外部效应产生的原因。

2. 所有权论

罗纳德·哈里·科斯（Ronald H. Coase）认为，外部经济从根本上说是产权界定不够明确或界定不当引起的，所以只需界定并运用法律有效地保护产权，而随后产生的市场交易就能达到帕累托最优。这可通过双方之间的谈判自然地实现。产权，通常是指某种资源的所有权、使用权、收益权以及自由转让权等。只要资源是有主的（无论赋予谁），其价格就会反映出它在其他用途中的价值，这样，该资源就会得到有效率的利用。相反，如果全部或部分资源是共有的，它就会被滥用，因为没有人肯节约使用它。例如，一条河流，因为它是共有的，所以任何人都可以无代价地使用河水，河流沿岸的居民或企业肆无忌惮地向河水中排放污水就是最好的证明，最终将导致河水污染。如果这条河流属于某个村庄，该村庄就有权对这条河流进行管理，阻止企业或居民对河水的污染，保持河水清洁。因此，产权界定不明或无法清晰界定产权，是导致外部效应产生的一个重要原因。

3. 交易费用论

交易成本（transaction costs）又称为交易费用，由诺贝尔经济学奖得主罗纳德·哈里·科斯提出。交易成本是指达成一笔交易所要花费的成本，也指买卖过程中所花费的全部时间和货币成本。具体来说，它包括交易中的搜寻成本、信息成本、议价成本、决策成本和监督成本等。

同一种产品或服务往往具有多种不同的属性和特征，要掌握完全信息并对其进行准确测量是十分困难的。为了使交易费用保持在合理的范围内，只能给最有价值、相对来说容易测量的属性和特征制定价格，而让另一些属性和特征处于无价格状态。这种无价格状态就是一个公共区域，任何人均可使用却不必付费。例如要界定一条河流的产权就是一项十分困难的工作。一方面，从河流本身的产权界定来说，要花费大量的时间、精力甚至金钱去进行信息收集、谈判议价，再加上河流流经区域广泛，使用人群众多，其交易费用必然非常高昂，几乎没有办法执行。另一方面，即使河流产权能够清晰准确地界定，由于河水使用情况复杂，人们之间的摩擦势必不断发生，为解决矛盾冲突，就需要花费大量的时间、精力和金钱去进行协调、谈判、议价，这又是一笔巨大的交易费用。既然一条河流的产权界定过程中以及产权界定后的交易成本已经高到人们无法承受的境地，人们自然会放弃对河流的产权界定，河流将处于无价格状态，成为公共产品。因此，企业向河流中排放污水也就自然而然，企业对社会的负外部效应必然产生。

第二节 外部效应的类型

外部效应的类型多种多样，按照不同的标准有不同的分类结果。但无论是哪种分类标准，最基本的分类结果都是正外部效应和负外部效应。

一、正外部效应和负外部效应

外部效应对承受者来说可能有利，也可能无利。按照外部效应结果的不同，可以将外部效应分为正外部效应和负外部效应。正外部效应是指给交易双方之外的第三者带来的未在价格中得以反映的经济收益。负外部效应是指给交易双方之外的第三者带来的未在价格中得以反映的经济成本。

二、生产、消费外部效应

外部效应的承受者可能是生产者，也可能是消费者，外部效应的发起者可能是生产单位或消费单位。因此，按照外部效应发起者和承受者的不同，可以将外部效应分为生产—生产外部效应、生产—消费外部效应、消费—生产外部效应和消费—消费外部效应。

1. 生产—生产外部效应

某企业因其他企业的生产活动而受到影响，但这种影响无法通过价格得以反映。例如，某企业模仿创新企业的生产技术组织产品生产，该企业的生产行为从技术创新企业那里获得了巨大收益，却不用支付新产品技术的研发成本。这就是企业之间发生的技术外部效应，这种外部效应会打击自主创新企业的创新积极性，降低社会生产效率。为提高社会生产力水平，鼓励企业创新，政府会对企业花费巨大投资研发成功的新技术实施专利保护。

2. 生产—消费外部效应

消费者因企业的生产活动而受到影响，但这种影响无法通过价格得以反映。例如，企业在生产过程中向周边排放废气、废水、废渣，破坏周围居民的生存环境，损害人们的身体健康，如果不采取必要制裁措施或者制定相应的环境保护法规，则该企业不仅获得了收益，还不会为此担负任何成本。

3. 消费—生产外部效应

企业因消费者的消费行为而受到影响，但这种影响无法通过价格得以反映。例如，消费者提高节能减排意识，形成环保消费习惯，增加对环保或节能产品的消费，必将吸引更多的企业满足其环保消费理念，推动其他相关产品生产企业的发展，而消费者并不能因此获得补偿，比较典型的案例就是电动汽车市场的发展。

4. 消费—消费外部效应

其他消费者因某个消费者的消费行为受到影响，但这种影响无法通过价格得以反映。例如，某个消费者注射传染病疫苗，不仅可以提升自身的疾病免疫力，对其他消费者来说，也具有防止疾病传播、维护他人健康的作用，这个消费者为他人身体健康做出的贡献不能通过价格得以反映。再如，在公众场所抽烟的消费者享受烟草带来的快乐的同时，也会对周边其他社会公众带来不利的健康影响。

以上四种外部效应，每一种都可以再分为正外部效应和负外部效应，因此，结合第一种分类方法，总共有八种外部效应。

三、公共外部效应和私人外部效应

依据外部效应的影响范围，可以将其分为公共外部效应和私人外部效应。公共外部效应是指经济主体的行为对一定区域内的所有消费者或生产者的福利都产生影响的外部效应。例如，内蒙古草原植被遭到破坏，不仅影响内蒙古牧民的利益，也影响生态平衡，导致沙尘暴的暴发，在更大范围内影响人们生活和社会经济发展。私人外部效应是指经济主体的行为只对某区域内极少数消费者或生产者的福利产生影响的外部效应。例如，室内的抽烟行为。抽烟者的抽烟行为不仅对自身健康有影响，对其他室内成员也构成吸二手烟的威胁。

四、单向外部效应和双向外部效应

按照外部效应传递方向的不同，可以将其分为单向外部效应和双向外部效应。单向外部效应是指外部效应的产生仅由行动的一方向另一方单方向传递。例如，节庆期间燃放烟花。燃放烟花的成本由燃放者负担，但烟花燃放的效果其他人也可以分享，烟花燃放的正外部效应是由燃放者向观赏者单向传递的。双向外部效应是指双方相互影响的外部效应，即一方既对另一方产生外部影响，又是对方外部影响的承受者。

五、空间外部效应和时间外部效应

依据外部效应发生作用的时空范围不同，可以将其分为空间外部效应和时间外部效应。空间外部效应是指某项经济活动在一定空间对其周围经济主体所造成的额外损失或收益。如狂吠的狗对周围邻居宁静生活的干扰。时间外部效应是指现在的某项经济活动对未来时期可能造成的额外损失和收益。如义务教育，义务教育的主要利益获得者是私人，但义务教育的成果会对未来社会发展产生降低社会犯罪率、促进技术进步、提高工作效率等正外部效应。

六、技术性外部效应、货币性外部效应和政治性外部效应

技术性外部效应是指组织的创新或设计不仅使本组织受益,而且进入了社会技术知识库,使得全社会都能够从中受益。例如,一个企业自主研发的技术成果不仅会为本企业带来收益,也会引发同行业及相关行业的技术模仿,从而带动整个行业及社会的技术进步,这就是技术外溢。

货币性外部效应是指因某种物品或服务的需求量或供给量变动而以价格上涨或下降形式给现有消费者带来的影响。例如,某一消费者购买了某品牌的手机,该消费者对该品牌手机的消费增加了该品牌手机的市场需求,而市场需求的提升会导致价格上涨,价格上涨的结果是其他该品牌手机购买者要付出更大代价购买手机。但是,这并不代表由于该消费者购买手机给第三者带来了负外部效应。手机价格上涨仅仅说明该品牌手机消费需求旺盛,通过价格上涨可以将资源从消费者手中转移到生产者手中,实现资源的合理配置。该品牌手机价格上涨给其他手机购买者带来的影响,是由于货币本身更多地流向该品牌手机,造成该品牌手机供不应求所产生的外部效应,因此属于货币性外部效应。

政治性外部效应是指由于政府干预经济的非客观性及信息不完全性导致政府经济干预的低效及无效,也可以看作政府失灵的表现。例如,某些地方政府官员为追求个人政绩而出台的一些不具有可持续性的经济政策或发展规划,必然导致经济社会中资源配置的低效或无效。

第三节 外部效应与资源配置效率

在完全竞争市场条件下,市场能够通过自身力量自动调节供给和需求,实现供求平衡,使资源配置达到帕累托最优状态。但是,在现实社会经济发展中,帕累托最优状态是不可能完全实现的,其原因是现存市场机制的许多前提条件在现实中无法得到完全满足,即会出现市场失灵,外部效应就是其中的表现之一。政府需要发挥"看得见的手"的职能,对之进行调节和干预。

一、资源配置效率

资源稀缺性和人们需求无限性之间的矛盾是所有经济问题产生的根源,因此,任何社会都必然会发生人们为争夺资源的竞争和为分享现有资源所引发的冲突。如何实现资源的有效配置,怎样把握资源配置效率的含义及条件,成为经济学家们最关注的问题。

1. 资源配置效率的含义

经济学界普遍认可的关于资源配置效率的解释是由意大利经济学家、社会系统理论的代表人物维尔弗雷多·帕累托(Vilfredo Pareto)提出的。他认为资源配置效率就是社会资

源的配置达到这样一种状态：资源配置的重新调整不会使任何一个人的状况变得更好，也不会使任何一个人的状况变得更坏，即帕累托最优（Pareto optimality），也称为帕累托效率（Pareto efficiency）。如果调整资源配置在其他人利益不受影响的情况下，一部分人的利益能够得到提高，这个过程就是帕累托改进（Pareto improvement），通过帕累托改进可以实现帕累托最优。帕累托最优状态就是不可能再有更多的帕累托改进的余地；换句话说，帕累托改进是达到帕累托最优的路径和方法。

2. 资源配置效率的实现条件

经济学家们用边际分析法得出资源配置效率的实现条件是

$$社会边际收益（MSB）=社会边际成本（MSC）$$

社会边际收益（MSB）是指人们对该种产品或服务的消费每增加一个单位所增加的满足程度。依据边际效用（或边际报酬）递减规律可知，随着对某商品消费量的增加，人们从该商品连续增加的每个消费单位中得到的满足程度逐渐下降。或者说，在技术水平不变的情况下，若其他生产要素固定不变，只连续投入一种要素，这种要素的边际产量最初可能增加，但当它的增加超过一定限度时，就必然出现递减趋势。因此，社会边际收益曲线可基本认定是一条从左上方向右下方倾斜的曲线，如图3.1所示。社会边际收益可以通过人们为增加一单位某种产品或服务的消费所愿意付出的货币最高额来测定。

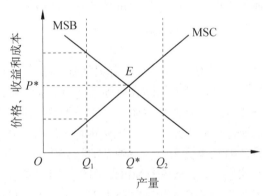

图 3.1　社会边际收益曲线

社会边际成本（MSC）是指生产者每增加一个单位该种产品或服务的产量所需增加的成本。依据边际报酬递减规律作用下的边际产量和边际成本之间的对应关系（边际产量递增阶段对应的是边际成本递减阶段，边际产量递减阶段对应的是边际成本递增阶段，与边际产量最大值相对应的是边际成本最小值），可以判定社会边际成本曲线先递减再递增，递增是必然趋势，如图3.1所示。社会边际成本可以通过为补偿因增加一个单位某种产品或服务的产量所需付出的最低成本额来测定。

从图3.1中可以看出，只要某种物品或服务的社会边际收益大于其社会边际成本（E点左侧），每增加一个单位产品的生产或消费所带来的边际收益都大于其边际成本。企业可以在不损害消费者利益的情况下，通过增加供给的方法获取更多收益；消费者可以在不损害生产者利益的条件下，以更低的价格购买更多的商品。同理，只要某种物品或服务的社会边际收益小于其社会边际成本（E 点右侧），企业可以在不影响消费者利益（继续降低消费效用）的前提下，通过减少产量降低自己的损失；消费者可以在不使生产者境况变得更坏（继续增加边际成本）的情况下减少购买量，降低效用损失。由此可见，无论是 E 点左侧还是 E 点右侧，生产者和消费者都可以通过调整使自己的状态变得更好，都存在帕累托改进的可能，资源配置的最佳点应该不在这两个区域。只有在 E 点（MSB=MSC），即社会边际收益和社会边际成本相交的点才是资源配置的均衡点，E 点的价格水平和产量水平既是消费者愿意接受的水平又是生产者能够提供的水平，消费者和生产者都可以实现自身收益最大化，无论是生产者还是消费者都不愿意再改变目前的状态，因此该状态（MSB=MSC）就是帕累托最优状态。

3. 完全竞争市场条件下的资源配置

边际收益包括私人边际收益和社会边际收益，边际成本包括私人边际成本和社会边际成本。社会边际收益和社会边际成本反映的是整个市场上某种产品或服务的消费者或生产者每增加一个单位产品消费或生产所获得的额外收益或追加的成本。例如，大豆市场上所有大豆产品的购买者每人再增加一个单位产品消费所带来的额外满足感就是社会边际收益，而大豆市场上所有大豆的供应者每人再增加一个单位大豆的生产所追加的成本就是社会边际成本。私人边际收益（MPB）和私人边际成本（MSC）仅指某个消费者或生产者增加一个单位产品消费或生产所带来的额外满足感或追加的成本。例如，张三增加 1 斤大豆消费给自己带来的消费效用就是私人边际收益，王五多卖 1 斤大豆所需增加的成本就是私人边际成本。

在完全竞争市场条件下，价格信号具有充分灵活性，能够及时、准确地反映市场状态，当市场处于供求均衡状态时，私人边际收益等于社会边际收益。例如，张三增加 1 斤大豆消费获得的满足感是 1 元，1 元就是增加 1 斤大豆消费给张三带来的私人边际收益。假如当日市场上大豆的均衡价格为 1 元/斤，这表示市场上所有消费者增加最后 1 斤大豆消费能够获得的额外满足感，因此 1 元就是大豆消费的社会边际收益。由此可见，完全竞争市场上大豆交易处于均衡状态时，P=MSB=MPB。因为，对于消费者来说，只要增加一个单位某种产品或服务的消费带来的私人边际收益大于其必须为之付出的代价（产品或服务的价格），就会增加该种产品的消费；相反，如果产品消费的私人边际收益小于其必须为之付出的代价，就会减少消费。消费者会调整他的消费量，直到最后一个单位消费带来的满足感恰好等于其愿意支付的最高价格为止。也就是说，只有在私人边际收益恰好等于其必须为之付出的代价时，消费者才不再调整消费量。

同理，对于生产者来说，在完全竞争市场条件下，生产者的私人边际成本（MPC）等于其社会边际成本（MSC）。因为，只要追加一个单位产品生产所消耗的私人边际成本小于其获得的收益（产品或服务价格），企业就会增加该种产品或服务的生产；追加一个单位产品所消耗的私人边际成本大于其获得的收益（产品或服务价格），企业就会减少该种产品或服务的供应。企业的调整会持续到他从最后一个单位产品或服务的供给中所获得的收益恰好等于其因此而消耗的私人边际成本时为止。而最后一个单位产品或服务的收益就是企业愿意为增加最后一个单位产品或服务所付出的代价，即社会边际成本。因此，当

P=MSC=MPC 时，生产者实现利润最大化。

由此可见，在完全竞争市场条件下，生产者和消费者都不存在外部效应，因为产品价格能够准确反映生产者的成本收益状况，实现生产者利益最大化；也能准确反映消费者的成本收益状况，实现消费者利益最大化。但是，完全竞争市场是理想市场状态，在现实经济活动中，只要完全竞争市场的必备条件①中有一个欠缺，市场机制就会在资源配置中失灵，外部效应就会出现。

二、负外部效应对资源配置效率的影响：产量过剩

如前文所述，生产者和消费者的行为不仅影响自身，还影响第三方，使第三方负担本不该由他们负担的成本或获得本不应属于他们的收益。究其原因，就是生产者或消费者在决策时仅从自身利益出发，忽略了外部效应带给第三方的成本或收益。

负外部效应的实质是，产品价格不能充分反映生产这种产品的社会边际成本，即私人边际成本小于社会边际成本。私人边际成本之所以小于社会边际成本，是因为外部效应的存在产生了外部边际成本，而这个成本没有在市场交易价格中反映出来。外部边际成本（marginal external cost，MEC），是指增加一个单位的某种产品给第三者带来的额外成本。

成本有私人成本和社会成本之分。私人成本是该产品或服务所包含的原材料、资本、劳动和管理等资源消耗价值；社会成本除包含私人成本外，产品或服务价格中不包括的附加在第三方身上的那部分成本（如污水、废气对社会环境的破坏、人体健康的损害等成本）也属于社会成本范畴。因此，社会成本=私人成本+外部成本，社会成本高于私人成本。外部成本就是对旁观者带来负外部性影响应付出的代价。

以玻璃幕墙的光污染为例，现代建筑中的玻璃幕墙之所以会产生光污染，是因为玻璃幕墙强烈的反射光进入附近居民楼内，增加了室内温度，影响居民的正常生活，容易导致人们出现视力下降、头昏目眩、失眠、心悸、食欲下降及情绪低落等类似神经衰弱的症状。有些玻璃幕墙是半圆形的，反射光会聚还容易引起火灾。烈日下驾车行驶的司机会出其不意地遭到玻璃幕墙反射光的突然袭击，眼睛受到强烈刺激，很容易引发车祸。

外部边际成本有不变、递增、递减三种情况，在不同情况下，外部效应大小不同，资源配置效果也有差异。

图 3.2 描绘的是玻璃幕墙的外部边际成本不变的情况。假定每平方米玻璃幕墙的 MEC 为 2 元，且固定不变，MEC 是一条与横轴平行的直线。玻璃幕墙的外部总成本（见图 3.3）就是一条按固定比率增长的从原点出发的斜线。

图 3.4 描绘的是外部边际成本递增的情况。外部边际成本递增意味着后增加的 1m² 玻璃幕墙，其造成的边际光污染比前 1m² 更大。因此，图 3.4 中的 MEC 向右上方倾斜。外部总成本将随玻璃幕墙面积的扩大按照递增的比率增加，如图 3.5 所示。

---

① 完全竞争市场的必备条件：这是一种假定的市场状况，在这一假定的市场里面，有许多卖者（企业）与买者（消费者），所有产品基本相同，所有企业可以自由进入或退出市场，企业和消费者掌握商品和市场的全部信息。

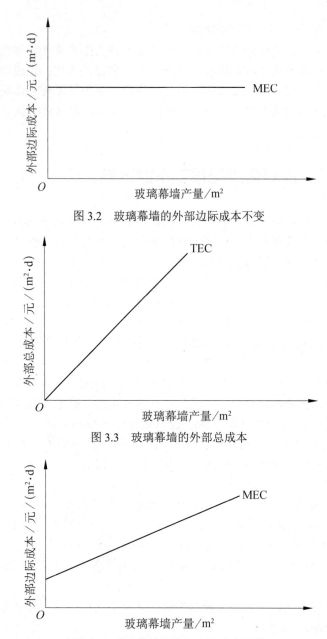

图 3.2　玻璃幕墙的外部边际成本不变

图 3.3　玻璃幕墙的外部总成本

图 3.4　玻璃幕墙的外部边际成本递增

最后一种情况是，外部边际成本随产量增加而趋于递减，并最终为零。实际上，这种情况是不太可能发生的，因为外部边际成本递减意味着外部总成本将会按一个递减的比率增加，而在某个点后追加的污染不会造成进一步的损害。例如，玻璃幕墙每增加 1m² 建造的外部边际成本在达到某一点后，随玻璃幕墙面积的扩大而逐渐递减，就意味着玻璃幕墙的面积扩大到一定程度后，它所造成的光污染会减小甚至消失，显然这是违背常理的。

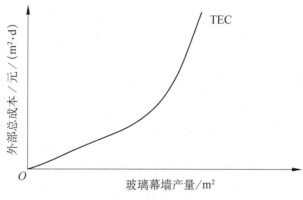

图 3.5　玻璃幕墙的外部总成本递增

由于需求曲线反映买者的评价，供给曲线反映卖者的成本，所以图 3.6 中的 MSB 曲线就是玻璃幕墙的需求曲线，MSC 曲线就是玻璃幕墙的供给曲线。在完全竞争市场条件下，MSC 与 MSB 的交点 E 点就是市场均衡点，也是玻璃幕墙生产资源配置的最佳点，因为在此处 MSC=MSB。

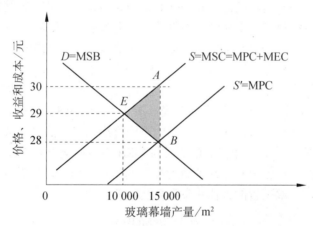

图 3.6　市场均衡、负外部效应与资源配置效率

假如玻璃幕墙生产的私人决策与社会决策发生偏差，私人边际成本小于社会边际成本，即产生外部边际成本，资源配置将出现扭曲状态。如图 3.6 所示，图中 B 点是由私人边际成本所决定的社会供给曲线 S' 与由社会边际收益所决定的需求曲线 D 的交点，B 点的价格水平既是玻璃幕墙生产者的私人边际生产成本，又是玻璃幕墙的购买者愿意支付的最高价格，即社会边际收益，B 点的均衡量（15 000m²）高于市场均衡量（10 000m²）。企业之所以能够在 B 点以更低的价格生产更多的产品，是以（30−28）元的外部边际成本为代价的。只有当 S' 曲线移动到 S 曲线位置时，外部边际成本（30−28）元才消失，个人边际成本等于社会边际成本，外部成本内在化。图 3.6 中由 B 点所决定的 15 000m² 的产量水平是缺乏效率的，原因是 B 点的社会边际成本是 30 元，而它的社会边际收益是 28 元，社会边际收益（MSB）小于社会边际成本（MSC），结果必然是玻璃幕墙以高于市场均衡量（10 000m²）的价格水平在市场上出售。如果采

取适当措施能够将产量由 15 000m² 减少到 10 000m²，必然会有 S_{AEB} 的净收益回馈社会。由此可知，存在负外部效应时，该种物品或服务的生产将处于过多的状态。

三、正外部效应对资源配置效率的影响：产量不足

外部效应除给第三方带来负的外部性影响外，还会给第三方带来正的外部性影响。例如，居民个人节能减排不仅可以减少自己的能源支出，也可以产生诸如保护环境、维持生态平衡等社会收益。对正外部效应的分析类似于对负外部效应的分析。

收益包括私人收益和社会收益，私人收益是产品或服务给消费者带来的满足感；社会收益除包含私人收益外，产品或服务价格中不包括的有益于第三方的那部分收益（如新能源使用对社会空气的净化、生态平衡的维持等）也包括其中。因此，社会收益高于私人收益。社会收益=私人收益+外部收益。正外部效应的实质是带有正外部效应的产品或服务的价格不能充分反映其所带来的社会边际收益，即 $P \neq$ MSB。根据前文所述，只有当 $P=$MSB$=$MPB 时，资源才能得到最佳配置，因此，当出现正外部效应时（$P \neq$ MSB），资源配置也是扭曲的。外部边际收益（marginal external benefit，MEB）是指每增加一个单位的产品或服务的消费给第三方带来的额外收益。社会收益=私人收益+外部收益，因此，社会边际收益（MSB）=私人边际收益（MPB）+外部边际收益（MEB）。

假设图 3.7 中的市场是完全竞争市场。MPB 曲线代表每增加一个单位能源消耗，消费者愿意支付的最高价格，相当于不同价格水平上的消费需求，因此 MPB 曲线就是个人需求曲线。同理，MSB 曲线就是市场需求曲线。图 3.7 中的 MSC 曲线表示生产者每增加一个单位能源供给能够支付的最低成本，相当于不同价格水平上的生产供给，因此 MSC 曲线就是社会供给曲线。图 3.7 中的 MSC 曲线与 MSB 曲线相交于 E 点，符合 MSB=MSC 帕累托最优条件，因此，E 点是该市场的资源配置均衡点。但是，当受外部条件影响私人决策偏离社会决策时，资源配置的最佳状态就会被打破。

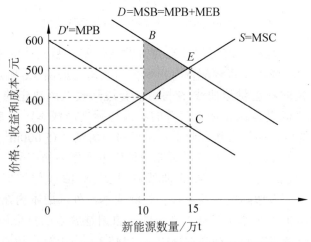

图 3.7　市场均衡、正外部效应与资源配置效率

图 3.7 中私人边际收益曲线与社会边际成本曲线相交于 A 点，A 点的新能源消耗量为 10 万 t，A 点的私人边际收益小于 B 点的社会边际收益，A 点不符合 P=MSB=MPB 的均衡条件，因此 A 点并不是资源配置的最佳点。只有当新能源消费量从 10 万 t 增加到 15 万 t，私人边际收益曲线向上平移（600-400）个单位时，才能实现资源有效配置。因此，A 和 B 两点之间的垂直距离即是私人消费选择所带来的外部边际收益（MEB）。在不采取其他措施的情况下，私人的消费选择将会产生面积为 S_{AEB} 的社会净收益。由此可见，当存在正外部效应时，新能源的消费会呈现出不足状态。

一般来说，无论是社会边际收益还是私人边际收益都符合边际效用递减规律，即随着某种产品或服务消费量的持续增加，每增加一个单位产品或服务消费的边际收益持续下降。外部边际收益也符合这个规律，例如，随着新能源消费人数的逐步增加，每增加一个消费者所产生的额外利益就会下降，因为随着消费人数的增加，旧能源污染的可能性在下降，新能源外部边际收益自然递减。既然如此，MEB 就有可能递减为零，当 MEB=0 时，MPB=MSB，私人边际收益曲线与社会边际收益曲线相交，如图 3.8 所示。

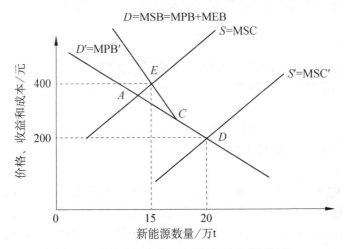

图 3.8　正的外部效应：外部边际效应递减情况

供给曲线出现在 MPB′ 与 MSB 的交点 C 点之前，私人边际收益小于社会边际收益，资源配置处于失灵状态，存在外部效应。但是供给曲线如果出现在 C 点之后，MPB′=MSB=MSC，符合资源配置效率的条件，市场机制能够实现资源的有效配置，就不存在外部效应。由此可见，当某种产品或服务的生产或消耗量足够大时，私人边际收益与社会边际收益相等，外部效应会自动消失。例如，当社会上的人都热衷于使用新能源时，个人新能源消费的边际收益与社会边际收益就会相等，外部效应也将不存在。

第四节　外部效应的治理

外部效应的治理就是实现外部效应内在化。外部效应内在化是将因外部效应而产生的额外成本或额外收益内化为私人成本或私人收益，即使私人边际成本=社会边际成本，私人边际收益=社会边际收益,达到资源配置的帕累托最优。对于负外部效应来说,其具体操作过程是将外部边际成本加到私人边际成本中,使该种产品或服务的价格能够反映全部的社会边际成本;正外部效应则是将外部边际收益加到私人边际收益中,使该种产品或服务的价格能够反映全部的社会边际收益。

既然外部效应反映出私人边际收益(或成本)和社会边际收益(或成本)的扭曲,就有必要采取措施对其进行矫正。依据外部效应矫正主体的不同,外部效应矫正措施可以分为三类,即外部效应公共矫正措施、外部效应私人矫正措施和外部效应社会制裁措施。

一、外部效应公共矫正措施

外部效应是市场机制失灵的表现。市场机制在资源配置中的自发性、盲目性、逐利性导致私人决策偏离社会需要,因此要矫正外部效应,必须要政府"看得见的手"发挥调控作用。政府用于矫正外部效应的措施有矫正性税收、矫正性财政补贴、政府直接管制。

1. 矫正性税收

矫正性税收适用于负外部效应的内在化。按照英国经济学家阿瑟·庇古的观点,导致市场配置资源失效的原因是经济当事人的私人成本与社会成本不相一致,从而使私人最优导致社会非优。因此,纠正负外部性的方案是政府通过征税或者补贴来矫正经济当事人的私人成本。只要政府采取措施使得私人成本和私人利益与相应的社会成本和社会利益相等,资源配置就可以达到帕累托最优状态。这种纠正负外部性的方法也称为"庇古税"(Pigouvian tax)方案。

庇古税的意义在于:首先,通过对污染产品征税,使污染环境的外部成本转化为生产污染产品的内在税收成本,从而降低私人的边际净收益并由此来决定其最终产量。其次,由于征税提高了污染产品成本,降低了私人净收益预期,从而减少了产量,减少了污染。再次,庇古税作为一种污染税,虽然以调节污染产品的供给量为目的,但毕竟能提供一部分税收收入,可专项用于环保事业。它即使作为一般税收收入,也可以相应减轻全国范围内的税收压力。最后,庇古税会引导生产者不断寻求清洁去污技术,对于减少外部成本、增加社会收益具有积极作用。

以玻璃幕墙行业为例,假定政府对该行业征收光污染税,光污染税的税额等同于该产品的外部边际成本,以此将其私人边际成本提高到社会边际成本的水平,实现负外部效应内在化。

假设每平方米玻璃幕墙的外部边际成本为 2 元,政府矫正性税收的税额就应当是每平方米征税 2 元。如图 3.9 所示,当私人边际成本曲线与社会边际收益曲线相交于 B 点时,玻璃幕墙的供给量为 15 000m^2,外部边际成本 MEC=2×15 000=30 000 元。因此政府应该征收光污染税 30 000 元,企业的私人边际成本变为:MPC+30 000 元。随着光污染税的征收,企业生产成本增加,生产供给能力下降,供给曲线由 S' 移动到 S,私人边际成本曲线恰好移动到社会边际成本曲线上,均衡点也从 B 点移动到 A 点,均衡产量由 15 000m² 减为 10 000m²。

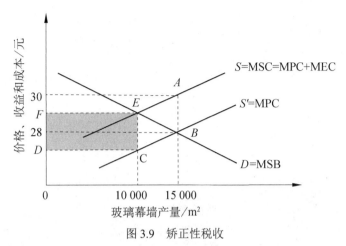

图 3.9 矫正性税收

在 10 000m² 的产量水平下，政府征税总额为 2×10 000=20 000 元，如图 3.9 中阴影部分的面积。相比较于 15 000m² 时应该征收的 30 000 元，大大降低了光污染的成本，同时随着产量的下降，社会上的光污染也在减少。但是，矫正性税收不能使光污染的成本减少为零。

政府征税的办法在理论上是非常完美的，在实践上却有很大问题，因为政府很难确定玻璃幕墙的边际污染成本，也就很难设定适当的污染税率。因此，政府实际上很难通过征税的办法来完全解决外部效应的效率损失问题。当然，说很难完全实现配置效率，并不意味着不能弥补效率损失。实际上，只要政府所确定的税率没有超过边际污染成本，征收污染税的做法依然可以使完全竞争的企业的产量逼近社会最优产量，从而部分地改善市场效率。因此，在缺乏其他可靠办法的情况下，政府对污染的工厂征税，虽然很难彻底解决污染问题，却依然是可选择的方法之一。

2. 矫正性财政补贴

既然负外部效应可以通过征税的办法矫正，正外部效应也可以采取矫正性财政补贴的方法来进行矫正。矫正性财政补贴就是通过财政补贴调整私人边际收益，使私人边际收益等于社会边际收益，实现外部收益内部化。具体操作方法是：政府对带有正的外部效应的物品或服务的消费者，按照该种物品或服务外部边际收益的大小发放财政补贴，以此将补贴物品或服务的私人边际收益提高到同社会边际收益相一致的水平，实现正的外部效应内在化。

矫正性财政补贴的作用有：①将外部边际收益加计到私人边际收益之上。②增加对带有正外部效应的物品或服务的需求，并降低消费者为其支付的净价格，进而将产量调整至社会边际收益等于社会边际成本的最佳水平。③增加带有正外部效应的物品或服务的消费者收益，鼓励这类物品或服务的消费。

下面以新能源行业为例进行说明。假定政府对该行业实施矫正性财政补贴，以增加消费者对该行业产品的需求。政府财政补贴金额等同于该行业产品的外部边际收益，以此将其私人边际收益提高到社会边际收益的水平,实现正外部效应内在化,如图3.10所示。

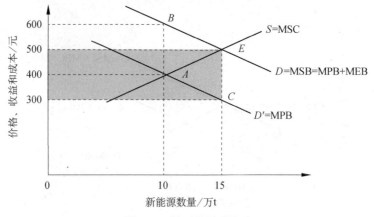

图 3.10 矫正性财政补贴

假设每吨新能源消费产生的外部边际效应是 200 元,政府财政补贴只有每吨达到 200 元才能弥补消费者消费该产品所带来的正外部效应。如果政府已实施财政补贴,它将提高消费者收益,消费需求增加,需求曲线(即私人边际收益曲线)向右平行移动,由 D' 移动至 D,垂直移动距离 $AB=200$,市场均衡点由原来的 A 点移动到 E 点,均衡量由 10 万 t 提高到 15 万 t,同时,新能源价格也由每吨 400 元提升至 500 元。虽然新能源价格每吨提升了 100 元,但是政府在其中给消费者每吨补贴了 200 元,消费者收益不降反升。

新能源消费数量为 15 万 t 时,政府补贴额为:150 000×200=3000 万元,如图 3.10 中阴影部分的面积,相比较于 10 万 t 时的政府补贴:100 000×200=2000 万元,要多出 1000 万元的净收益。因此,政府财政补贴使消费者收益大大提升,净增 1000 万元。

在现实中矫正性财政补贴的例子有很多,如校内奖助学金的发放、植树造林者的补贴、节能减排产品的补贴等都是对正外部效应进行矫正的措施。但是政府补贴也存在不足,其缺点是补助标准难以制定。实践表明,政府不容易确定最优补给量。这一问题与征收污染税所遇到的问题是同一性质,而且由于政府本身也是经济人,它的实际目标是预算最大化以及其他方面的最大化,如果制度设计得当,可以使其行为动机与社会福利最大化相兼容,但到目前为止,依然没有很好地解决这一问题。

3. 政府直接管制

科斯认为政府有能力以低于私人组织的成本进行某些活动。因此,在市场交换或私人谈判解决不了负外部效应时,有必要进行政府直接管制,即政府做出直接规定,强制性地规定人们必须做什么、不得做什么,并要求人们服从。政府对违反这些强制性规定的行为给予相应程度的罚金,使其行为的边际成本与社会边际成本相等,其主要表现为:禁令,如明令禁止某些生产经营活动或资源利用与排污,甚至对一些严重污染企业直接采取"关、停、并、转"的强制措施;行政许可证制,即规定只有持有政府行政主管部门核发的生产经营许可证才能生产或排污。例如,政府可以通过出台环境保护方面的法律法规,规定厂商排污的最大限额,禁止厂商倾倒化学废料,限期调整污染工业的生产布局,勒令厂商安装防污设备或改进生产工艺，等等；再如，实施专利制度等。

管制能满足政府所要达到的目的。但是，管制使污染者失去选择的自由，对任何企业一视同仁的排放标准，无法使具有不同边际收益和边际成本的排污企业均达到最佳生产量，并且只要排放量低于排放标准，就可以免费排放而无须对受污染者付费，如图 3.11 所示。

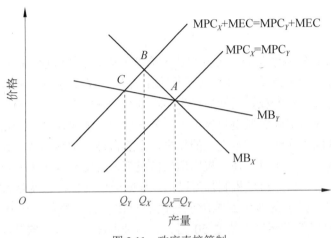

图 3.11　政府直接管制

为分析政府管制对不同边际收益企业的影响，现假设 X 与 Y 两家企业生产同类产品，企业私人边际成本相同，社会边际收益不同。由于需求曲线反映买者的评价，供给曲线反映卖者的成本，因此，图 3.11 中 MB_X 与 MB_Y 分别代表 X 与 Y 两家企业的需求曲线，MPC_X 或 MPC_Y 则代表供给曲线。当三条线相交于 A 点时，$Q_X= Q_Y$。此时两家企业虽然私人边际收益不同，但产量相等，又因为 $MB_X≠MC_X$，$MB_Y≠MC_Y$，因此，A 点不是资源配置的最佳点。假设两家企业的外部边际成本都是 MEC，政府管制要求将 MEC 内部化，供给曲线必然会向左上方平移 MEC 个单位的垂直距离，移动到 $MPC_X+MEC= MPC_Y+MEC$ 处，新的供给曲线与 MB_X、MB_Y 分别相交于 B 点和 C 点。图 3.11 中 B 点和 C 点各自的社会边际成本等于社会边际收益，B 点和 C 点应该是各自的均衡点。但是依据市场均衡理论，在完全竞争市场中，无论有多少个生产企业，有多少个产品消费者，最终达成市场平衡的资源配置的最佳均衡点（即 MSC=MSB）只能有一个，同一市场上出现两个均衡点显然与市场均衡理论相悖，因此 Q_X 与 Q_Y 都不是真正的均衡产量。可见，政府管制不能使两家企业都达到最佳均衡量。

在大多数情况下，一刀切式的管制不仅不能很好地解决问题，反而会引发其他问题。例如，政府禁止造纸厂向河流中排放污水，在技术不允许的情况下，这种管制势必会导致整个造纸行业的衰退，进而影响上下游产业的发展。另外，政府为确保制定出的政策精准有效，需要掌握较为完备的市场信息、行业内部信息及生产技术信息，但政府管制者要得到这些完整、准确、可靠的信息难度是非常大的，这就使政府管制的收益与成本很难准确计量。可见，"头痛医头，脚痛医脚"的简单管制，并不能系统解决问题，外部性问题的解决还是要以市场机制为基础，例如现在推出的碳排放交易就是类似的解决思路，但这并不意味着直接管制与效率根本不相容。在有些特定情况下,直接管制具有经济刺激手段的不可替代性。例如,当出现突发紧急情况,如异常气候所产生的干旱、洪涝灾害,或其他自然灾害时,由于情况紧急,而且持续时间不长,这时,直接管制将会产生有效作用。

二、外部效应私人矫正措施

1. 讨价还价

1991年,诺贝尔经济学奖获得者罗纳德·哈里·科斯于20世纪60年代初对传统的庇古法则进行了修正。他认为,外部经济从根本上说是产权界定不够明确或界定不当引起的,所以只需界定并保护产权,而随后产生的市场交易就能够达到帕累托最优。例如,有一个公共池塘,企业可能随意倾倒垃圾,产生外部效应。如果这个池塘是私有的,企业倾倒垃圾必须向池塘的主人赔偿污染造成的损失,企业自然会把这项费用计入生产成本中,这时就没有外部成本了。所以,在产权明确的情况下,若交易成本为零或可以忽略不计,则无论初始时谁拥有产权,市场机制都可以把外部效应内部化,这就是科斯定理。

例如,某涂料厂排放的废气影响附近村民的身体健康,假如一位村民的健康损失为500元,1000位村民的健康损失就是50万元。治理办法一:工厂安装净化设备,费用为35万元。治理办法二:给居民提供健康补偿,费用为40万元(1000×400元)。假如赋予涂料厂排污的权利,涂料厂就有权向空气中排放废气,居民就要付出健康的代价,为了保障自己的健康,居民们会联合起来要求企业安装35万元的净化设备,因为这比起自身的健康损失50万元来说是合算的。假如赋予居民不受污染的权利,涂料厂就必须安装35万元的净化设备,因为按照法律规定,涂料厂有责任保障附近居民不受污染,而且比起40万元的健康补偿费来说,安装净化设备更有效率。无论是哪一种办法,只要协商费用(交易费用)很小,市场均衡的结果就是有效率的。通过权衡比较,大家都会选择安装净化设备,最终只是谁出钱的问题。显然,如果政府赋予企业污染权利,35万元的净化设备费就由居民出;如果政府赋予居民维护健康的权利,35万元的净化设备费就由企业出。在这两种情况下,区别只在于承担成本或享受收益的人不同,而资源配置的效果完全相同。

总之,在交易费用很低的情况下,讨价还价是一种有效的解决外部效应问题的方法,可以按照市场规则将外部效应内部化。即只要产权已明确界定并受到法律的保护,那么交易的任何一方拥有产权都能带来同样的资源最优配置的效果。这可通过双方的谈判自然地实现,产权赋予不同的人,只会带来收入分配结果的不同。但在生活中,科斯定理的作用是很有限的。一是大部分具有外部效应的物品或劳务,其所有权是很难界定的,因为外部效应具有非排他性,个人无法通过交换将外部效应内在化;二是现实经济世界非常复杂,即使产权能够很容易界定,但在很多情况下,交易成本往往是很高的,以致许多外部效应问题很难在相关内部之间得到妥善解决,当外部效应问题涉及面很广时,则更是如此。因此,一般认为,该定理仅适用于当事人很少、交易成本很低且造成外部效应的原因容易确认的场合。

2. 排污权交易

根据科斯第一定理，在产权明确、交易成本为零的情况下，无须政府干预，市场通过讨价还价就能够解决外部性问题。但是，如果产权明确而交易成本不为零，或者不是小得可以忽略不计，那么就需要通过合理的制度选择来减少交易成本，使外部效应内在化，使资源得到合理配置。例如，涂料厂和村民要通过讨价还价的方式达成协议，假如村民们的利益要求各不相同，很难协调，双方的交易成本就会增加，谈判破裂的可能性也在增加。这时讨价还价就不再是一种好的解决外部性问题的办法。当私人协商无效时，政府可以发挥作用，通过制度安排解决问题。排污权交易制度就是这样一种能够实现资源配置效率的制度安排。

排污权交易制度是一种新兴的环境治理制度，它首先为企业划定了排污总量指标，然后再分配给企业，哪个企业想争取更多的排污量，就要向其他企业去购买，也可以将省下的排污量卖给其他企业。与此同时，政府则通过每年回购市场上多余的指标，使得排污总量逐年缩减。在可转让排污许可证制度①下，购买许可证的厂商是最没有能力减少排放的厂商。如果一个厂商面临相对较高的减污边际成本，会愿意为每一单位排放的许可证出更高的价格。如果有足够多的厂商和许可证，一个竞争性的排污许可证市场就会发展起来。在市场均衡时，许可证的价格等于所有厂商减污的边际成本。政府选择的排放水平会以最低成本实现。那些减污边际成本相对较低的厂商会最多地减少排放，而那些减污边际成本相对较高的厂商会购买较多的许可证，并最少地减少排放。

假设某地有两家企业，一家是钢铁厂，另一家是造纸厂。两家企业都需要向河流中排放污水。为了限制污水排放量，政府推出排污许可证制度。一张许可证100万元，可允许排污100t。假如两家企业允许的排污量都是300t，政府给每家企业发放3张排污许可证。假如钢铁厂自己减少污水排放100t，需耗费成本为200万元，而购买100t排污权仅需100万元，企业会选择购买排污许可证，这样可节省100万元。造纸厂自己减少污水排放100t需耗费成本50万元，减少300t污水排放量仅需耗费150万元，造纸厂会选择自己除污。造纸厂多余的许可证可进入市场买卖。如果钢铁厂需增加排污量100t，可从造纸厂处购买许可证。造纸厂出售一张许可证给钢铁厂，可获得100万元收入，减去自己排污耗费的成本50万元，最终一张许可证可增加50万元收益。排污许可证在两家企业间的买卖使每家企业都能从中受益，而且整个社会的排污量也下降了。

当然，排污权交易制度也存在一些问题：一是排污权的界定是有难度的；二是排污权进入市场后，企业购买了排污指标，会认为排污是理所当然的。另外，在竞争激烈的行业中，有排污权节余的企业可能不肯出售自己的节余排污权，从而造成排污权的浪费。

3. 企业一体化

除科斯定理外，部分经济学家认为企业一体化也是解决外部效应的一种方式。一体化是指个人或厂商通过市场机制组织一个足够大的经济实体来将外部效应内在化，从而纠正

---

① 排污许可证制度是一项重要的环境管理制度，对排污单位许可排放污染物的种类、数量、排放方式、排放去向等按照标准做出规定，强化环境管理。

外部效应带来的效率损失。

外部效应发生的方向可能是单向的，也可能是双向的。单向的外部效应通过上面的方法就可以解决，而对于双向的外部效应，上文所介绍的方法则可能会失效。如养蜂人和果园主，他们彼此之间互相影响，都有外部效应。养蜂人的蜜蜂飞到隔壁果园里采蜜而又不用支付任何费用，必将导致果树数量低于最优数量，而蜜蜂采蜜的同时，也在传播花粉，果园主没有向养蜂者支付蜜蜂传播花粉的服务费用。这两者都是市场失效的表现，所以，政府既要对养蜂人补贴，也要对果园主补贴，以实现社会最优数量的蜜蜂和果树。然而，政府补贴也并非解决问题的最佳方法。经济学家认为还有一种方法，就是让果园主兼做养蜂生意，或者让养蜂人兼做果园生意，因为这样一方存在而给另一方带来的正外部效应就转化为内部效益了。这种方法就是企业一体化，它的前提是企业合并之后的管理成本必须小于市场的交易成本，并且要求企业规模足够大，因为只有规模足够大时，才能够将所有的外部效应内在化。例如，只有在果园足够大到使所有的蜜蜂只能在该果园采蜜的情况下，才能完全实现外部效应内在化。但是，要达到企业规模足够大往往很困难。另外，企业规模扩大也将产生垄断等新的市场失灵。但是，一体化理论可以在一定范围内部分地消除外部效应。

1977年诺贝尔经济学奖获得者、英国著名学者米德（James Edward Meade）认为，使外部效应内在化的组织除企业外，还可以是家庭、社会俱乐部、商业公司协会、政府等。组织安排纠正外部效应问题的基本要素包括：①需要克服的外部效应问题的规模是大还是小；②为克服外部效应问题而加入组织中的成员是不是自愿的；③组织的集体决定规则如何。要想使不同的决策规划更好地克服不同类型的外部效应，必须建立不同形式的相互竞争的组织，从而让人们有选择的余地。

三、外部效应社会制裁措施

社会制裁实际上是一种道德约束。道德一般是指人的品质或人的行为规范。它是一种意识形态，对于调整人与人、人与社会之间的关系具有重要作用。一个企业的经济行为首先要受到政府经济政策及法律的约束，但是政府的经济政策及法律并不能涵盖所有的人类活动，因此，仅依靠经济政策和法律制度来约束企业行为、化解外部效应是不现实的。道德约束作为一种非强制性的"软约束"机制，不同于来自政府经济政策及法律的"硬约束"。它无时不在，又无处不在，主动而又无形地渗透于人们的言行举止中，能够使人们的行为由"自律"转向"他律"。对于企业来说，企业道德的遵从会让企业以更高的标准来要求自己，使自己的生产经营行为符合人类社会生存发展的基本要求，例如，媒体时常提及的企业的社会责任就是一种道德约束。道德约束能够在无形中化解企业的外部效应，增加社会效益。事实上，道德约束不仅可以增加整个社会的效益，对于提升企业自身的经济效率也有裨益。厉以宁曾对道德和效率之间的关系做过论述，他认为效率有两个基础：物质基础和道德基础。只具备效率的物质基础，只能产生常规效率；有了效率的道德基础，就能产生超常规效率。厉以宁在《超越市场与超越政府：论道德力量在经济中的作用》一书中提出："照理说，道德、伦理问题本身并不是经济学的研究对象，经济学是不专门讨论这一领域问题的,经济学关心的主要问题是资源配置。"但"对资源配置、社会经济运行,以及社会生活水平发生作用的,不仅仅是市场力量和政府力量,而且还有习惯与道德力量"。从这个意义上说,"道德规范、伦理标准、是非判断等,不仅在经济生活中有着重要作用,而且在经济研究中也有着重要作用"。

企业作为社会经济活动的主体,不能孤立于整个社会系统之外,在追求自身利润最大化的同时,也要肩负起相应的社会责任,遵从社会道德,如此才能实现自身的可持续发展,同时能减少负外部效应,增进社会效益,推动社会的可持续发展。近年来兴起的ESG(environmental, social and governance, 环境、社会和治理)投资理念同样是对负外部效应的一种观念或行为上的探索。

在日常经济生活中,有大量外部效应,无论是正外部效应还是负外部效应都会带来福利的损失,所以有必要通过一些手段来实现外部效应内在化。鼓励有正外部效应的物品多生产,控制有负外部效应的物品过度生产。这就需要综合运用多种手段以减少负外部效应的产生,增加正外部效应的产生。

 理论探索

要对交易成本的定义或产权界定的内容进行更为深入的研究,可阅读科斯(R. H. Coase)的《经济学中的灯塔》(*The Lighthouse in Economics*)(1974)、《企业的本质》(*The Nature of the Firm*)(1937)和《社会成本问题》(*The Problem of Social Cost*)(1960)等内容。

 思维拓展

1. 结合本章所学知识,思考为什么"外部性(外部效应)问题一直是比较难以琢磨且有争议的概念,有些经济学家选择回避这个概念,如约瑟夫·E. 斯蒂格利茨的《经济学》、范里安的《微观经济学:现代观点》,但是又有很多经济学家不断强调这个概念"。

2. 根据本章所学知识,外部性问题产生的原因有多种解释。你认为哪一种解释最符合现实经济活动的真实状况?为什么?

3. 依据本章所阐述的科斯的"交易费用"理论,请尝试思考计划经济和市场经济两种不同经济体制的交易费用问题。

制度实践

推行高速铁路公交化运营
破解城市拥堵顽疾

海南利用既有高速铁路的富余运力,创造性地在省内高速铁路城区路段开行小编组、大容量、高频率公交化列车，实现高速铁路与城市交通深度融合、无缝接驳，增加了城市交通有效供给，便利了群众公共出行，为全国高速铁路创新运营模式、提升服务能力、促进地方发展提供了海南范例。为增加城市公共交通有效供给，便利海口市民低成本公共出行，海南充分利用既有铁路富余运力，以共赢、便利、多元、高效为宗旨，创造性推出全国首个利用既有高速铁路开行市域公交化列车（以下简称市域列车）运营新模式，增强了群众便利感、获得感、幸福感，成为海南自由贸易港优化公共交通服务、提升社会治理水平的靓丽名片。

一、创新运营模式，增加有效供给

（一）打造高速铁路运营新模式。海南通过创新高速铁路运营模式，利用环岛高铁线路和站点富余运力在海口站至美兰机场段开行小编组、大容量、高频率公交化列车，实现高速铁路列车和市域列车的客服系统、市政配套系统相互兼容，在全国首次创造性地通过购买适合公交化运营的列车组在既有高铁轨道上运行，将环岛高铁有效纳入城市公交体系，既盘活了铁路闲置资源，又实现了便民出行、缓解城市交通压力的目的。

（二）打造成本收益平衡新机制。为充分调动地方政府、铁路运营部门、城市公交公司等各方面在利用高铁富余运力开通市域列车的积极性，海南深入研究、精准测算，积极通过自我盈利、财政扶持、运营补亏等多种方式，打造运营成本分担和运营收益激励相平衡的工作机制，形成了铁路部门提供运营服务、地方政府兜底运营成本、运营收益各方共享的新局面，充分调动了铁路部门参与地方公共交通建设的积极性，有效弥补了当地城市轨道交通缺失的短板。

（三）打造市民城市出行新习惯。为使市民习惯高铁公交化运营新模式、享受市域列车出行便利，海南充分利用环岛高铁在海口市内穿行的优势，并通过优化列车站点布局、改造列车站点服务设施、无缝接驳公交线路等措施，让市民能更便捷地乘坐市域列车。同时，海南还通过网络、电视、手机等多种渠道进行宣传，让市民群众了解市域列车，并在试运营阶段通过免费试乘的方式，鼓励市民熟悉并逐步习惯选乘这一新兴交通出行方式。

（四）打造低成本交通新路径。由于市域列车是在既有高铁线路上运行，因此整个项目的前期投入很少，这也为有效降低后期运营服务成本奠定了坚实基础。市域列车开通以来，不仅便利了市民出行、缓解了城市拥堵、减少了交通污染，而且通过低票价进一步降低了市民出行成本。目前，海口市域列车起步价为 2 元，全程最高票价为 10 元，平均每千米仅 0.26 元，相关出行成本仅为正常高铁费用的二分之一、出租车费用的十分之一。

二、优化资源利用，提供海南经验

（一）"花小钱，办大事"，实现经济和社会效益双丰收。目前，海口已开行的市域列车全线长38km，按照轨道交通至少 5 亿元/km 造价计算，如新建一条城市轨道交通至少需要投入 190 亿元。而在既有的高铁线路上开通市域列车，只投入了 3.08 亿元，为地方财政节省了 180 多亿元，极大减轻地方财政压力，真正实现了"花小钱，办大事"的目的。同时，市域列车项目开通运营以来，整体客流呈明显上升趋势，日均发送旅客由运营初期 2000 人次发展到现阶段的 6000 人次，社会效益日趋显现。

（二）"创思路，解难题"，实现高铁对轨道交通有效替代。海南作为全国为数不多的没有城市轨道交通的省份，由于自身城市道路规划先天不足，加之相对炎热的气候特点，导致城市公共交通出行的分担率一直偏低,地面交通压力持续加大。思路决定出路,海南创造性地利用既有高铁线路开通市域列车,有效解决了这一难题。目前,海南市域列车高峰日开行对数已达 63 对,主要站点高峰小时的发车频次达 8~10min,最高速度 160km/h,运行时长 35min,一列车满载量为 900 人左右;用时分别是出租车和公交车的一半和三分之一;运量分别是出租车和公交车的 225 倍和 15 倍。市域列车开通以来,有效提升了海南公共交通出行的分担率,市民普遍反映良好。

(三)"活资源,促发展",实现高铁对城市发展有效带动。海南环岛高铁设计运力为日开行 140 对列车,由于受到客流实际需求所限,目前日开行 40 对列车,开行率仅为 28.57%,仍有较大运力的富余,导致既有铁路资源白白闲置浪费。特别是海口市部分站点建成后,城际间长途客源稀少,长期未能投入使用,而相关站点又地处市域内,人员短途流动的需求较大。大量有着短途出行需求的市民,眼看着高铁每天从身边站点经过,却无法享受轨道交通带来的便利。市域列车的开通,将高铁既有闲置资源同市民的短途出行需求进行了高效衔接,盘活了铁路资源,便利了市民出行,也有力地促进了站点周边的快速发展。

三、增强群众幸福感,提升城市功能品质

(一)优化了市政配套服务,提升了群众出行便利。海南省投入 0.6 亿元专项资金对市域列车沿线站点周边的市政配套设施实施改造,通过改移道路,增设私家车、电动车停车场等工程,使站区周边综合环境有了大幅提升。同时,通过调整公交运营线路和频次,增加到达市域列车站周边公交 17 条,解决市民出行"最后一公里"难题。铁路部门在车站内专门划定市域公交列车的专用购票和进出站通道,通过站台候车的方式,旅客可以随到随走,极大节省旅客在站内换乘的时间,具有较好的出行体验。

(二)优化了市域出行方式,缓解了交通拥堵难题。海口市内交通运输方式全面依赖地面交通,机动车保有量呈高位增长,城市交通运输压力大。市域列车提供了高效、便捷、环保、经济、安全的交通服务,优化了海口市域的出行方式结构,缓解了市域列车开行沿线地区的交通拥堵,促使海口市域交通系统趋向于健康、综合化方向发展。

(三)优化了城镇空间布局,提升了城市功能品质。市域列车连接了新海港和美兰国际机场,对海口市海港和空港"双港驱动"战略具有强有力的支撑作用,将实现城市空间结构由"单中心"向"多中心"发展,最终"多中心"一体化协调发展、齐头并进。通过城市轨道交通服务体系的建立,将改变海南省,特别是海口市等地区长期仅有地面交通主导的单一公共交通结构,使这些地区拥有智能化、高效化、环保化的公共交通系统,从而显著改善城市宜居、宜业、宜游环境,使城市功能品质得到明显提升。

(四)优化了城市交通供给,实现地方企业群众"三赢"。市域列车开行可以更好地提供多元的城市交通出行,促进沿线地区优化功能分工和产业布局,实现多方共赢局面。一是地方政府以人民为中心办实事,以解决人民群众出行拥堵难题为根本出发点,增强政府投资的有效性,达到"四两拨千斤"的作用;二是铁路企业有效益,充分挖掘和释放既有铁路运能,推动资源共享,减缓固定资产折旧,实现企业经营合理回报;三是人民群众获得感增强,通过乘坐安全可靠、经济高效、绿色环保的市域列车出行,人民群众快速通达出行需求得以满足。

资料来源:海南省委自贸办. 推行高速铁路公交化运营 破解城市拥堵顽疾[EB/OL]. [2021-01-28]. https://www.hnftp.gov.cn/zdcx/cxal/202101/t20210128_3024808.html.

第四章　公共物品

公共物品理论是公共部门经济学研究的重要内容之一。自由主义经济学派认为，只要存在一种有效的产权体系，使人们的权利得到保证，并且具有实质性意义，个人的积极性、创造性便能创造人间的繁荣。但是，这种理论的前提是市场万能的假设成立，在现实的经济生活中，市场却存在失灵现象，也存在一些市场无法或不愿进行活动的领域，尤其对公共物品的供给，市场无法有效地提供公共物品。国防、司法、环境保护、公共基础设施等就是典型的公共物品，一般认为，由政府来完成这些领域的资源配置更为适宜。但由于公共物品具有效用的不可分割性、消费的非竞争性和受益的非排他性三个特征，使得公共物品难以通过市场由私人提供，而公共部门提供公共物品又存在配置效率问题，如何提高公共物品的配置效率就成为人们关注的话题。

第一节　公共物品概述

经济学是研究如何利用稀缺资源以满足人类需要的学科。人类的需求根据满足的途径和手段的不同，可分为私人需求和公共需求，与此对应，可将满足人类需求的物品分为私人物品、公共物品和混合物品。掌握每一种物品的含义及其特征，是理解每种物品不同的资源配置方式的基础。

一、私人物品

私人物品是指需要通过市场机制向社会提供，满足作为个体的社会成员私人需要的物品。在市场经济条件下，私人物品是通过市场机制向社会提供，以企业作为基本生产单位来组织生产的，而且这种生产是在全社会范围内进行分工合作的。企业生产什么、如何生产、如何分配都受市场机制的约束。

私人物品一般具有以下三个特征。

（1）效用的可分割性。即私人物品可能分割成若干单位，并具有一定的计量单位。消费者可根据自己的能力任意选择消费的种类和数量。

（2）消费的竞争性。即消费者消费了某一私人物品，就排除了其他消费者消费该物品的可能。例如，某消费者消费了一个苹果，其他的消费者就不可能再消费该苹果了。

（3）受益的排他性。即技术上可将拒绝付款的人排除在消费范围之外，消费者必须按照等价交换的原则，通过商品货币交易获得市场上私人物品的消费权利，如果拒绝付款，除非馈赠，否则不被允许消费。

二、公共物品

美国经济学家保罗·萨缪尔森（Paul Samuelson）于 1954 年在《公共支出的纯理论》（*The Pure Theory of Public Expenditure*）一文中较早对公共物品给出较严格的定义：当每个人消费某种产品或劳务不会导致别人对该种产品或劳务消费的减少，这种产品或劳务即为纯粹的公共物品。为了清楚地辨别公共物品同私人物品的区别，公共部门经济学将萨缪尔森的定义加以引申，提出了纯粹公共物品具有与私人物品不同的三种特征，具体如下。

（1）效用的不可分割性。即公共物品是向整个社会共同提供的，整个社会的成员共同享用公共物品的效用，而不能将其分割为若干部分，分别归属于某些厂商或个人享用，或不能按照"谁付款，谁受益"的原则，限定为之付款的个人或厂商使用。这个也可以看作消费者对公共物品的集体消费或等量消费。从《牛津经济学词典》中将公共物品用作复数（public goods），而将私人物品用作单数（private good），即可以看出这种特征。

（2）消费的非竞争性。即某一个人、厂商对某种公共物品的享用，并不排斥、妨碍其他人或厂商同时享用，也不会因此而减少其他人或厂商享用的数量或质量。

（3）受益的非排他性。即在技术上没有办法将拒绝为之付款的个人或厂商排除在公共物品的受益范围之外。无论个人或厂商是否为之付款，都能从公共物品的提供中得到利益；任何个人或厂商都不能用拒绝付款的办法，将其所不喜欢的公共物品排除在其享用品范围之外。

纯粹的公共物品具有效用的不可分割性、消费的非竞争性和受益的非排他性三个特征，也可以通过这三个特征从理论上判断一种产品是不是公共物品。出于简便的需要，可以按以下步骤来进行。

（1）这种产品的效用是否具有不可分割性，如果具有不可分割性，则进入步骤（2）。

（2）该种产品的消费是否具有非竞争性，如果具有非竞争性，则进入步骤（3）。

（3）该种产品的受益在技术上是否较容易排他，如果不能排他，则该种产品或劳务必为纯粹的公共物品。

如果一种产品既不具有效用的不可分割性，又不具有消费的非竞争性和受益的非排他性，则该种产品可以被看作纯粹的私人物品。

通过表 4.1 可以对公共物品简单地分类。在各种产品中区分公共物品和私人物品及其与之相关的其他产品时，主要依据该产品是否具有排他性和竞争性（忽略其效用是否可以被分割的特性）来说明。

表 4.1　产品的类型

		排他性	
		有	无
竞争性	有	（1）私人产品	（3）共有资源
	无	（2）俱乐部产品	（4）纯公共产品

依表 4.1，同时具有排他性和竞争性的第一类产品是可以由竞争市场有效提供的私人

物品，其余三类可视为具有公共性质的产品，但是可分为纯粹公共物品和不纯粹公共物品。第四类为纯公共物品（pure public goods），就是我们通常所说的公共物品。一般认为社会生活中纯公共物品极少，但如国防、有效率的公共政策或制度、货币稳定、环境保护等仍为人们所公认。

介于纯公共物品和私人物品两个极端之间的俱乐部产品和共有资源为不纯粹的公共物品。

俱乐部产品（club goods）的特点是在消费上具有非竞争性，但是可以较轻易地做到排他，即不付费者可以排除在消费之外。如公路桥、公共游泳池、电影院、闭路电视网等。该类产品的使用者数目总是有限的，且需付费，在人们的印象中，同时消费同一种产品的数目有限的个人恰与同一俱乐部的成员相仿，因此，将此种产品称为俱乐部产品。

共有资源（common resources）与俱乐部产品正好相反，它在消费上具有竞争性，但是无法有效地排他，即不付费者不能轻易地被排除在消费之外，如公共渔场、公共牧场等。将共有资源视为不纯粹的公共物品，是基于以下原因。

（1）与纯公共物品具有相似性，也就是总量既定且不归任何个人专有，具有向任何人开放的非排他特点。这些特点决定了在其消费中也会出现不合作问题，即每个参与者都按自己的理性行事，但结果是集体的非理性。正如纯公共物品会过少提供一样，共有资源则可能导致提供公共劣质品（public bads）。这一特点使其与私人物品完全不同，而与纯公共物品一脉相承。

（2）共有资源的竞争性导致某人消费的增加给他人带来负外部效应（存在导致他人消费的减少的可能性）。这与纯公共物品又区别开来。

三、混合物品

以上利用产品的消费特征对私人物品和公共物品进行分类，从理论上讲是周延的，但在实际社会生活中有很多产品很难简单地被归于某一种。例如，接种（天花、乙肝等）疫苗，首先受益的是接种者本人，但也为与他接触的所有人及全社会带来减少疾病传播源的好处。不能把接种疫苗简单地视为私人物品或纯公共物品，也难以把它看作俱乐部产品或共有资源。虽有将俱乐部产品和共有资源称作准公共物品之说，但这显然是在强调公共性的前提下承认其私人性，因而将接种疫苗这类产品叫作"混合产品"（mixed goods）。但混合产品也不是最好的表述，因为"混合"仅表现为各要素相加。一方面，这类产品在消费上排他的合理性低，且因科技进步使之成本较低，竞争性不强；另一方面，在消费上具有个人行为的特点，也可能受科技水平限制而产生竞争，出现一定程度的排他现象，但又不像收看闭路电视等行为，某人虽被排除在外却不会对他人造成明显的坏影响，而不接种疫苗便可能成为疾病传播源。可见，接种疫苗这类产品是融合了私人物品要素和公共物品要素于一体的产品，又称为"融合物品"（fused goods）。

从整体上讲，混合物品兼有公共物品和私人物品的特征，根据其所具有的两种物品特征的不同组合状况，可将其分为以下三类。

（1）消费上具有非竞争性且受益上具有排他性的混合物品。这类混合物品在具有公共物品的非竞争性的同时，也具有私人物品的排他性。例如，公园就是这种类型的混合物品。在游客没有超过一定数量的条件下，游客增多并不影响原有游客的享用水平，即公园的消费具有非竞争性；但公园可设置围墙或栏杆将不买门票者拒之门外，即其受益也具有排他性，即谁花钱谁受益。其他诸如教育、影院、高速公路等都属于此类的混合物品。

（2）受益上具有非排他性且消费上具有竞争性的混合物品。这类混合物品在具有公共物品非排他性的同时，也具有私人物品的竞争性。例如，公有的草场就是这种类型的混合物品。由于草场公有，所以大家都可以到草场放牧，即草场具有非排他性。但是如果草场的载畜量超标，草场的使用就具有了竞争性。其他诸如生活小区的健身设施、公有的森林、公海的渔业资源等都属于这种类型的混合物品。

（3）在一定的条件下具有非竞争性和非排他性的混合物品。这类混合物品在一定程度上具有非竞争性和非排他性，是指只要不超过一定的限度，该物品的消费是非竞争性的和非排他性的，但若超过一定的限度，则具有竞争性和排他性的特征。例如，不收费的桥梁，只要不拥挤，则具有非竞争性和非排他性；但如果产生了拥挤，就具有竞争性，为了解决拥挤问题，政府就采用收费的办法，于是它也具有了排他性。显然，这类混合物品与前两类混合物品是不同的，前两类混合物品兼具公共物品和私人物品的特征，而后者则是在不同的时间，或者在不同的条件下，要么具有公共物品的特征，要么具有私人物品的特征。

第二节　公共物品的有效供给

对公共物品的有效供给，既可以从需求的角度进行分析，也可以从均衡的角度进行把握。外国学者多从均衡的角度分析公共物品的最优供给。公共物品的局部均衡分析，是对一种公共物品的供给和需求达到均衡状态时的效率状态分析，不考虑其他公共物品的供求状况，更不考虑私人物品的供求状况。换句话说，假定其他公共物品与私人物品的供求状态不发生变化，考察一种公共物品供求均衡如何实现。

出于分析上的便利，首先考察私人物品的供求状况，然后考察公共物品和混合物品的供求状况。

一、私人物品的供求关系

用图4.1可简单分析私人物品的供求关系。假定个人A和个人B是私人物品市场的两个消费者，他们的收入水平可能有差异，消费的偏好也不一样，但他们在消费某一种产品时面临同一水平的价格。D_A是个人A的需求曲线，D_B是个人B的需求曲线。两条曲线表明，在同一价格两人各自消费需求的数量并不相同。假定社会中只有A、B两人（只为理论分析方便而作的假设），则全社会对该产品的总需求应由横轴上两人各自消费需求量相加。例如，当价格为P_0时，A的消费需求是OQ_1线段，B的消费需求是OQ_2线段，该产品的社会总需求量是（OQ_1+OQ_2）；而价格处于 P_1 时，A 的消费需求是零，B 的消费需求是 Q_N，该产品的社会总需求量是（$0+Q_N$）。可见，私人物品的社会总需求是由不同消费者在同一价格水平上的横向相加。若该产品的供给曲线为 S，根据同一价格水平上的横向相加规律，该产品的均衡价格（需求与供给平衡时的价格）P_0（为绘图和描述简便，本图将均衡价格恰好设在 P_0 处）所对应的社会总需求量 Q_0（$Q_0=OQ_1+OQ_2$）即为均衡产量，其与供给曲线 S 的交点 k，与 g 相连后所形成的 mgD 曲线便是该私人物品的社会需求曲线，因此 k 为该私人物品的社会总供求均衡点（社会总需求与社会总供给平衡）。之所以 mgD 曲线会在 g 点出现拐折，是因为当价格由 P_0 上升到 P_1 时，A 的需求为零，此时只有 B 存在需求，故 P_1 价格及以上价格的社会总需求只是 B 一个人的需求 Q_N，社会总需求曲线便从 g 点开始与个人 B 的需求曲线 D_B 重合，换句话说，社会总需求曲线从 g 点开始只对 B 具有意义。

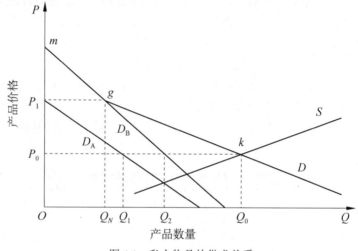

图 4.1 私人物品的供求关系

图 4.1 所揭示的意义在于，在私人物品的供求平衡时，不同的个人在同样的价格水平上消费不同数量的产品，社会总需求由不同个人的不同消费量进行相加而决定；反之，要达到供求平衡，关键在于价格是否支付私人物品的生产成本，由于不同个人所支付的价格相同，因而社会总需求量的大小可以反映不同个人所承担私人物品生产成本的程度。

二、公共物品的供求关系

私人物品的供求关系与公共物品的供求关系存在显著差异。图 4.2 表现了公共物品的供求关系。

图 4.2 中 D'_A 和 D'_B 分别代表个人 A 和个人 B 对某一公共物品的需求曲线，公共物品一旦提供出来，任何个人都可以使用和支配。虽然在实际生活中，个人并不会明确表示他对一定数量的公共物品愿意支付的具体价格，但国家对个人的课税却表现了个人对公共物品所（愿意接受）支付的价格，由于每个人的收入水平不同，各自所承担的赋税也不同，因而对于同一公共物品，每个人所支付的价格也不相同。在两人社会里（出于分析方便的假

设），全社会对一定数量的公共物品所愿意支付的价格（税）自然是个人 A 和个人 B 分别支付的价格（税）相加，即图4.2中纵轴上P'_1和P'_2相加所得，也就是图4.2中$P'_0=OP'_1+OP'_2$。若该产品的供给曲线为 S'，并假定不存在"搭便车"现象，那么均衡价格 P'_0（为绘图和描述简便，本图仍将均衡价格恰好设在 P'_0 处）与 S' 的交点 k' 所对应的供给量 Q'_0 即为该公共物品的均衡产量。又因当该公共物品的供给达到或超过 Q'_N 时，个人 A 所愿意出价为零（或拒绝支付税收），则该公共物品的生产成本将全部由个人 B 来承担。连结 k' 和 Q'_N 对应的 g' 点，$D'g'm'$ 曲线为该公共物品的社会总需求曲线，因此 k' 为该公共物品的社会总供求均衡点（社会总需求与社会总供给平衡）。该公共物品的社会总需求曲线在 g' 点拐折，正好说明当该公共物品的供给达到或超过 Q'_N 时，其生产成本由个人 B 独立承担的特征，此时，公共物品的价格便是 $0+OP_X$（OP_X 为个人 B 独立承担的全部成本，图 4.2 中未画出）。

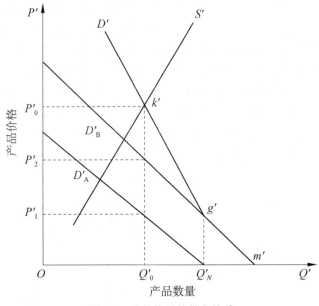

图 4.2 公共物品的供求关系

图 4.2 所揭示的意义在于，在公共物品供求平衡时，不同的个人支付不同的价格（税）却消费了同样数量的公共物品，不是社会总需求由个人的消费量的多少相加来决定，而是价格由不同个人所愿意接受的不同价格（税）相加来决定；反之，要达到供求平衡，关键在于价格是否能支付公共物品的生产成本，而具体的个人所支付的价格（税）又不相同，因而社会总需求量的大小并不反映个人承担公共物品的生产成本的程度。

另外，从图 4.1 和图 4.2 还看出，供给曲线 S 和 S' 与 P 和 P' 的关系恰好反映了产量增加的边际成本，那么，在私人物品中，则有

$$P_A=P_B=P=MC \tag{4.1}$$

在公共物品中，则有

$$P'_A+P'_B=P'=MC \tag{4.2}$$

由此可见，相同的是，公共物品和私人物品一样都遵循了价格等于边际成本的原则；

不同的是，公共物品的价格为个人价格 P'_A 与 P'_B 相加而得，私人物品的价格 P 为等于不同个人面临的同样的个别价格。这无疑说明，公共物品很难由私人部门利用市场来供给，因为个人对公共物品的享用量是一样的，但其对公共物品的评价（或愿意承担的价格）并不一样，如果由私人部门利用市场提供，厂商势必按式 4.1 中（$P_A=P_B=P=MC$）的原则定价，导致有的人没有能力消费公共物品，这有违公共物品的公平性。

三、混合物品的供求关系

混合物品是融私人性和公共性于一体的产品，可以分别讨论其中私人物品要素的需求与供求关系和公共物品要素的需求与供求关系。

混合物品既具有公共物品要素，又具有私人物品要素，可以通过综合图 4.1 和图 4.2 来分析。已知私人物品的总需求曲线 mgD 和公共物品的需求曲线 $D'g'm'$，将二者分别以 D_X 和 D_G 的形式作为私人物品要素和公共物品要素导入混合物品模型中（如图 4.3 所示），并引入供给曲线 S''。供给曲线 S'' 分别与 D_X 和 D_G 相交形成两个均衡点（供给和需求平衡）k_1 和 k_2，在均衡点 k_1，P_1'' 为私人物品要素的均衡价格，Q_X 为均衡产量。当该混合物品仅为私人物品时，社会总需求和供给形成了以 P_1'' 为均衡价格、以 Q_X 为均衡产量的供求关系。但由于该产品为混合物品，它不仅对私人产生效用，也对全社会产生效用，因而基于 k_1 点的均衡及其价格和产量只对私人产生意义，不能代表社会出于公共需要而对该产品的需求。

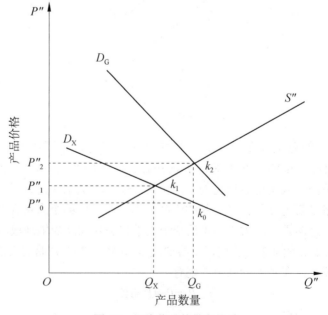

图 4.3 混合物品的供求关系

恰如在前面提及的接种疫苗例中，任何私人家庭对接种疫苗的需求往往是以个人避免疾病感染为出发点。但作为公共需要，社会（主要以政府出面）则基于更高的利益出发，不仅要让有能力支付接种疫苗费用的私人家庭从中获益，还要考虑让没有能力支付接种疫苗费用的私人家庭获得利益，以至于考虑到诸如在全球范围内彻底消灭某种疾病等更高的目标，此时，接种疫苗作为公共物品的社会总需求自然会大于其私人物品要素的社会总需求。因此，这个增大了的需求便使图4.3中的 k_1 均衡点移向 k_2 均衡点，此点可看作既有私人需求又有公共需求所形成的需求与供给的平衡点，其所对应的 P_2'' 和 Q_G 分别为此时的均衡价格和均衡产量。也就是说，该产品的需求和供给在均衡价格 P_2'' 和均衡产量 Q_G 的水平上重新得到平衡。但是，由于该产品中公共物品要素的出现，私人家庭以 P_0'' 的价格水平获得了 Q_G 产量的效用，这多出的（Q_G-Q_X）便是政府出于公共需要的努力所带给社会的正外部效益。与此同时，在 k_2 点上的所对应的 P_2'' 价格则是政府（用税收等）补贴了（$P_2''-P_0''$）后的价格，亦即政府的公共支出。

以上分析说明了一个简单而常被忽视的事实，混合物品的需求和供给同时包含了私人物品要素和公共物品要素的需求与供给，其价格也应同时含有私人支付和公共支付两个部分。如果完全由私人支付，私人只愿意在 P_1'' 价格水平上对该产品做出评价，因此，生产产品的厂商或机构也只能在这一价格水平上给予提供，其中公共物品要素所产生的正外部效应（可看成 Q_G-Q_X）的产量无法供给。

如果完全由政府以财政支付，则势必加大税收力度，但课税超过了一定限度时，对于缺乏该产品中私人物品要素消费偏好或承受能力的家庭来说，必然产生抗税行为，不利于社会稳定；倘若课税完全转嫁给有此消费偏好或承受能力的家庭，则公共物品要素所产生的正外部效应必然为更多私人家庭所共享，这种"搭便车"（free rider）现象不仅不公平，且仍然会滋生社会不稳定因素。因此，私人支付与公共支付共同分担也许是较适宜的办法。

第三节　公共物品的提供方式

长期以来，无论是在理论上还是在实践上，政府均被认为是公共物品的天然的、唯一的提供者。政府提供公共物品依附于公共财政，因此财政税收与支出问题成为政府经济学研究主要的甚至是唯一的对象。公共物品的非竞争性使新增一个消费者的边际成本为零，这意味着如果按边际成本定价，公共物品必须免费提供。但这样一来，就会导致私人供给公共物品的成本无法得到补偿。另外，公共物品在技术上的非排他性使"搭便车"现象不可避免。这样，私人部门供给的公共物品成本就不可能通过市场得到补偿。因此，竞争性市场不可能提供公共物品。既然私人部门不愿意提供公共物品，那就只能依靠公共部门，特别是政府来提供公共物品。这不仅由于政府在法理上被设定为公共利益的代表，因而应向全体社会成员的共同福利提供保障，而且由于政府拥有向社会成员征税的权力，从而能够有效避免私人部门提供公共物品成本无法得到补偿的困境。在此意义上说，"天下没有免费的午餐"同样也适用于公共物品。

公共物品由公共部门提供，并不意味着这些公共物品必须由公共部门来生产，即"公共提供"（public provision）并不等于"公共生产"（public production）。早在1959年，公共部门经济学家马斯格雷夫就指出："公共需要的供应……并不要求它必须有公共生产的管理，正如公共生产的管理并不要求它必须有公共需要的供应。在决定各自的适当范围时，应根据各自非常不同的标准。"但是，人们的思维在当时被这样一种思想所支配：相对强大、面面俱到的政府能够提供和生产范围相当广泛的产品，人们普遍认为政府的能力等同于政府的生产能力。20世纪50年代以来，随着公共物品理论的形成与发展，人们逐渐认识到，在现代市场经济体系中，公共物品的提供是多元的，社区、私人企业、第三部门、国际组织都可以成为公共物品的提供者。这样，公共物品的单一中心提供模式逐渐被多中心提供模式所取代。

一、政府提供公共物品

随着公共物品供给由政府单一中心模式，向政府、社会和企业共同承担的多中心模式的转变，以及政府和民间组织在公共物品提供上的相互合作、相互补充和相互竞争，已经形成了公共物品供给的"公私合作和伙伴关系"。这种多中心供给模式并不意味着政府可以放弃或减少公共物品的供给责任，它只是意味着履行供给责任的方式发生了变化。也就是说，尽管政府较少直接生产公共物品，但它仍有义务保证社会有足够的公共物品被提供出来，并以公平的方式分配给所有公民。因此，政府需要对公共物品供给进行更加精妙的制度设计，对公共产品的直接提供者进行严格而合理的规制，既要保证公共物品质量和维持合理的供给价格，又要避免出现以任何借口排斥社会公众消费公共物品的权利。一般来说，政府提供公共物品有两种基本类型：政府直接生产与政府间接生产。

1. 政府直接生产

1) 政府间公共物品提供的责任

从理论上讲，公共物品可以供所有的人享有，但实际上大多数公共物品和公共服务的享用都有特定的受益范围，没有绝对的不受限制的受益区域。按照公共物品的消费特征，公共物品可以分为全国性的公共物品和地方性的公共物品。全国性的公共物品是指那些受益范围是全国性的，可供全国居民同等消费，并且共同享用的物品，如国防、基础研究等。地方性的公共物品是指在受益范围上具有地方性特点，只被那些居住在某一区域，占全国一部分人口的人享用、消费的公共物品，如路灯、地区的消防设施等。地方性的公共物品与全国性的公共物品既有联系又有区别，二者均具有公共物品的基本特征：效用的不可分割性、非排他性和非竞争性。由于经济职能在各级政府间是不同的，所以存在着一定的分工。而各级政府的公共支出是与其履行的职能相关的，因此，有必要对各级政府间的支出责任进行划分，确定某一类公共物品由哪一级政府提供更为合适。政府间公共物品供给责任划分的原则通常有以下几个。

（1）受益原则。即按照公共物品的受益范围来确定由哪一级政府来提供。政府所提供的服务，凡是其受益对象是全国民众的，则支出应属于中央政府，如国防、航天项目、免疫系统等；凡是受益对象是地方居民的，则支出应属于地方政府，如地区性基础设施、公园、排水系统等。对于跨地区发挥效益的公共物品或服务，则应划分给更高一级的政府，或在地区之间进行协商。

（2）效率原则。即决定公共物品供给品种与数量的程序要以更好地反映居民的偏好为标准。某些公共物品可能在中央一级决策中更能体现居民的普遍偏好和需要，而有些公共物品则在地方一级决策中更能反映居民的偏好。

（3）技术原则。即在技术上的具体处理问题。在公共物品可分的情况下，可按照受益范围，由不同层次的地方政府提供；在公共物品不可分的情况下，为了使公共物品的生产具有规模经济效益，则需要中央政府提供或参与地方政府合作提供。

根据划分原则，政府间公共支出的范围大致可这样划分：提供全国性的公共物品、进行全社会范围内的资源配置、调节经济运行和进行收入再分配等职责需要的支出，应该由中央政府承担。地方性公共物品和服务、进行区域性的资源配置所需的支出由地方政府承担。具体而言，在西方国家，纯公共物品和自然垄断程度很高的准公共物品通常都是由中央政府直接生产的。例如，国防设施，国家图书馆，国家文献中心，社会福利，国家基础设施，重大基础科学研究和前沿科学技术研究，国家知识创新系统，大江大河的开发和利用，国土资源的保护、利用、开发和规划，等等。这类公共物品或者规模效益特别明显，或者需要巨额投资且风险很大，或者能够增强国家竞争力，有利于整个社会的发展。除全国性、跨地区的公共物品外，地方性公共物品，如保健、医疗、警察、消防、城市设施、地区图书馆、博物馆、中小学教育、公路系统等则由地方政府直接经营或管理。总体而言，在北欧国家中，地方政府提供公共物品的范围大一些，而在崇尚自由市场的国家中，由政府提供公共物品的范围则小一些。

当然，上述公共物品供给责任的划分也是相对的，各国的情况也不完全一样，但总体上，以上的责任划分原则具有较普遍意义。如表 4.2 所示为中央和地方支出责任划分的基本框架。

表 4.2 中央和地方支出责任划分的基本框架

内容	责任归属	理由
国防	中央	全国性公共产品或服务
外交	中央	全国性公共产品或服务
国际贸易	中央	全国性公共产品或服务
金融与货币政策	中央	全国性公共产品或服务
管制地区间贸易	中央	全国性公共产品或服务
对个人的福利补贴	中央、地方	收入再分配、地区性服务
失业保险	中央、地方	收入再分配、地区性服务
全国性交通	中央、地方	全国性服务、外部效应
地区性交通	地方	地区性服务

续表

内容	责任归属	理由
环境保护	地方、中央	地区性服务、外部效应
对工业、农业、科研的支持	地方、中央	地区性服务、外部效应
教育	地方、中央	地区性服务、外部效应
卫生	地方	地区性服务
公共住宅	地方	地区性服务
供水、下水道、垃圾	地方	地区性服务
警察	地方	地区性服务
消防	地方	地区性服务
公园、娱乐设施	地方	地区性服务

资料来源：马俊. 论转移支付[M]. 北京：中国财政经济出版社，1998.

2) 中央政府与地方政府提供公共物品的效率比较

地方公共物品的供应不但与受益范围有关，而且与各地区居民的不同偏好有关。由于一国各地区社会经济发展水平不一致，各地区居民对地方公共物品的偏好是不同的，对同一公共物品的需求量也不同。公共物品具有层次性和空间限制的特点，这决定了地方公共物品必须由地方政府来负责提供。如果忽视上述特点，而由中央政府统一提供公共物品，不免导致效率损失。图 4.4 可以说明由中央政府统一提供公共物品将存在效率损失。

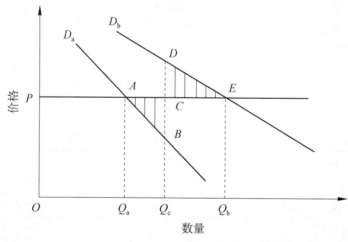

图 4.4 中央政府统一提供公共物品的效率损失

为了使问题简化，假设 a、b 两地区的居民分别对本地区公共物品的偏好是相同的。D_a 和 D_b 曲线分别代表 a 和 b 两个地区居民对公共物品的需求。其中 b 地区居民对公共物品的需求大于 a 地区。再假定公共物品的人均成本是不变的，为 OP，则 a 地区居民的公共物品的需求量为 Q_a，b 地区居民的需求量为 Q_b。如果由中央政府统一提供公共物品，中央政府为了公平起见，只能在两个地区居民的需求量中取一个折中水平 Q_c 来提供公共物品。这样，对 a 地区居民来说中央政府的公共物品供给超过了其需求，而对 b 地区居民来说中央政府对公共物品供给小于其需求。因为人均成本是同样的，对 a 地区居民来说是成本超出收益，其福利损失为△ABC 部分；对 b 地区居民来说，其需求得不到满足，福利损失为△CED 部分。从图 4.4 中可见，由中央政府统一提供公共物品是不可取的，会造成各地区的福利损失。因而，从提高公共物品效率的角度来看，地方公共物品应由地方政府提供，而不是由中央政府来提供。

从图 4.4 中还可以看出，△ABC 和△CED 面积大小与 Q_a、Q_b 之间的距离及 D_a、D_b 的斜率有关。也就是说，由中央政府统一提供公共物品造成的福利损失大小与不同地区居民需求差异及价格弹性有关。Q_a 与 Q_b 之间的距离越大，福利损失也就越大；需求曲线 D_a 和 D_b 的斜率越大，即需求的价格弹性越小，则福利损失也就越大。反之，图 4.4 也可以说明地方公共物品由地方政府来提供，会产生更高的效率。让各地方政府自行提供公共物品，可以使其提供的服务更适用于各地不同条件所产生的对公共物品的不同品位和需求，以减少居民的福利损失，提高资源的配置效率。总之，地方公共物品由各地方政府提供要比中央政府统一提供更有效率。

美国经济学家蒂伯特（Charles M. Tiebout）在 1956 年发表的《地方支出的纯理论》(*A Pure Theory of Local Expenditures*) 一文中，提出了一个关于地方政府提供地方公共物品的模型，以"用脚投票"的理论论证了地方公共物品的有效供应。其理论核心是建立在与私人物品的相似性上。蒂伯特把地方公共物品在一个由众多辖区组成的体制中的提供看成类似于私人物品在一个竞争性市场上的提供。从地方政府来说，为了使自己对外界更有吸引力，每个地方政府都具有确保公共物品有效供给的内在动机，从而形成地方政府之间在供应公共物品上的竞争态势。他还指出，在竞争性的地方辖区之间，居民的流动性可以导致地方公共物品的有效提供。因为，市场经济保障了一国国民在国内自由迁徙的权利。从个人效用最大化出发，消费者们便像选择私人物品一样，可以按自己的偏好自由选择居住地区，从偏好出发的地理选择便形成各个地区公共物品的最佳供应水平。蒂伯特认为，在地方政府之间提供公共物品的竞争和以自由迁徙为前提的"用脚投票"的相互作用下，地方公共物品的供应可以达到帕累托最优，以达到资源的有效配置。

公共物品的非竞争性和非排他性造成的不能期望消费者自己真实地显示其对公共物品的偏好，将不适用于对地方性公共物品的分析。蒂伯特模型的完美运行是以一系列假设条件为前提的，这些条件包括以下几个方面。

（1）所有公民具有完全的流动性。
（2）完全了解所有社区的特点。
（3）存在着充分的社区选择范围，包括公民期望得到公共产品的可能数量。
（4）各社区之间没有利益上的溢出效应。
（5）在个人收入方面，没有地理上的限制。

事实上，上面的这些假设条件在现实生活中是很难成立的。如人员的流动不可能是无成本的，人们也不可能对各辖区的情况有完全的信息，地区间公共物品的外部效应也是普遍存在的。然而，尽管蒂伯特模型的许多假设条件非常严格，但是该模型的确为地方公共部门的经济活动提供了一个有用的工具，尤其在边缘地带，一些家庭会对不同辖区的预算差异做出反应。

3）中央政府对地方政府的财政转移支付

中央政府对地方政府的财政转移支付制度是将中央政府财政收入的一部分转作地方政府的收入来源，以满足地方政府提供地方公共物品的需要的一种财政制度。中央政府对地方政府的转移支付也可称为中央政府对地方政府的补助，补助是下级政府非常重要的收入来源，也是上级政府改变财政资源的主要方法。

2. 政府间接生产

20世纪70年代以来，随着福利国家出现危机，全球范围内掀起了一股宏大的行政改革浪潮和"重塑政府"运动，将市场机制引入公共管理成为这场运动的主导理念，政府治理理念也从"划桨"走向"掌舵"。政府通过规范市场秩序、利用预算安排和政策安排形成经济刺激，引导私人公司参与公共物品的生产，这就是政府间接生产。非政府提供的公共物品并没有固定的范围和明确的界限，它与一国的经济体制和政府的偏好有关。例如灯塔，虽然被大部分经济学家界定为纯公共物品的典型例证，经济学理论中也同样把它视为必须由政府直接经营，甚至由政府免费提供的一种产品。但是，灯塔在英国从来就没有由政府经营过。在理论上讲，国防安全也是一种应该由国家生产的"纯而又纯"的公共物品，在社会主义经济中，国防工业无一例外地由国家垄断生产。但事实上许多西方国家都不是政府生产武器，而是购买武器。在美国的武器库中，从劳动密集型的军服到高度知识技术和成本密集型的原子、电子等高技术武器（如原子弹、核潜艇、军用飞机等），几乎全部由私人部门生产，政府不经营兵工厂。灯塔与国防仅仅是两个比较典型的例证，至于那些大量的混合物品，其生产途径和提供方式更是多种多样。其基本形式主要有如下几种。

1）政府与企业签订生产合同

对于那些具有明显规模效益的准公共物品，如果收费不存在技术上的障碍，政府可以通过公开招标的形式，与合适的企业签订合同。在美国，大量公共物品就是由各级政府委托企业来生产的。采取这一形式的公共物品主要是具有规模经济性的自然垄断型产品，即大部分为基础设施，还包括一部分公共服务行业。在签订合同之前，一般由市政主管部门进行招标。例如，由私人公司提出供应顾客一揽子服务的最低收费率而中标，与政府签订承包合同；或者公司按政府所规定价格提供服务，而所要求的代价数额最小也可以中标。中标后双方签订为期若干年的承包合同。最普遍并受到人们关注的是公路的维护，还有如垃圾清扫、街道照明、自来水供应、桥梁维修、图书馆管理、蚊蝇控制、公园管理等，这些工作大部分由私人公司承包完成。许多发展中国家也采取了这种方式，例如，在巴西、尼日利亚等国就对公路养护、自来水供应等公共服务项目实行招标承包制。在发达国家中，许多高科技工作也是采用这种方式，如美国国防部就与私人公司签订合同进行潜水艇的研制。一般来说，在合同签订后，政府都给予一定的津贴优惠政策，并规定了双方违约的处罚措施。

2）授予经营权

适合采取这种生产方式的公共物品，主要是那些利益外溢性显著的公共物品。在发达国家中，许多公共领域以这种方式委托私人公司经营，如自来水、通信、电力等。此外，还有如电视台、广播电台、航海灯塔、电影制作、报纸、杂志、书籍等很多公共项目也采用这种方式生产经营。例如，在美国，要想开办电台和电视台，就必须到联邦通信委员会去申请。申请项目应有国籍、身份、资金、技术资料、台主、台位、拟用功率、频率或波长、白天或其他时间拟开机时数等。根据法律，申请者必须承诺不得使用猥亵性语言、公布节目提供者与节目经营资助者的姓名、未经首播台同意不得重播其节目等。经核准，该委员会下发执照，授权经营。在执照发放后，未经联邦通信委员会许可，不得转让给任何人。1974 年，科斯（R. H. Coase）发表了《经济学中的灯塔》（*The Lighthouse in Economics*）一文。此文基于对英国早期灯塔产权制度的调查，第一次以事实反驳了被普遍接受的私营灯塔无从收费或无利可图的观点。他指出，从 16 世纪起，英国航海业的浮标、信标、灯塔就实行授权经营，即由国王向私人组织——"领港公会"颁发许可证，授权它建造和管理的。到 19 世纪中期，英国议会颁布法令，把全国所有灯塔的经营权全部授予"领港公会"。授予经营权有可能构成市场进入的障碍，在保护生产者积极性的同时却牺牲了效率，因此，政府在授权的同时仍要进行政府规制。

3）政府参股

政府参股主要是向私人企业提供资本和分散私人投资风险。政府参股可分为政府控股和政府入股两种形式。一般来说，在项目初期，政府投入的股份比较多，而一旦项目进入正常运营期，能够依靠正常的利润来维持时，政府就会卖出股份从而收回资金；或者在项目运营一段时期后，政府将私人的股份买下，从而形成完全由政府生产公共物品。

政府参股方法主要应用于桥梁、水坝、发电站、高速公路、铁路、电信系统、港口、飞机场等领域。比较引人注目且效果较好的参股领域之一是高科技开发研究。其方式主要有四种：收益分享债券、收购股权、国有企业经营权转让、公共参与基金。

20 世纪 70 年代中期，英国政府对电子部门的支持远远不如法国、美国、日本等国，因此，英国电子行业技术落后，无竞争能力。鉴于此种落后情况，英国工党政府于 1975 年建立了国家企业管理处（NEB），试图通过这个部门获取和扩大电子行业的股权，刺激厂商技术创新。截至 1975 年，英国厂商还只能生产"定做"或"特种"硅片，而"标准"硅片只能在美国市场上购买，处于严重不利地位（美国占据了英国硅片市场的 90%，后来日本政府投资 3.5 亿美元在研究和开发上赶上了美国）。英国的国家企业管理处为了促进通用硅片的开发与生产，在 1978 年从总共 7000 万英镑的投资计划中拿出 5000 万英镑购买了新建立的英莫斯厂商，使之成为全国唯一生产通用硅片的厂家。国家企业管理处被看作前工党政府的象征，20 世纪 80 年代保守党政府认为生产通用硅片是私人厂商的活动，决定出售政府在英莫斯的股份，一年多以后，该厂商陷入了严重的资金困难。英国政府通过参股的方式为科学技术的基础研究和应用研究解决了资金困难，为技术创新注入了生机活力，推动了这一领域的发展，取得了较大的成功。目前，我国的国有企业改革也正在探索这样的道路。

4）经济资助

经济资助主要适用于那些难以盈利或营利性不高（教育、卫生服务），或未来很长时间以后才能盈利、风险较大的公共物品（基础科学研究、宇航、生物工程、微电子技术)。政府经济资助的主要形式包括补贴、津贴、优惠、贷款、贴息贷款、减免税收等。

5）提供法律保护

第二次世界大战以后，无论是发达国家还是发展中国家，公共福利部门的财政补贴负担越来越重。据统计，20 世纪 80 年代以来我国财政补贴支出占财政收入的比重一直在 30%左右，最高年度曾达到 43.41%。而各主要资本主义国家的财政补贴增长也十分迅速，面对巨大的财政负担，主要发达国家纷纷采取措施，对公共部门各行业的亏损企业进行整顿，颁布法律，制止公共部门的垄断，允许和促进更多的民营厂商进入公共部门，实行优胜劣汰的竞争性政策，调动社会积极力量，发挥厂商的积极性，甩掉财政包袱。我国目前在电信行业的改革，就是这一手段的典型应用。

用法律的手段允许、促进并保护非政府行业进入公共物品的生产经营领域，不但能减轻国家的财政负担，而且能提高服务质量和消费效率。这个办法不仅适用于"拥挤型"公共物品，而且适用于某些"优效型"公共物品，如教育、医疗等领域，多样化形式供给带来了公共物品供给的活力。从中国、美国和日本的各类型的医院数量，可以看出公共物品供给的多样性。截至 2021 年 11 月底，中国共有医院 3.6 万个，其中公立医院 1.2 万个，民营医院 2.4 万个；根据美国医院协会在 2020 年 1 月发布的数据显示，到目前为止，美国大约有 6210 家医院，其中美国社区医院 5262 家，联邦政府医院 208 家，非联邦精神病医院的 620 家，其他医院 120 家；截至 2019 年 2 月底，日本医院总数为 8399 家，其中国立、地方公立（含公立大学附属医院）和"公的"（指红十字会、济生会等机构运营的医院等公共部门）拥有的医院数量加起来仅占 18%左右；一般诊所（指非牙科）101 777 家，国立、公立、公的加起来更是只占 4.5%；牙科诊所 68 761 家，绝大多数为私立。

世界各国的实践和相关研究都表明，私人部门的生产效率一般高于政府直接经营的效率。只要有可能，尽量不要由政府直接生产公共物品，而应采取政府间接生产公共物品，这样更有利于提高公共物品供给效率，同时能减轻政府财政负担。

二、私人部门参与提供公共物品

1. 私人部门参与提供公共物品的方式

（1）私人部门独立提供。私人部门独立提供公共物品，即私人部门按照市场化方式，单独生产和提供某种公共物品，通过向消费者收费来获得收益。科斯的灯塔就是很好的例证。再如，互联网上的加密信息，只有付费者才能获得。

（2）私人部门与政府联合提供。在公共物品生产和提供过程中，私人部门和政府由于双方资源互补，有可能形成某种联合共同提供某种公共物品。例如，政府补贴给私人部门治理沙漠，政府与企业就某种公共产品（如国防产品）签订合同，私人部门负责生产，通过政府采购提供给公众。

（3）私人部门与社区联合提供。私人部门还可以与社区通过有条件的联合来提供某种公共物品。例如，社区为私人部门提供场地，私人部门以较低价格向社区成员提供某种社区公共物品；社区从私人部门那里购买一定量的公共物品，提供给社区成员。

2. 私人部门参与提供公共物品的条件

私人部门参与提供公共物品，有助于建立一个高效廉洁的节约型政府；有助于扩大公共物品的资金供给来源，提高公共物品的供给水平；有助于改变传统的政府治理结构，提高政府的经济理性。但是，私人部门参与提供公共物品也有一定的条件，概括起来，主要包括如下几个方面。

（1）公共物品在技术上具有可分割性，能够做到有效排他。科斯在《经济学中的灯塔》（*The Lighthouse in Economics*）一文中指出，在合适的条件和制度安排下，私人部门可有效地或有效率地提供部分公共物品。

（2）私人部门没有完全熟知政府的预算约束。只要私人部门没有熟知政府的预算约束，那么通过选择恰当的补助金率，公共物品的供给就能达到帕累托最优，并实现纳什均衡。

（3）私人部门所提供的公共物品只能是准公共物品。由于纯公共物品一般具有规模大、成本高的特点，政府可利用其规模经济的优势来较为经济地提供。但这并不意味着私人部门不能涉足纯公共物品领域，关键是要区分某些纯公共物品的提供与生产。

（4）必须有一系列制度条件来保障。私人部门要想成功地生产公共物品，必须赋予私人部门对其所提供的公共物品一定年限的私有产权，并在法律上对这种产权给予保护。

（5）政府观念的转变，即放宽私人部门进入准公共物品领域的条件，改革公共物品项目审批制度。

3. 自愿捐献与成本分担

这里采用公共部门经济学中较经典的"灯塔"例子来说明。假定某海域需建造一些灯塔以有效解决该地区所有成员的安全航行问题，如何才能实现这一目标呢？一种可选择的方式是该地区的所有成员共同分担为此而产生的成本。为便于分析，以"两人世界"为假设，假定该地区只有 A、B 两个消费者，他们决定在解决其所共同需要的安全航行方面进行合作，并为此分担建造灯塔所需要的资金费用，两个人可以将其所拥有的资金集中在一起，用于建造灯塔的需要。如果以这种方式可筹到足够的资金，他们就能够通过享受灯塔导航所提供的安全航行来使自己的境况变好，而这种效益是他们中的任何一个人都无法或不愿意凭借自己个人的资金实力来实现的。因此，他们选择合作方式建造灯塔，并将建造灯塔的数量增加到所集中的资金不再足以承担最后一座灯塔的建造费用时为止。

假设每建造一座灯塔需 800 元成本。根据两人的个人情况，A 将为灯塔的建造捐献 1000 元，B 将为建造灯塔捐献 600 元。这些数额分别代表着两个消费者在灯塔的建造上所获得的边际收益，即 A 从中获得 1000 元的收益，B 从中获得 600 元的收益。这也是 A、B 两人分别对建造灯塔所给予的评价，两人的总评价就是 1600 元，如果他们只打算建一座灯塔，这 1600 元即是建造这座灯塔的社会边际收益。可以看出，他们两人自愿捐献的资金总额是大于建造一座灯塔的边际成本的，他们会得出结论——将灯塔建造数量增加到两座是值得的。从另一个角度看，如果只建造一座灯塔，用于安全导航的预算肯定会有剩余。这就是说，只要预算存在剩余，那就表明，这个地区所修建灯塔的社会边际收益超过了其社会边际成本。当灯塔的建造数量为两座时，建造总成本是 1600 元，A 将为此捐献 1000 元，B 将为此捐献 600 元，捐献的总额为 1600 元，恰好与建造两座灯塔的总成本 1600 元完全相等。这时，对两个消费者来说，社会边际收益等于社会边际成本，物有所值，这个两人世界的资源配置具有效率。

能否将灯塔的建造量增加到大于两座的水平呢？假定建造 3 座灯塔，其成本为 2400 元，这超过了 A、B 两人对使用灯塔安全导航所带来的社会边际收益的总和，即大于 1600 元。因此，以自愿捐献方式筹措的资金将不足以抵付建造 3 座灯塔的成本。也可以概括地说，建造量大于两座时的社会边际收益总和小于那个建造水平的社会边际成本，所以通过自愿捐献方式将不能筹措到建造两座以上灯塔所需要的资金。可见，在成员人数较少的社会中，通过自愿捐献和成本分担的合作方式，有可能使得公共物品的供给量达到最佳水平。这里的前提条件是，社会成员人数少且对公共物品的需求数量不大。

4. 解决"搭便车"现象

从上面的分析可以得到这样一个结论：如果每一个社会成员都按照其所获得的公共物品的边际收益的大小来捐献自己应当分担的公共物品的资金费用，则公共物品供给量可能达到具有效率的水平。在西方经济理论中，这被称作"林达尔均衡"（Lindahl equilibrium）。但是，这个由瑞典经济学家埃里克·罗伯特·林达尔（Erik Robert Lindahl）命名的林达尔均衡实现是以下面两个假设为前提的：

（1）每个社会成员都愿意准确地披露自己可从公共物品的消费中获得的边际收益，不存在隐瞒或低估其边际收益从而逃避自己应分担的成本费用的动机。

（2）每一个社会成员都清楚地了解其他社会成员的嗜好以及收入状况，甚至清楚地掌握任何一种公共物品可以给彼此带来的真实的边际收益，从而不存在隐瞒个人的边际收益的可能。

不难看出，上述假设条件只有在人数非常少的群体中才有可能存在。例如，如果一个群体由生活在同一小区里的人组成，由于生活在同一小区，他们经常需要聚集在一起协商诸如维修、提供安全以及物业等方面的事宜，所以，这个群体的人彼此熟悉，任何人都可对邻居的嗜好及收入状况有充分的了解，甚至能够准确地说出任何一种产品可给彼此带来的边际收益为多少。在这样的情况下，即使处于讨价还价的决策过程中，人们通常也不会（或不好意思）有隐瞒其偏好的念头。既然人们不想也无法将其对公共物品的偏好隐瞒起来，依据人们所获得的边际收益的大小来确定各自应分担的公共物品的成本费用，并最终在社会边际收益与社会边际成本相一致的基础上实现公共物品的最佳供给，将不是一件十分困难的事情。但是，在人口众多的社会中，情况就极不相同。如果一个社会由成千上万的人所组成，上述的假设条件就很难具备了。在一个人口众多的社会中，没有任何人能做到对其他所有成员的情况无所不知。既然不能准确地掌握社会成员的嗜好和经济状况，人们便有可能隐瞒其从公共物品上所获得的真实的边际收益。而且，如果人们知道他们所需分担的公共物品的成本份额，取决于其因此而获得的边际收益的大小，从低呈报其真实的边际收益的动机也肯定会产生。这样一来，一方面，人们可以通过从低呈报边际效益而减少其对公共物品的出资份额,从而保存其收入;另一方面,由于公共物品的消费不具有排他性,人们也不会因其出资份额的减少而失掉公共物品的任何收益。事实上,在这样的社会条件下,人们完全有可能在不付任何代价的情况下,享受通过其他人的捐献而提供的公共物品的收益。这时,"搭便车"现象难以避免。

"搭便车"是指存在一些不付任何代价而又得到收益的人的现象。但是,如果所有的社会成员都想"搭便车",恐怕任何公共物品都将没有资金来源,也就谈不到公共物品的收益了。

道路维修就是一个典型的例子。如果道路维修的资金源于人们的自愿捐献,那么大部分人可能倾向于这样一种行为方式:一方面,依旧享受道路提供的方便,同时却不为此捐献任何资金;另一方面按照远远低于其边际收益的数额捐献资金。很显然,如果所有的人都如此,结果就没有任何道路可供人们很好地使用,因为道路的维护需要一定的资金。大卫·休谟早在1740年所描绘的"公共的悲剧"不免会发生。

"搭便车"对任何人来讲都是一种有理性的选择,只要有公共物品存在,"搭便车"就不可避免。所以,在合作性的自愿捐献和成本分担制度下,公共物品的供给量往往不足。

仍以前面修建灯塔为例,A、B两人都可通过采用"搭便车"策略而使自己的境况变得更好。假设B试图成为"搭便车者",他就会隐瞒其边际收益,其对修建灯塔的捐献额为零。这时,如果A仍然按自己的边际收益的大小做出自己的捐献,第二个灯塔的修建就不可能了,因为A捐献1000元,修建灯塔的费用为800元,修建第二个灯塔的费用就不足了。也就是说,由于B是"搭便车者",该海域的灯塔数量由原来可修建2座的最佳水平减少至1座,这一水平显然是缺乏效率的。如果A也是"搭便车者",结果就不会有灯塔修建,这对于需要灯塔导航的该海域的人们来说,他们没有了安全保障,所有人的境况都会因此而变坏。进一步来看,如果这个地区的成员不是两人,"搭便车"的行为将更加严重。因为在人数较少的群体中,只要有一个成员不做出捐献,人们就会强烈地感觉到公共物品可供量的减少,这肯定会驱使他们进行合作。而在人口众多的群体中,某一成员或几个成员"搭便车",对公共物品的可供量的影响就不那么显著。所以,一个社会成员越多,人们"搭便车"的欲望就越是强烈,从而因"搭便车"问题而导致公共物品供给量下降的可能性就越大。

可见,由于"搭便车"问题的存在,自愿捐献和成本分摊的合作性融资方式,不能保证公共物品的有效供给。既然公共物品不可或缺,"搭便车"的问题又不可避免,那就只有依靠强制性的融资方式来解决公共物品的供给问题了。

此时,政府便是通过征税手段取得资金,并将征税取得的资金用于公共物品的供给。仍然以建造灯塔为例,既然该海域修建灯塔的最佳量为2座,实现这一最佳修建量所需的费用为1600元,那就完全可通过向这两个消费者征税的办法来筹措资金,即,可按照他们的边际收益的大小,分别向A征收1000元,向B征收600元,也可以根据他们各自的收入水平或支出水平的高低,制定相应的征收标准。但无论怎样,其结果是,强制性的融资方法可以保证修建两座灯塔的资金来源,同时也排除了"搭便车"的可能性。尤其在人口众多的地区或社区,以征税为强制性融资是解决"搭便车"问题的主要手段。

三、社区提供公共物品

社区提供公共物品主要有以下三种方式。

1. 通过产前契约提供公共物品

产前契约，即在社区没有生产某种公共物品而该产品又为社区居民所需要时，在生产前大家进行谈判，达成协议并生产公共物品。如果居民表达各自的需求程度尚不足以生产公共物品，则资金归还社区成员。加里·斯坦利·贝克尔（Gary Stanley Becker）、詹姆斯·塞缪尔·科尔曼（James S. Coleman）的相关研究证明，在社区共同生活的居民经过多次博弈，可以在社区范围内解决"搭便车"问题。同时，社区的"关键人物"在争议较大的社区公共物品决策过程中，能够发挥"一锤定音"的作用，从而使公共物品得以生产出来。

2. 组建私人管理机构

作为社会治理的一种重要形式，私人管理机构具有自愿性、排他性、补充性、竞争性的特点，从而能够有效地降低社区公共物品的决策成本与供给成本。私人管理机构一般有两种形式：居民社会团体和社区企业促进联合体。前者由住户组成，后者由社区中的大小厂商组成，他们为社区成员排他性地提供公共物品，成为政府和企业提供公共物品的潜在竞争者。当然，出于节约交易费用而产生的社区私人管理机构能否真正做到自愿性，是一个值得探讨的问题，但只要制度安排合理，私人管理机构完全可以成为公共物品的重要提供者。

3. 社区自愿提供

自愿提供是指一些社区成员自愿贡献自己的时间、精力和金钱，为社会免费提供公共物品。在美国，沿海救生艇的服务就是自愿供给的，许多医疗研究是靠捐赠进行的，许多剧院、交响乐团、体育俱乐部是靠捐赠维持的，一些社区服务项目也是靠志愿服务提供支持的，如房屋维修、救助中心、社区厨房等；在新加坡、中国台湾等华人社区，市民自愿小组、义工等组织，为社区提供助残、消防安全、住宅安全、成人教育等服务。当然，自愿提供公共物品与社会资本以及社区文化有着密切的关系。

四、第三部门提供公共物品

第三部门也称为非营利组织（NPO）或非政府组织（NGO），是介于第一部门（政府）、第二部门（企业）之间的组织或部门。第三部门主要包括志愿团体、社会组织或民间协会等，它具有组织性、自愿性、自治性、非营利性分配等特征。20 世纪 70 年代以来，由于市场和政府在提供公共物品上的无能或缺憾、公民意识的觉醒以及通信技术的革命，第三部门发展迅猛，在文化、教育、研究、卫生、医院与健康、诊所、危机防范、社会服务、环境保护、扶贫等各个领域，都能看到第三部门活动的影子。由于具有创新优势、贴近基层优势、灵活优势和效率优势，第三部门已经成为公共物品提供的重要主体之一。

理论探索

要对公共物品的概念、特征及类型作更深入的了解，可阅读经济学家鲍德威、威迪逊的著作《公共部门经济学》（邓力平主译，中国人民大学出版社，2000年出版）。

要对公共物品的供求关系及提供方式作更深入的了解，可阅读经济学家约翰·利奇的著作《公共经济学教程》（孔晏、朱萍译，上海财经大学出版社，2005年出版）。

思维拓展

1. 根据相关经济学知识，试评价科斯在《经济学中的灯塔》（*The Lighthouse in Economics*）一文中指出的"在合适的条件和制度安排下，私人部门可有效地或有效率地提供部分公共物品"，即私人部门提供公共物品的可能性。

2. 依据本章所学知识，思考混合物品的成本该如何界定，如大学的学费、收费的道路、公私合营的公用企业等。

制度实践

构建一体化大数据社会治理体系

为贯彻落实《中共中央 国务院关于支持海南全面深化改革开放的指导意见》（中发〔2018〕12号）提出的"社会治理体系和治理能力现代化水平明显提高"要求，海南省紧扣国家大数据战略，围绕政府治理和公共服务改革需要，坚持问题导向、应用导向，立足解决现实问题，通过加强政务信息的有效汇集、高效共享和多领域应用，利用互联网优势，着力在融合、共享、便民、安全上下功夫，不断推进政府决策科学化、社会治理精细化、公共服务高效化，加快探索构建信息化、现代化的社会治理体系架构。2018年4月13日，习近平总书记考察海南省政务数据大厅时，对海南信息化建设工作给予充分肯定，同时强调"加快政府大数据平台建设是提高社会治理能力和水平的迫切要求"，临别时还殷切地嘱咐"希望海南继续在大数据建设上积极探索，创造更多经验"。

一、高质量、高标准构建一体化大数据社会治理体系

（一）以全省一体化、全岛同城化理念构建大数据"五集中"体系。海南把全岛作为

一个大城市进行规划，全省一体化推进，按照数据、人员、资金、管理、技术"五集中"要求，统筹各市县和省政府各部门的信息化项目建设，从源头上统一工程规划、标准规范、需求管理等，减少了数据共享的障碍，打破了信息化建设各自为政、零敲碎打的"碎片化"，在全国率先形成了全省全域一体化的大网络、大平台、大系统、大数据的信息化体系架构。

（二）强力打通数据"蜂窝煤"，实现政务系统和数据100%共享。集中建设省政府数据中心及全省统一的"政务云"，为各级政府部门集中提供公共网络支撑、数据中心服务、软硬件资源服务等，打破部门、市县界限，建成全省统一的信息共享交换平台、政务大数据公共服务平台、政务数据开放平台三大基础平台，接入全省558个非涉密信息系统，开发了7000多个共享信息接口，将分散在各级各部门的政务数据连接起来，形成统一高效、物理集中、逻辑分散、互联互通、安全可靠的政务数据中心，建成人口库、法人库、空间地理库、电子证照库、信用信息库五大基础数据库。

（三）搭建系统化信息平台，初步构建现代社会治理体系。在数据共享的基础上，挖掘大数据价值，围绕民生、行政、安全、交通、卫生等便利化需求，通过举办全国大数据创新应用大赛、科技攻关等举措，统一开发应用系统或平台。发挥省直管市县特点，一个行业只建设一个覆盖全省、从上到下的系统平台，共开发了"多规合一"信息综合管理平台、"互联网+防灾减灾"平台、省政府网上督查室等17个系统平台。通过省数据大厅将各平台数据汇集、共享、挖掘分析和展现，赋予了省数据中心决策指挥、城市管理、应急联动、运行管理等"智慧"功能，初步形成现代化、信息化、便利化的社会治理体系架构。

（四）创新大数据管理运营机构，推动大数据更好应用。整合省政府部门信息中心，成立省大数据管理局，作为省人民政府依法设立的法定机构，实行企业化管理、市场化运作，履行大数据管理和服务职责。同时，组建大数据运营公司，承担全省电子政务基础设施、公共平台和共性平台的建设运维工作，发挥运营企业技术、人才优势，以更为灵活、高效的市场化组织模式，不断深化政务大数据运营和合作应用。

（五）加强法治建设，让大数据管理有法可依。除加强系统集中建设和统筹管理外，海南省还不断加强大数据管理有关法律法规建设。2018年5月，印发实施了《海南省公共信息资源管理办法》，对公共信息资源编目、采集、共享、应用、开放、信息安全和监督全过程进行规范管理，并于2019年7月和9月分别出台了《海南省公共信息资源安全使用办法》《海南省大数据开发应用条例》，进一步优化了全省大数据发展环境。

二、以大数据一体化建设推动社会治理能力明显提升

（一）"节约"——降低了成本，方便了管理。通过"五集中"实现了全省电子政务网络、政务云计算中心、大数据支撑平台等基础设施的统建共用，避免了重复建设，降低了系统连接障碍率，节省了建设资金，医疗、交通、旅游、社保等行业的信息化集中建设率超过70%。

（二）"优政"——提高社会治理的信息化、现代化水平。以全国首个"海南省域多规合一信息平台"为例，平台实现了"用机器管规划"，摸清了土地、海洋、林地等家底，理顺了长期以来用地打架等问题。同时，通过海南省"多规合一"工作的不断深入，进一

步在产业园区推行"六个试行""极简审批"等改革,审批事项由 70 个减至 4 个,审批提速 70%以上。

(三)"便民"——让数据多跑路、群众少跑腿。"互联网不见面审批系统"、健康医疗、全域旅游、智能交通、"互联网+防灾减灾"等系统,为企业和群众提供优质便利服务。以"椰城市民云"为例,平台汇集了全省 60 多个单位、423 个便民服务项目,可在数分钟内响应线上线下解决问题,市民和游客可直接在网上办理省市两级事务,实现生老病死的全寿命周期的公共服务。

(四)"安全"——维护正常的经济社会秩序。根据海南台风多发的特点研发的"互联网+防灾减灾"平台,汇聚了 36 个部门的大数据,开发的 App 可供公众随手拍摄上传台风实况,让人人成为预报员、信息员,平台可提前预判台风的大小和路径、对渔船的影响、水库是否泄洪、如何安全转移等问题,为各地、各部门联合抗台提供科学依据。2017 年以来,有效防御了 37 个热带气旋和 50 场强降雨,没有出现人畜伤亡事故,保障了人民群众的生命和财产安全。

(五)"防腐"——用信息化管控廉政风险。"省公共资源交易平台"集中了全省工程建设招投标、政府采购、土地使用权、矿业出让等九大类公共资源交易行为,是全国整合类型最全的交易平台,海南各地公共资源交易全部集中到这一张网上,对市、县实行远程异地评标,对招标代理实行考核制度,防止不良行为,及时评估交易效能,最短交易时间缩短至 21 天。

(六)"创新"——为全国提供可借鉴的经验做法。截至目前,海南省"多规合一"信息综合管理平台入围"数字中国"峰会优秀案例,精准扶贫大数据管理平台获 2018 年网络扶贫最佳实践案例,"市民一卡通与智慧城市建设"2018 年荣获国家级奖励,海南省政务大数据公共服务平台获 2019 年中国政府信息卓越成就奖,这些成绩的取得说明了海南省打造的一体化大数据社会治理体系为全国智慧政务、智慧城市建设提供了良好范本。

资料来源:海南省委自贸办. 构建一体化大数据社会治理体系[EB/OL]. [2020-08-28]. https://www.hnftp.gov.cn/zdcx/cxal/202008/t20200828_3024788.html.

第五章　公共选择

公共选择理论简称作"公共选择"（public choice），是以微观经济学的假设研究政治领域、官僚领域、政策领域的主体行为。公共选择理论是对非市场决策的经济学研究，包括对政党竞选、政府决策、政策执行等领域的经济分析。公共选择理论认为，政治不过是经济交易过程的延伸，政治家、官僚或国家代理人同私人经济中的个人一样，也是一种"经济人"或"理性人"，并尽可能地追求个人私利的最大化。在做出公共决策的过程中，他们和其他人没有差别，既不更好，也不更坏，他们一样会犯错误，其行动本身也受到一些规则和约束的影响，而这些规则和约束同样是人们创造出来的，不一定比其他任何社会组织的规则更加正确无误。公共选择理论将经济交易和政治决策这两种人的基本行为纳入单一的私人利益分析模式，以此为基础，公共选择理论运用经济学的方法解释个人偏好与政府决策的关系，研究民主制度中的投票行为如何表达对公共物品的供给的愿望，分析公共选择过程中各利益群体的基本行为。

第一节　公共选择理论概述

一、私人选择与公共选择

选择似乎是人的行为中最广泛的研究命题。从选择行为主体的多寡来看，选择可以分为私人选择和公共选择。如果选择是由一个人完成的，这种选择就是私人选择或个人选择（private choice）；如果选择不是由一个人说了算，而是由许多人通过协商或表决的方式完成的，这种选择就是公共选择（public choice）。

从实际社会经济运行的角度来看，稳定的社会秩序离不开公共物品的维护，如交通中的红绿灯、法律体系中的法律条文等，但公共物品的非竞争性、非排他性决定了"搭便车"行为会普遍存在。也就是说，没有集体的组织，必然导致公共物品的短缺，或者表现出"市场失灵"。公共选择意味着集体行动，集体行动要求存在一个能够牵头的组织。在人类的历史生活中，特别是近代资产阶级革命以来，政府通常是集体组织或社会公众的代表。公共物品要求某一组织采用集体行动的方式提供，如政府这一组织，而一旦有了集体行动或政府行动，就产生了特定的政治过程，这一过程将每个人分散的私人选择转化为公共选择。不仅如此，政府决定生产公共物品的数量、结构与生产方式也必须诉诸公共选择过程。公共物品的特性构成了公共选择存在的理由。

私人选择，指的是个人在市场上按照效用最大化原则，通过理性决策和选择，自由决定各种经济行为的过程。与私人选择相对应，公共选择指的是个人通过集体行动和政治过程，决定公共资源在公共物品之间如何分配的过程，如税收的分配、公共医疗资源的分配、公共教育资源的分配等。前者是资源配置的市场决策，后者则是资源配置的非市场决策。两种决策或选择组成了个人的全部选择。

尽管两种选择活动的主体都是"理性经济人"，且参与决策或选择的目的是个人利益最大化，但是，由于选择规则和选择环境的不同，这两种选择还是存在较大的差别。

首先，选择的场所、方式与对象不同。私人选择是在现实存在的市场中进行的，是消费者根据自己的偏好与收入，按照等价交换的市场规则，用个人所拥有的"货币资源"决定自己需要的私人物品数量；公共选择是通过政治过程决定公共资源在公共物品之间如何配置。在此过程中，消费者（选民）按照特定的政治程序决定公共物品的数量，或者直接决定（直接民主制）或者选出代表代为决定（间接民主制或代议制民主制）。但无论采取哪种方式，作为选民的消费者"购买"的都是公共物品。

其次，选择所遵循的原则不同。私人选择基本遵循自愿交换原则，消费者所消费的产品数量恰好是其所需要的。公共选择则具有一定的强制性，这种强制性不仅表现为选民不得不遵循少数服从多数原则，而且表现为选择结果具有内在强制性，即不得不接受自己不喜欢的公共物品、不愿支出的税收额度等。

再次，确定性程度不同。在私人选择过程中，个人是选择的主体，也是最终决策的单位，选择行为与选择结果之间存在着直接的一一对应关系。在公共选择过程中，虽然个人也是选择的主体，但不是最终决策的主体（最终决策的主体是集体）。对个人而言，公共选择结果具有某种程度上的不确定性。

最后，权责关联程度不同。私人选择只是在纯个人意义上进行选择，决策结果完全由个人承担。公共选择因最终结果取决于所有选民，因此，个体选择者的职责是可分的，有时甚至与职责绝对脱离。

二、公共选择理论

公共选择理论是运用经济学的方法对公共选择或非市场决策的研究。它以经济学的基本假设（"理性经济人"）为前提，依据自由的市场交换能使交易双方都受益的经济学原理，分析各种政治角色的政治行为，通过对现实政治制度的实证研究，不仅对政治过程做出了深刻的描述，而且提出了一些建设性方案。

公共选择理论产生于20世纪50年代初期的美国。邓肯·布莱克（Duncan Black）、戈登·塔洛克（Gordon Tullock）、肯尼斯·约瑟夫·阿罗（Kenneth J. Arrow）、詹姆斯·布坎南（J. M. Buchanan）、安东尼·唐斯（Anthony Downs）等人对公共选择理论的形成做出了杰出贡献。作为当代西方经济学的一个分支，公共选择理论运用现代经济学的逻辑与方法，把传统经济学长期视为外生变量的政府这一特殊组织重新纳入经济学的研究范畴，并进行了深入系统的分析，开拓了对诸如投票、选举、官僚行为等一系列政治现象的新观察视角。现代公共选择理论的创始人詹姆斯·布坎南也因"弥补了传统经济理论缺乏独立的政治决策分析的缺陷""发展了经济和政治决策的契约论与宪法基础"而获得了1986年诺贝尔经济学奖。

公共选择学派的基本特征是：将政治过程看作某种特殊的"经济活动"，在这个经济活动中，政府是"生产者"，选民是"消费者"，选票是"货币"，而选举制度则可以等同于"市场制度"。

公共选择理论把经济学的研究对象拓展到以往被经济学家视为外部因素而由政治学研究的传统领域；把人类的经济行为和政治行为作为统一的研究对象，从实证分析的角度出发，以经济人为基本假定和前提，运用微观经济学的成本—收益分析方法，分析政府这一生产公共物品的"机器"是如何组织和构成的，并分析其行为动机和行为方式等；分析国防、法律、税制、公共教育以及社会福利等公共物品是怎样生产和分配的。具体地讲，公共选择学派的理论所涉及的主要问题有国家理论、投票规则、投票人行为、官僚主义等。综合来说，公共选择学派试图回答现代西方民主政体实际上是如何运行，而不是应当如何运行，以及与私人选择（通过货币在商品劳务市场上所进行的）不同的公共选择（通过政治选票在政治市场上所进行的）实际上是怎样做出的，其结果又如何等问题。

传统经济学的分析单位是个人，研究个人行为，并不研究政治决策过程。政治决策过程此类问题自然是交由传统的政治学去研究。公共选择理论采用公共利益分析方法，把群体行为看成公共利益中的基本行为，似乎群体行为与独立的个人决定自己的行为一样。公共选择的研究方法则是"私人利益方法"，其贡献在于运用研究个人主义的方法来研究集体行为。公共选择学派的主要代表人物布坎南与塔洛克认为，不应该对私人经济和公共经济采用两套分析方法，不要认为好像在私人经济中是由利己主义和狭隘个人利益所驱使的个人在起作用，而在公共经济中却是超凡脱俗的国家在起作用，国家是公共利益的反映，与此同时，官吏们所追求的肯定是公共利益。这是非常错误的，必须从这种虚构的现象中摆脱出来。

在公共选择领域，与在分析私人经济时一样，"私人利益方法"同样可以解释许多政治行为。因为国家不是神的创造物，它并没有正确无误的天赋，所有政治行为不过是经济交易过程的延伸。国家是一种人类组织，从本质上说，政治家、官僚或国家代理人同私人经济中的个人一样，也是一种"经济人"或"理性人"，他们同样是个人私利的追求者。在公共选择领域做出决定的人和其他人没有差别，既不更好，也不更坏。他们一样会犯错误，其行动本身也要受到一些规则与约束的影响，而这些规则和约束同样是人类创造的，不一定就比其他任何社会组织的规则更加美好。

因此，公共选择理论采取了基于"谋求最大化利益"的个人的逻辑演绎方法，其逻辑起点就是经济人假设或理性经济人假设。它将经济交易和政治决策这两个基本的人类行为纳入单一的私人利益分析模式，并在此基础上，运用经济学的方法解释个人偏好与政府的公共选择的关系，作为"选民"的消费者如何对公共物品或劳务的供给的决定表达意愿，如何达到政治均衡。

当然，公共选择理论所运用的私人利益分析方法既是公共选择的优点，也存在不可避免的缺点。其优点是它能得出明确、清晰、便于理解的分析结论；缺点是它把自我利益作为行为的主要动机，未必能够对政治行为的丰富内容（如正义、公平等的追求）做出完整而全面的解释和反映，难免顾此失彼。

总之，在公共选择学派看来，政治过程不过是经济交易过程的延伸。可以说，公共选择理论是经济学与政治学之间的一座桥梁，它揭示了如何进行公共物品的供给和分配这一政治决策过程。而政府如何才能做出符合公众的"个人"偏好的"公共"决策，便是公共选择理论所特别关注的基本主题。在这一主题之下，公共选择理论具有两个重要内容：一是关于公共选择程序与规则的理论，简称投票理论；二是关于政治行为的经济分析的理论。

第二节 公共选择的规则

一、投票规则

在民主制度下，公共决策是通过公共选择的方式来决定的。公共选择是人们（有关的当事人）依据一定规则，通过相互协商得以确定方案的过程，相互协商所依据的规则也就是民主制度中的"投票规则"。

在民主制度下存在多种形式的投票规则，一种是一致同意规则，另一种是多数同意规则，或叫作多数投票规则。在讨论投票规则之前，必须考虑投票的目的是什么。投票的目的反映了投票人的偏好，投票人偏好的真实表达是投票规则设计的重要前提。先论述投票人偏好的表达，这是讨论投票规则问题的前提条件。

1. 偏好与投票

偏好（preference）是人对某种物品或行动的喜爱或厌恶倾向，就是个人对满足目的的手段的评价。在经济学领域，偏好通常表达可以满足某种欲望的东西。经济学家用"偏好"这个概念来定义目标与手段之间的关系。投票是把个人偏好转化为社会偏好的基本手段之一。因此，对个人偏好的分析既是投票研究的起点，也是公共选择研究的起点。所谓"偏好"，也可解释为个体对两个或两个以上选择对象之间关系的一种主观感觉，个人偏好表现为一定的顺序性。支配个人偏好的是"成本—收益"法则。也就是说，个人之所以参加投票，是由于他或她期望通过投票改善自身的处境。当投票收益大于投票成本时，个人选择参与投票；反之，则放弃投票。当投票者从备选方案中获得的预期边际收益大于或等于其负担的税收份额时，个人选择投赞成票；反之，则投反对票。

既然并非所有的投票者都能够从投票活动中获得好处，由此就会出现投票者是否能够真实表达其个人偏好的问题。公共选择理论研究发现，人们在投票中往往不是真实地反映自己的偏好，而是有着自己的策略选择。具体而言，主要有两种行为方式：一是隐瞒偏好。如果个人将要承担的公共物品成本取决于自己所显示的对公共物品的评价，则投票者可能隐瞒自己的偏好或低报自己的偏好。二是策略性投票。策略性投票是投票者个体或联合体在投票时所做的有利于自己的各种策略。要保证投票行为能够实现人们的偏好，就必须在投票行为发生之前，尽可能采取有效措施鼓励投票者表达其真实偏好。

如果个体投票者能够真实地表达其偏好，那么能否通过对个人偏好的加总形成社会偏好或集体偏好？美国经济学家阿罗对此进行了研究。阿罗在 1951 年出版的《社会选择和个人价值》(Social Choice and Individual Values) 一书中，提出了民主社会的公共选择必须满足以下五项准则。

（1）理性假定。对任何一组不同的社会偏好，社会选择规则都必须能够产生一种完整的和可传递的社会秩序。所谓"完整性"，是指对于任何两个不同的可供选择的社会状态 X 与 Y，总有一个比另一个更为理想或两者没有什么差别。所谓"可传递性"，是指如果社会状态 X 优于 Y，Y 优于 Z，则 X 肯定优于 Z。

（2）不相关选择的独立性假定。在一组可供选择的社会状态之间进行选择，只取决于每个人对于这些社会状态的偏好顺序，而与别的因素无关。如果选择只能在 X 和 Y 之间进行，这时如果 X 与 Z 的关系发生变化，则这种变化与 X 和 Y 之间的选择无关。

由此，阿罗强调社会偏好顺序应当源于个人偏好顺序。也就是说，如果一组可供选择的社会状态保持不变，而选择的结果发生了变化，则这一变化必定是由某个人的偏好改变所引起的。

（3）帕累托效率状态。如果社会中所有人都认为 X 比 Y 好，则社会选择顺序必定表示为 X 比 Y 好；如果至少有一个社会成员认为 X 比 Y 好，而其他人都认为 X 与 Y 无差异，则社会选择顺序仍然为 X 比 Y 好。

（4）定义域的非限制性假定。社会选择赖以产生的定义域必须包括所有可能的个人偏好顺序。不能通过限制个人偏好顺序的定义域来产生某一个社会顺序。

（5）非个人独裁假定。对于所有的 X 和 Y，不存在这样一个特殊的个人，如果此人认为 X 比 Y 好，则社会将严格地认为 X 比 Y 好，而不考虑其他人的偏好。也就是说，排除了某一个人将个人偏好强加于全社会的可能性。

阿罗认为，同时满足上述五个条件的投票规则，才能将个人偏好转化为社会偏好。因此，阿罗事实上为投票规则或选举制度制定了衡量标准。由这些不同的假设条件，可以确认不同的选举制度和选举结果。从另外一个侧面理解，阿罗揭示了一个大家都不愿意看到的结果，即"根本不存在一种能保证效率、尊重个人偏好、不依赖程序（agenda）的多数规则的投票方案"。

2. 一致同意规则

一致同意规则又称为"全体一致规则""一票否决制"，即在每人一票的前提下，任何一项集体行动方案，只有在所有参与者都同意或者没有任何一个人反对的条件下，才能成为决策结果。

一致同意规则有利，也有弊。其优点是：第一，由该规则得出的集体行动方案是一种帕累托最优状态，即每个投票者的偏好获得了最大限度的满足，同时不会有任何人受到损害。因此，该规则被认为是"唯一能确定地导出满足帕累托条件的公共物品数量和税额的选举规则"。第二，所有参与者的权利都能平等地得到保障。每一个参与者都享有平等的否决权，任何人都不能把自己的意愿强加给别人。第三，可以有效地避免"搭便车"行为。由于每一个参与者都清楚地意识到自己的行为直接关系集体行动方案能否形成，因此，在此种情况下，任何一个能为"非搭便车者"创造机会的决策都将会因为损害其他成员的利益而遭到否决。

一致同意规则的缺点是：第一，该规则成本高昂。由于个人偏好的差别，一项方案要想获得全体一致赞同，需要花费大量的人力、物力和时间争取支持。在参与者人数众多的情况下，高昂的讨价还价成本甚至超过决策带来的好处。第二，很容易引起冲突、威胁与恫吓。如果最后一名投票者意识到自己拥有的否决权，很可能敲诈那些方案的赞成者。而最后一名投票者对每一个投票者都是适用的。第三，无法避免策略行为。为了获得对自己最为有利的结果，投票者可能反对于己稍次而于他人稍好的方案，并为此隐瞒自己的真实偏好，从而妨碍协议的达成。

尽管存在上述缺陷，且在现实中很少被采纳，但一致同意规则仍受到公共选择学派的推崇。其中的原因主要是，从规范意义上说，一致同意规则能够保护每一个社会成员免遭其他社会成员的强制，其利益也不会因集体行动而受到损害，同时，该规则能够有效平衡社会成员之间的博弈冲突。

3. 多数投票规则及其悖论

1）简单多数投票规则

一致同意规则很难实现，多数投票规则即是对一致同意规则的重要弥补。目前各国政治系统或法律系统普遍使用的是多数原则，它要求占一定比例的选票通过，具体比例可根据实际情况而定。在此规则下，某一提案只要求，例如，3/4 多数，2/3 多数，1/2 多数，或者小于 1/2 多数，等等，就可以通过。最基本和最常用的多数投票规则是简单多数投票规则。

简单多数投票规则是指每人一票，对提案进行赞成或反对的投票，有 1/2 以上的人投赞成票，则通过提案。如果有多个提案，那么简单多数投票规则意味着两两地加以比较这些方案，通过传递性公理比较得出最后的结论。例如若 X 被认为好于 Y，Y 被认为好于 Z，那么，X 必然好于 Z。这样，人们不必将每一对提案都付诸投票表决，可以提高投票机制的效率。

由于每人都有一票并且只有一票，保证了这一投票规则的公平。由于决议要求占总数一半以上的成员赞成才能通过，使相对多数规则下可能发生的相互矛盾的提案都被通过的情况得以避免。但是，简单多数投票规则下可能会发生另一种典型的相互矛盾的结果，即投票悖论。

可以从下面这个例子来分析。假设有一个由甲、乙、丙三人组成的群体，他们必须在有关环保项目投入量的三种不同水平 A（低水平）、B（中等水平）、C（高水平）之间做出选择。投票者的偏好如表 5.1 所示。每一栏表示投票者对各种选择的次序排列。例如，乙

最偏好于 C，而在 A 与 B 之间，乙会选择 B。

表 5.1　导致均衡的投票者偏好

选择	投票者		
	甲	乙	丙
第一	A	C	B
第二	B	B	C
第三	C	A	A

假定选择是在 A 或 B 之间做出决定。甲会投 A 的票，而乙与丙则会投 B 的票。这里，B（中等水平）会以 2∶1 获胜。然后以胜者 B 与 C 比较，则 B 又会以 2∶1 战胜 C。因此，B 水平的提案会在所有的选举里击败它的竞争者，从而为简单多数投票规则所接受。需要注意的是，此处方案 B 的被采纳与投票的顺序独立无关，即无论投票顺序如何，B 都会胜出。换句话说，先在 A、B 之间投票，或先在 A、C 之间投票，最终都会出现 B 获胜的结果。

2）投票悖论

但是，简单多数投票规则并不总会产生上述明确的结果。假定投票者关于不同水平的环保项目投入量提供方案的偏好如表 5.2 所示。可再次设想，投票者对于 A 与 B、B 与 C、A 与 C 这样进行成对选择，然后决定某一提供水平。

表 5.2　导致循环的投票者偏好

选择	投票者		
	甲	乙	丙
第一	A	C	B
第二	B	A	C
第三	C	B	A

第一次，对 A 与 B 之间进行选择，A 会以 2∶1 获胜，记作 $A>B$。
第二次，在 B 与 C 之间进行选择，则 B 会以 2∶1 击败 C，记作 $B>C$。
第三次，在 A 与 C 之间进行选择，C 又会以 2∶1 击败 A，记作 $C>A$。
这是一种使人陷入困窘的循环结局：$A>B$，$B>C$，而 $C>A$。

本来，可利用传递性公理推知，既然 $A>B$，$B>C$，那么 $A>C$ 应该是这个群体在 A 和 C 之间的偏好顺序。但是，当投票在 A 和 C 之间进行时，个人乙和丙都更偏好 $C>A$，因此，由简单多数投票规则所决定出的群体偏好次序则是 C 胜于 A，即 $C>A$。

可见，在表 5.2 给出的情况下，简单多数投票规则与传递性公理发生了矛盾，这又被叫作集体的非传递性。当这种情形出现时，简单多数投票规则无法得出最终结果，使投票结果出现循环，无法实现公共决策所需要达到的目的，这种矛盾现象便是所谓的投票悖论。

简单多数投票制因其公平、简便、有效而很早就被采纳，对这一投票机制缺陷的研究也由来已久，其中最具代表性的是美国经济学家阿罗在其《社会选择与个人价值》（1951年）一书中提出的不可能定理，亦即投票悖论。

阿罗不可能定理可表述为：如果排斥个人之间效用比较的可能性（即不考虑偏好强度的问题），那么，从个人偏好推导出社会偏好的唯一办法就是实行独裁统治。然而，对于市场决策或者政府决策来说，阿罗所揭示的重要内容在于：独裁是违反社会选择的必要条件的，而五个基于人类理性与道德原则的必要条件在逻辑上又是不能同时满足的。

阿罗不可能定理也被表述为：如果存在着至少三个可由社会成员以任何方式自由安排顺序的备选方案，就可能出现循环的结果。即采用少数服从多数的投票规则，最终的选择结果可能不是唯一的，而是依赖于投票过程的次序安排，不同的投票次序会导致不同的集体选择结果。如果主持投票的人事先知道这种关系，就会在投票之前选择对自己有利的投票顺序，这又不符合人类理性与道德原则的必要条件，即第四个条件"定义域的非限制性假定"。

所以，投票悖论所揭示的意义在于：根本不存在一种满足阿罗五个假设条件的社会选择的规则。因而，阿罗的贡献也正在于证明不存在一个社会选择规则能够满足他提出的所有条件。

3) 单峰偏好与多峰偏好

为了进一步理解投票悖论，可以用单峰偏好的概念来加以说明。假设有多个备选方案，每个选民都有一个最偏好的方案，这些最偏好的方案对不同的选民来说可以是不同的。如图 5.1 所示，在这种最优偏好的两边，对其他各备选方案持续下降。在这种情况下，每个选民的偏好只有一个峰值，这种偏好就叫作单峰偏好。所谓"峰"，是指用于定义个人偏好的这样一个点，在该点，所有相邻点都会低于它。如果一个投票者具有单峰偏好，当其从自己最偏好的那个结果向任何方向转移，他的效用一定会下降。具有单峰偏好的投票者的偏好的顶点（即峰值）只有一个。

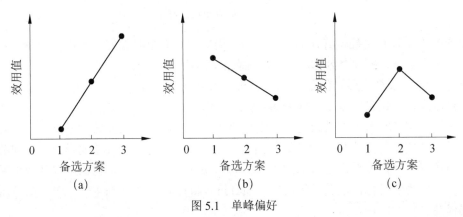

图 5.1　单峰偏好

与单峰偏好相对应的是双峰偏好或多峰偏好，这类偏好的曲线上有两个或两个以上的峰值。如果一个投票者具有双峰偏好，曲线表现为先抑后扬，也就是当他从自己最偏好的那个结果游离开，效用会下降，然后会再上升，如图 5.2 所示。

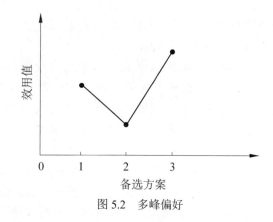

图 5.2 多峰偏好

对前面关于环保项目投票的例子,可以用图 5.3 描述出来,以此来表示甲、乙、丙三个投票者的偏好关系。

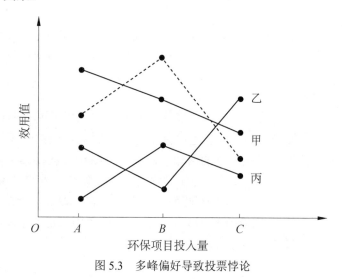

图 5.3 多峰偏好导致投票悖论

图 5.3 中甲具有单峰偏好,其峰值为 A;丙同样具有单峰偏好,其峰值为 B;乙却有两个峰,一个是 A,另一个为 C,因而乙具有多峰偏好。

单峰偏好意味着投票者的最理想的结果只有唯一的一个,对于这个唯一最理想的目标,如果偏离,无论是向哪个方向偏离,都是坏事。

多峰偏好则意味着投票者最理想的结果不止一个。最初,当投票者偏离其最偏好的选择目标时,效用会因此变坏。但若继续沿着这个方向运动,其效用会最终变好。如图 5.3 所示,当环保项目投入量由 A(低水平)提高到 B(中水平)时,对乙来说其效用降低,即不是他最理想的目标,但若继续使环保项目投入量提高到 C(高水平)时,其效用又最终大幅提高。

所以,乙的偏好就属于会导致投票悖论的那种偏好。如果乙是一组单峰偏好,则多数投票就会产生一种一致的结果。这可以用来解释表 5.1 中不产生投票悖论的原因。在那里,每一位投票者都具有单峰偏好,更一般地说,如果所有投票者的偏好都是单峰型的,则不会有投票悖论出现。可见，多峰偏好导致投票悖论。

二、投票悖论求解

阿罗所发现的投票悖论在经济学和政治学中至关重要。但是，为什么在现代社会的民主制度中，各类议会和委员会在许多场合采用了多数投票规则，却并没有因为存在悖论现象而影响决策，以至于无法在众多备选方案中最终决出胜负而获得"理想"的选择结果呢？这是因为在阿罗假设的五个条件中，肯定有某个或某些条件没有得到满足。因此，从投票悖论提出开始，无数学者就致力于解决这一难题。也许在现实的民主制度社会中，多数投票规则仍然是一种相对有效的投票制度，所谓解决投票悖论，只不过是忽略阿罗的假设条件而已，并在此基础上尽量使公共选择的结果有利于提高社会的整体福利。所以，人们讨论投票悖论"求解"，旨在表明某些探索的努力。

1. 调整偏好结构——从多峰偏好调整到单峰偏好

考虑将投票者乙的偏好顺序变为 $B>A>C$，依据简单多数投票规则，在 A 与 B 之间投票，有 $B>A$；在 A 和 C 之间投票，有 $A>C$；依据传递性公理可推出 $B>C$，这样，恰与 B 和 A 之间投票的结果相同，投票悖论消失。而这时，投票者乙的偏好曲线反映在图中也是单峰，如图5.3中的虚线所示。

要通过调整峰值的办法来解决问题，关键是做好投票人乙的劝说工作，调整他所选择的偏好顺序。但是，从全社会来看，希望所有人都呈单峰偏好，无论是理论上，还是实际情况，都是不可能的。为什么这样说？ 因为如果所有人的偏好都是单峰，表明全社会成员在一系列问题上都具有广泛的一致认同，这几乎是不可能的，更何况人们还可以"用脚投票"坚持自己的偏好。所以，仅此而言，要消除多峰偏好是不可能的，但可以做这方面的努力。需要注意的是，这样做的结果是有悖于条件四，即"定义域的非限制性假定"，它限制了投票人的选择自由和表达偏好的自由。

2. 掌握投票程序或确定议程

这里仍然以前面表5.2中所描绘的偏好为例来说明，掌握投票程序或确定议程可以获得最终选择结果，避免循环。掌握投票程序或确定议程，其决定性的工作在于控制投票的顺序。

第一种投票顺序：

首先，在 A 与 B 之间进行，则 A 以 2∶1 获胜，$A>B$，B 淘汰出局。

然后，由胜者 A 与 C 再进行表决，$C>A$，则最终 C 获胜。

第二种投票顺序：

首先，在 B 与 C 之间进行，则 B 以 2∶1 获胜，即 $B>C$，C 淘汰出局。

然后，由胜者 B 与 A 再进行表决，那么 A 将成为最终的选择，即 $A>B$。

可见，两种不同的投票顺序产生了两种不同的结果。在这种情形下，控制投票顺序，即议事日程，就会授予控制者极大的权力。议事操纵是一种建立投票顺序的过程，凭借这种操纵，控制者可以确保某种偏爱的结果得以实现。

前面已经讲过，可以控制投票顺序，即议事日程，也就是授予控制者极大的权力。控制者可以确保某种偏好的结果得以实现，那么，通过投票程序就可以左右投票悖论。

假如现在有一个规则委员会来制定投票顺序，这个委员会若是由倾向于高水平投入环保项目的代表组成，他们就会先就中等支出与低等支出两个方案进行投票，然后拿其中的胜利者再与高水平投入环保项目的方案进行投票，高水平投入环保项目的方案就会是最终胜利者。所以，监督投票程序或事先确定投票的议程，对于促进投票的公平性、合理性、避免悖论的出现是非常必要的。但是，这种方法有违阿罗的"非个人独裁假定"。

3. 互投赞成票：投票交易

在简单多数投票规则下，人们不能显示自己对某一方案强烈的好恶程度。这极有可能产生这样一种情况：多数人同意产生的结果所带来的好处小于少数不同意该方案的人为此所付出的代价。例如，某学校就接送孩子的校车行车路线方案改变问题，要求3位家长进行投票。其中两位家长的孩子可以因此而节省10min的路程，而第三位家长的孩子则会为此多步行50min，投票结果不言而喻。但这次投票并不合理，因为它增加了学生步行的总时间，换句话说，它并未达到帕累托最优状态。在这种情况下，少数人为了防止以上的结局出现，是愿意进行投票交易的，即互投赞成票（logrolling）：第三位家长说服另一位家长不赞成改变行车路线，并承诺支持对这位家长有利的另外事项（假如改变放学送孩子回家的行车路线）。在常规看法中，将公共决策的投票作为一种交易，隐含着不合理和不道德。但经公共选择学者论证，这种投票交易无论从资源配置还是从福利分配的角度来看，都使简单多数投票制更加有效了，通过个人（利益集团）之间的投票交易，一个更易于被通过的结果达成了一致。

4. 利用偏好强度不同的选择

在简单多数投票规则下，只是按一人一票并将它投在自己所相对偏好的方案上，没有考虑个人表示对几个问题的偏好强度的状况。但在市场上，消费者可以表示自己的偏好程度，即他对自己满意的商品愿意支付较高的价格，这个较高的价格就显示了消费者的偏好强度。模仿市场价格机制，公共选择学者设计出另一种多数投票规则——打分投票制。

假定有3个投票人，每人被给予100分，允许每人将100分分别打在A、B、C三个方案上，那么对每个方案打多少分就显示了各自投票者的偏好强度，如表5.3所示。

表5.3 偏好强度

	方案A	方案B	方案C
个人1	70	15	15
个人2	10	50	40
个人3	45	45	10
合计	125	110	65

在表 5.3 中，投票结果是方案 A 得了 125 分，是三个方案中得分最多的一个，因此方案 A 是获胜者。

打分投票制的好处是，投票结果一般不会出现循环，因此可以保证传递性，避免投票悖论。但是，这种制度也容易出现胜负不分的结果，即可能两个方案得分相同，需要进行第二轮投票来决出胜负。同时，打分投票制尽管可以避免投票悖论，但它违反了阿罗理论体系（如"不相关选择的独立性假定"），即某人认为 A 优于 B，意味着这种排序与 C 无关。而打分投票制却恰好是以偏好可以在多个方案之间被衡量与比较为前提的，即 A、B、C 彼此相关，例如，C 的分数的变化会影响 A、B 的变化，这显然不符合"不相关选择的独立性假定"。

然而，打分投票制仍不失为解决投票悖论的一种思路，因为它可以通过分散而较精确的分数表达投票人的偏好，相对避免投票悖论。

5. 中间投票人定理

中间投票人也叫作中位投票人，是指对某一提案持中间立场的投票人，偏好正好处于所有投票者最偏好的结果的中间状态，把另外偶数个投票人分为兴趣或意愿恰好相反的两组。中间投票人定理认为，在个人偏好满足单峰偏好的简单多数投票规则下，在投票中获得胜利的方案将是为中位投票人所最为赞成的方案。为了说明中间投票人定理，假定有 5 位投票者 A、B、C、D 和 E。他们正在为共同举办一个周末聚餐晚会而进行决策，其中，每个人对于这个晚会的规模的偏好都是单峰的。表 5.4 给出了每个人最偏好的水平。由于偏好是单峰的，当支出水平越是接近一个人们偏好的峰顶，则投票的人们便会偏好于该支出水平。如果支出水平从 0 变到 5 元，则所有的投票者都会偏好于不花任何钱。从 5 元到 100 元的变动，会被 B、C、D 与 E 批准，而从 100 元变为 150 元，则会被 C、D 与 E 批准。但是，任何超过 150 元的支出方案，则会遭到至少三人的抵制：A、B 与 C。这样，多数投票会选择 150 元开支。这恰好是 C 偏好的数目，那么 C 就是中间投票人。这一选举结果反映了中间投票人的偏好。

表 5.4 周末聚餐晚会支出的偏好水平

投票者	开支/元
A	5
B	100
C	150
D	160
E	200

可见，当所有偏好都是单峰型时，多数投票会产生一个稳定的结果，所选出的结果会反映中间投票人的偏好。但是，若所有投票人的偏好不是单峰型的，则可能会出现投票悖论。正式提出中间投票人定理的是唐斯。安东尼·唐斯（Anthony Downs）在 1957 年出版的《民主的经济理论》一书中指出，如果在一个多数决策模型中，个人偏好都是单峰型

的，则反映中间投票人意愿的那种政策会最终获胜，因为选择该政策会使一个团体的福利损失最小。可用图5.4进一步说明中间投票人定理。

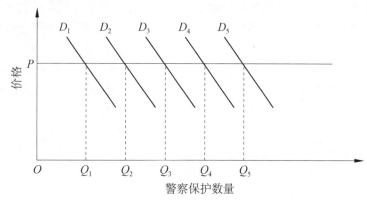

图 5.4 中间投票人定理示意图

假定有 5 个人，他们对于公共物品如"警察保护"的需求曲线分别为 D_1、D_2、D_3、D_4、D_5 所示，每个人都面临 OP 高的"警察保护"这一公共物品的价格。在既定价格水平 P 上，个人 1 最偏好的"警察保护"数量为 Q_1，个人 2 最偏好的"警察保护"数量为 Q_2，个人 3 最偏好的"警察保护"数量为 Q_3，个人 4 最偏好的"警察保护"数量为 Q_4，个人 5 最偏好的"警察保护"数量为 Q_5。为了决定多高水平的"警察保护"程度由政府提供，让以上 5 人在 Q_1、Q_2、Q_3、Q_4、Q_5 之间投票选择一个。

从图 5.4 中可以看出，个人 3、4、5 所偏好的水平均在 Q_1、Q_2 的右端，这意味着产出量 Q_3、Q_4、Q_5 将胜过 Q_1、Q_2；而个人 1、2、3 所偏好的水平均在 Q_4、Q_5 的左端，这说明 Q_1、Q_2、Q_3 将胜过 Q_4、Q_5。将以上两方面结合起来，显而易见，处于中间水平的 Q_3 将取胜，因此个人 3 就是中间投票人。

中间投票人定理在公共选择理论中占有重要地位，任何一个政党或政治家要想赢得极大量的选票，必须使自己的竞选方案或纲领符合中间投票人的意愿。也就是说，他们的政治纲领必须代表大多数人的意见。从社会中广泛的经济意义上讲，中间投票人被解释为中间收入或财产的居民，即中间阶级或者中产阶级。如果一个社会中中产阶级居于多数地位，那么，整个社会就不容易出现走极端的现象，政治也更加稳定，社会经济生活也就越有可能理性化。所以，争取中间投票人是解决投票循环的一种方法。

6."用脚投票"

"用脚投票"是一个通俗的说法，来自美国经济学家蒂伯特提出的地方公共物品供给模型（Tiebout model）：在人口流动不受限制、存在大量辖区政府、各辖区政府税收体制相同、辖区间无利益外溢、信息完备等假设条件下，由于各辖区政府提供的公共物品和税负组合不尽相同，所以各地居民可以根据各地方政府提供的公共物品和税负的组合，来自由选择那些最能满足自己偏好的地方定居。居民们可以从不能满足其偏好的地区迁出，而迁入可以满足其偏好的地区居住。

在现实生活中,"用脚投票"原理理解起来极其简单,也就是说,本地提供的公共服务不能满足我的需要,那我就迁移到能满足我需要的地方,前提是有一定的迁徙能力。选择生活在同一个社区内的居民作为分析例证,"用脚投票"需要有以下几个假定。

(1) 所有公民具有完全的流动性,迁徙没有受到其他的限制。

(2) 完全了解所有社区的特点或完全了解社区的公共物品、公共服务的供给水平。

(3) 存在着充分的社区选择范围,包括其他社区有迁徙者期望得到公共物品的可能数量。

(4) 各社区之间没有利益上的溢出效应。

(5) 在个人收入方面,没有地理上或空间区域上的限制。

假定"所有公民具有完全的流动性"和"各社区之间没有利益上的溢出效应"这两个条件成立,社区居民倾向于在各自的目标不相抵触的地方有意义。社区越大,脱离的代价越高,因而流动性越小,所以退出小的社区比退出大的社区的选择更合理。但是,社区越小,提供任何特定公共物品所带来的利益越可能溢出到其他社区里去,引起各社区间的外部效应和非帕累托最优配置。鉴于公共选择的任务是显示不同的个人对公共物品的偏好,而"用脚投票"缩小了公共选择的范围,促进了不同区域的公共物品竞争,因而部分地解决了公共选择的问题。

第三节 公共选择的政治行为分析

无论是作为个体的人,还是社会组织,都有自己的利益或偏好,都需要与其他个体和组织发生联系与利益碰撞,为此也要通过选择以求得最大利益的实现。公共选择中的各个行为主体因分类方式的差异而有所不同,一般可分为单个主体和集合主体两大类。单个主体是指选民个体,集合主体主要是指政党、官僚集团、利益集团。这种分类是相对的,因为单个选民也有可能从属于某一集团,而任何集团都是由若干个体组成的。为了叙述简便,以下便将单个主体的选民与集合主体的政党、官僚集团、利益集团并列起来论述。

一、选民的行为

选民的政治行为具有相对的独立性,每个选民是政治行为中的单个主体。很多人通常认为自己的投票不会对投票结果产生任何影响,因而不愿意参加投票,成为公共选择的"搭便车者"。这一般出现于选民人数相当多的社会之中。在此情况下,每个投票者参加投票的成本是正数,而其按对投票结果的影响力来衡量的收益接近于零,因此,投票者选择弃权策略是合乎理性的。但是,如果所有的选民都选择这种行为方式,其结果也就不会有以投票为特征的公共选择过程了。因此,为了防止投票活动中的"搭便车"现象出现,一些国家将参加投票视为公民必须履行的法律义务。但是,一般来说,即使在没有这种法律规定的国家,行使公民权利所带来的满足和利益以及不参加投票所面临的社会压力，也足以促使大多数人参加投票活动。在经济学家眼中，选民是否参加投票，主要取决于三个密切相关的因素：一是其参加投票的收益和成本，二是选民的理性，三是利益集团的影响。

1. 投票的收益和成本

参加投票的收益来自选民从行使公民权利中所获得的利益和满足。这一方面是指选民对自己将投票的候选人或候选方案所寄予的预期收益，如果预期收益大，则选民参与投票的积极性就高；否则，选民无意关心政治活动。另一方面，选民参加投票的收益也来自从投票活动中所获得的心理满足。虽然单个人所投选票对总体的公共选择的影响甚小，但选民之所以怀有投票热情，在很大程度上是出于以下几个方面的原因。

（1）通过投票获得一种履行义务和责任的心理满足。
（2）参与政治活动，获得荣誉感的满足。
（3）给予自己最喜欢的候选人或政策以支持，给自己带来心理愉悦。
（4）选民自我能力应验的满足感。

参加投票的成本，可分为与投票行为本身有关的费用、时间和精力，以及决定参加投票而收集信息所需的费用、时间和精力。前者包括参加投票的实际支出，如交通、食宿费用等，以及因投票所放弃的可能收入，即机会成本。后者是指为了明确候选人及其所提出的政策或候选方案是否对自己有利，而收集必要信息的费用、时间和精力，如购买报刊、向人咨询等，当然也包括其中的机会成本。

每个选民的偏好强度不同，因而其成本也有差异，但通常人们都会考虑收益与成本的关系，只有在参加投票有净收益的情况下，投票者才会乐于参加投票。就此而言，若要增加选民的参与热情，应尽量降低投票成本，提高信息的透明度，为选民提供便捷的信息获取方式。

2. 选民的理性

在解释选民根据什么标准投票的问题上，政治学主要有两种解释模式：一是以美国密执安大学教授斯托克斯、康巴斯为代表的"党派投票倾向论"；二是以哈佛大学教授巴伯、彼得罗奇克为代表的"问题投票倾向论"。"党派投票倾向论"认为选民的投票行为主要依据竞选者所在的党派而不是其政策主张，这意味着选民大多为他们的政治意识形态所引导。"问题投票倾向论"则认为选民的投票行为主要依据竞选者的政策主张而不是其所在的党派。前者认为，选民根据自己所在的党派倾向进行投票，后者则认为选民投票时并不注重自己所在的党派，而是根据候选人解决社会问题的政策纲领进行投票。公共选择理论则认为，选民是否投票仅仅取决于其政治偏好和不同政党的政策方案。在两党制下，选民投票给与自己政策偏好最相近的政党。在多党制下，选民也会积极促使自己最偏好的政党上台。但是，一旦选民自己最偏好的政党不能赢得大选，则会考虑投票给另一个政党，以阻止自己最不喜欢的政党上台。选民所期待的收益取决于对自己所希望的政策得到实施的期望值。这种期望值的大小，又受到选民自己投票可能促进有关政策实现的概率影响，主要包括以下几个方面。

（1）自己打算选举的候选人或候选方案因自己的投票而当选的可能性。

（2）若自己不投票，候选人或候选方案当选的可能性。

（3）自己投票的候选人或候选方案当选后，自己所希望的政策得到实施并从中得到好处的可能性。

（4）自己没有投票的候选人当选后，自己所希望的政策得到实施的可能性。

由此可以看出，投票收益和成本与投票对公共选择发生影响的可能性是有密切联系的，因为投票对公共选择发生影响的可能性的大小将直接和间接影响选民是否从中获益；同时，若成本太高，收益不大，则投票对公共选择发生影响的可能性也会失去意义。这根本上是选民作为"理性经济人"在政治活动中的理性行为的表现。

3. 利益集团的影响

利益集团是指由一些具有共同利益的人组成的、对政府决策能够施加影响的团体。由于其人多面广，利益一致，往往会不遗余力地宣传本团体的观点和主张，以争取足够选民的支持。利益集团也常常因与一般选民具有一致或比较接近的利益，而为一般选民所认同。利益集团因有集团的力量做支持，其主张容易被通过，因此，一般选民在一定利益集团的利益与自己的利益相一致或接近的情况下，自然愿意站在该利益集团一方，充满高度的投票热情。这种利益集团影响下的投票热情，其根本上还是选民在收益与成本两相权衡下的理性行为。

结合前文所述中间投票人定理，也可以认为，只有当选民将自己看成中间投票人角色时，才会有高度的投票热情和投票的责任意识，因为中间投票人是最容易获胜的群体。反之，一定的利益集团若能争取到更多的选民，该利益集团也容易形成多数，而成为中间投票人。所以，选民是比较容易受利益集团影响的，否则，就会对投票活动感到索然无味，甚至放弃参与投票。

二、政党的行为

在很多民主制国家，公共选择活动的内容是政党参与竞选，选举的成败决定其是执政或者在野，也决定着社会发展的多种可能性。因此，政党作为政治行为的重要主体，不仅其自身极重视选举活动，他们在选举活动中的各种行为也为社会中其他政治行为主体所特别关注。这样，政党参与选举的目的、策略等备受公共选择理论重视。

1. 选票最大化

对于政党的行为，经济学家一般用追求选票最大化来解释。他们认为，在多数投票规则下，哪个政党可在实现选票最大化方面获得成功，哪个政党就可赢得选举。因此，选票最大化是多党制民主社会中成功地获得政治权力的先决条件。根据前面的理论，要想赢得极大化的选票，任何一个政党或政治家都必须使自己的竞选方案符合中间投票者的意愿。如果各政党或政治家的竞选方案的区别点只有一个，即公共物品的供给量，那么，政治均衡总是要在中间投票人最偏好的结果上形成。也就是说，哪个政党或政治家能精确地了解中间投票人最偏好的结果，哪个政党或政治家就会成为竞选的胜利者。

2. 两党竞争

两党民主制的性质与选民的投票行为有一定联系，选民是否投票要取决于候选人的立场与自己立场的接近程度以及候选人之间的接近程度。候选人的立场越不接近选民的立场，选民就越有可能不投其选票，这叫作疏远效应；如果候选人之间立场越接近、越无差异，选民也越不愿去投票，这叫作无差异效应。此外，两党民主制的性质还取决于选民偏好的分布情况和候选人观点的维度问题，如果候选人观点是一维的，即只对某一个问题表示立场，则两党民主制的性质就会因选民偏好的分布特征而有所不同。

1）选民偏好呈正态分布

如果选民对候选人观点的偏好呈正态分布，如图 5.5 所示，为单峰对称分布，候选人立场的中数与众数重合，即中间投票人的观点也就是大多数人的观点，此时中间投票人定理成立。也就是说，因为候选人所持的立场代表了中间投票人所持的立场，所以会得到过半数的选票。这种中间投票人定理所表现的性质促使两位候选人向中间立场靠拢，从而又彼此接近。尽管这种向中间立场靠近会因候选人远离极端的选民而使之弃权，也因候选人观点接近而使一些选民弃权，但位于中间立场的候选人还是会当选。其原因就在于，候选人彼此靠近时，双方都会因选民弃权而损失相同的票数，但候选人向中间立场靠近时，得到的选票多于因选民弃权而失去的选票。

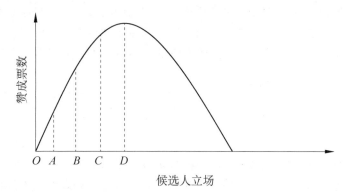

图 5.5 投票人偏好呈正态分布

在图 5.5 中，D 为中数和众数：作为中数，它代表了中间投票人的立场；作为众数，它表明以它为最佳立场的投票人最多。显然，当不存在疏远效应与无差异效应时，以 D 为立场的候选人总能获得过半数的选票，其原因和前面解释中间投票人的原因相同，此时，中间投票人定理依然成立。

但是，即使考虑到疏远效应和无差异效应，中间投票人定理还是会成立。以疏远效应为考虑点，对于左派候选人 B 而言，与 D 相比，只能获得 A 到 C 这段距离的选票。这是因为，比 A 更左的投票人因 B 离自己立场太远而不愿投票，尽管 B 比 D 更接近自己的立场，这就是疏远效应；而比 C 更右的投票人或者去投 D 的票，或者因 B 和 D 离自己立场太远而谁的票也不投。如果设 $CD=AB=BC$，那么当 B 的立场由左至右地变到 C 立场上时，所获赞成票将在 BD 之间，因为他新增了 CD 之间的赞成票，失去了 AB 之间的赞成票。如图5.5所示，AB 之间的赞成票明显少于 CD 之间的赞成票，因此，当 B 立场逐渐由左变右时，所获选票会不断增加。当 B 立场变至 D 这一中间立场时，所获赞成票达到最多。因此，如果候选人在 D 立场上，即代表中间投票人利益，就一定能当选。

2）选民偏好不对称

如果投票人的偏好是单峰不对称分布，即中数与众数不一致，此时离众数位置近的候选人将获得多数票，候选人的立场将竭力向众数靠近。如图5.6所示，E 为众数，G 为中数，设候选人与投票人立场的差距达到一定程度时使投票人弃权，那么 G 只能获 FH 之间的选票。再设 $EF=FG=GH$，则当候选人 G 立场向左移至 F 时，会因选民弃权而损失 GH 之间的选票，同时因与左边选民靠近而增加票数为 EF 之间的选票。

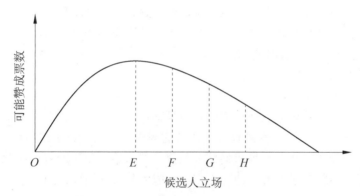

图5.6　投票人的偏好是单峰不对称分布

显然，候选人从中数向众数左移时得到的选票多于失去的选票。但是，当众数离中数越远时，或众数越小时，或疏远效应越低（即投票人不大会因为自己与候选人立场疏远而弃权）时，争取获胜的候选人越会偏离众数，位于众数与中数之间。

3）选民偏好呈双众数对称分布

如图5.7所示，如果人们的偏好呈双众数对称分布，则候选人所表现出来的立场呈现出不确定性。只有在疏远效应极弱时（候选人的立场非常接近投票人的立场，此时疏远效应弱，即投票人较倾向于投候选人的票），中数 A 表示的候选人立场才有可能获得更多的选票，从而吸引候选人的观点向中数，即中间投票人立场靠拢。

上面所述为具有单维观点的两个政党候选人在选举中的行为。如果政党候选人的政治立场像现实的情况中那样是多维的，需要对许多问题发表见解、表示立场，则结果就会变得错综复杂，互投赞成票与循环投票会经常出现，代议制民主就常常出现这种情况。

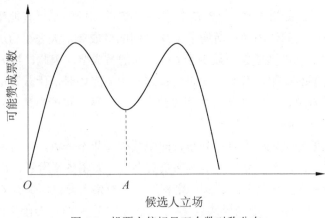

图 5.7 投票人偏好呈双众数对称分布

三、官僚的行为

在西方，官僚是指那些非经政治选举、经考试进入政府、凭借技术受到雇用、只对上级负责而不对选民和特定政治家负责，从而不受政府更迭影响的政府官员。在公共选择理论中，"官僚主义"是政府机构和政府官员行为的同义语。从严格规范意义上讲，官僚并不是公共选择和政治决策的主体，而只是其执行的主体，但是，组成官僚的每一个官员都有着对公共政策和公共决策的影响的可能。值得说明的是，"官僚"不是贬义词，而是中性词，它仅仅表明由众多同僚所构成的官员群体而已。公共选择理论将官僚行为纳入其研究视野，是由于公共选择理论只有公共物品的需求理论（代议制政府服务需求），而缺少公共物品的供给理论。由于官僚机构是公共物品的供给方或生产者，因此，官僚经济理论的产生弥补了公共物品供给方面的理论空白，成为公共选择理论的一个重要组成部分。

1. 官僚行为的目标：预算最大化

传统的官僚制理论产生于社会学、政治学，而非经济学。马克斯·韦伯曾指出，官僚机构是一个有效率的组织，它向社会提供的是不偏不倚的公共服务；官僚则是"中性的宦官"，没有自己的特殊利益。公共选择的官僚理论则将官僚视为"理性经济人"，认为其目标既不是公共利益，也不是机构效率，而是个人效用。安东尼·唐斯（Anthony Downs）在 1967 年出版的《官僚制内幕》（Inside Bureaucracy）一书中，第一次提出官僚行为有两个基本动机：一是为了权力、收入、地位或安全而进行斗争；二是为了公共事业服务以及对某一领域政策投入的愿望。但唐斯未能揭示用以解释和预测官僚行为的目标理论。1971 年，威廉姆·A. 尼斯坎南（William A. Niskanen）在《官僚制与代议制政府》（Bureaucracy and Representative Government）一书中提出，官僚行为的目标是预算最大化，而非公共物品产出的最大化。

尼斯坎南认为，构成官僚个人利益的主要因素有权力、地位、金钱、特权等。具体而言，职务津贴、公众声誉、权力、人事权、较大的影响力、轻松的工作负担、产出、变革的难易度、管理官僚机构的难易度，都是可能进入官僚效用函数的变量。通过研究，尼斯坎南发现，除最后两项外，其他所有因素都与官僚所在机构的预算规模呈单调正相关关系。而预算规模又与官僚机构的权力大小正相关，即预算越大，该机构的权力就越大。因此，为追求个人地位、权力和收入，官僚必然千方百计地追求机构预算的最大化。

公共行政的创始人威尔逊（Thomas Woodrow Wilson）曾提出政治与行政"二分法"理论，确立了行政活动的非政治化原则；古德诺（Frank Johnson Goodnow）发展了威尔逊的政治行政二分理论，官僚被认为是"一架精密的机器"，忠实地执行着国家意志。尼斯坎南通过对政府预算的研究，颠覆了行政学的这一传统看法。他认为官僚的"经济人"本性（即官僚并不服务于政治家们，而是服务于他们自己，最大化他们个人的效用）是官僚预算最大化的主观原因，官僚与议会（由民选产生的政治家组成）的"双边垄断"关系则是官僚机构实现预算最大化愿望、追求私利的客观原因。

所谓"双边垄断关系"，是指如果将政府及其提供的服务视为政府提供的公共物品，那么，议会作为民选机构代表了全体选民对公共物品的需求，是公共物品的唯一买家，而官僚机构执行立法的过程就是实际生产公共物品的过程，是公共物品的唯一提供者（卖家）。这样，议会与官僚机构各自垄断了公共物品的消费和生产，形成了稳定的双边垄断结构。但是，由于官僚与政治家各自掌握的有关公共物品生产的信息是不对称的，因而这种双边垄断关系并不是平衡的。具体而言，官僚不仅完全了解公共物品真实的生产成本，而且完全了解议会的偏好（需求曲线），而议会则缺乏获得有关生产成本的准确信息。因此，拥有自己独立利益的官僚在与议会就预算（公共物品的需求价格）进行讨价还价的过程中，可以提出高于实际生产成本的预算标准，并向议会谎称这一高成本是唯一可行的选择。在通常情况下，面对官僚提出的"要不要"类似通牒的预算建议时，即使议会心存疑虑，除了接受也别无选择。由此，尼斯坎南认为，官僚机构凭借其垄断地位，实际上获得了相对于议会的决策优势，从而使公共物品的生产量高于社会需求。同时，由于官僚机构是一个非营利性机构，在需求约束的条件下，财政节余因无法据为己有，只能浪费性地使用。

2. 官僚追求自身利益最大化的原因

尽管学者们对官僚是否将预算最大化作为追求的唯一目标而持有不同的看法，但都不否认官僚也是追求个人效用最大化的"经济人"或"理性人"。那么，官僚为什么能够在政治市场上追求自身利益最大化？早期的公共选择理论强调政府制度设计中存在以下几个方面的缺陷。

（1）无产权约束。官僚们花的是大家（纳税人）的钱，他们不必痛惜费用。

（2）高度垄断。公共机构不像私人企业那样存在市场竞争，即使有竞争，也不过是"软竞争"和间接的竞争。

（3）考核指标模糊。私人部门以利润作为考核员工的硬指标，而公共部门因其产出是非营利性的，成本—收益分析困难，所以对官僚们的考核指标也相对模糊。

（4）监督困难。缺乏明确的考核指标，自然导致监督困难。另外，由于官僚并不直接对选民负责，选民对官僚的约束只能通过社会舆论、组成一定的利益集团、政党和政府的影响来间接影响官员，因而这只是一种"软约束"，其影响产生作用的过程也比较长，导致监督困难。同时，有关信息被官僚们垄断，也致使对他们的监督很困难。

由于官员具有利益最大化这样的动机，便产生了一种极不正常的结果：在其他条件不变的情况下，私人部门中的个人活动最有可能符合公众利益（如亚当·斯密所言），而在公共部门工作的个人（官僚）却最有可能恣意追求个人利益最大化，无论这些个人利益是否符合公共利益。

20世纪80年代以后的公共选择理论开始借用经济学中的委托—代理理论，试图从新的角度解释官僚为什么能够在政治市场上追求自身利益最大化。由于委托—代理关系在社会中普遍存在，委托—代理理论被用于解决各种问题。如国有企业中，国家与国企经理、国企经理与雇员、国企所有者与注册会计师、公司股东与经理、选民与官员、医生与病人、债权人与债务人都是委托—代理关系。按照这一理论，政治家和官僚实际上组成了公共物品生产和消费的委托—代理关系。政治家代表选民成为公共物品生产的委托方，决定公共物品的需求量；官僚则接受政治家的委托直接代理生产公共物品，但无权决定生产的规模和利润水平。根据委托—代理理论，委托、代理双方的权利和义务由双方达成的契约加以规定。这一契约在民选的政治家与官僚之间体现为议会立法和行政领导的指令。委托方明确表明自己的利益需求，并承诺代理方实现目标后的报偿方式。按照要求，代理方只能忠实地贯彻执行委托方的意愿，除非委托方授予其一定的自由裁量权，否则其行动完全受委托方的意志支配。但是，在现实生活中，这种委托—代理关系已被严重扭曲，即作为代理人的官僚机构已在很大程度上脱离了委托人的控制，并根据自我利益需要自行其是。他们将这种政治家对官僚失控的状况称为"官僚机构的代理失控"。

四、利益集团的行为

1. 利益集团的行为方式

利益集团是指由一些具有共同利益的人组成的、对政府决策能够施加影响的团体。在政治行为过程中，存在着大量利益集团并活跃在各国的政治舞台上。

"利益集团"一词有一定的含义，不少学术著作对此做过界定，"利益集团"在研究中通常作为一个中性词出现。以两个著名的美国学者为例，美国政治学者大卫·比克内尔·杜鲁门（David Bicknell Truman）认为："一个利益集团就是一个持有共同态度并对社会上其他集团提出某种要求的集团。"美国政治学会前主席罗伯特·达尔（Robert Alan Dahl）认为："从最广泛的意义上说，任何一群为了争取或维护某种共同利益或目标而一起行动的人，就是一个利益集团。"例如，1871年成立的美国全国步枪协会、1895年成立的美国全国制造商协会、1902年成立的北欧海洋渔业生物统计委员会、1946年创立的日本经济团体联合会、1825年创立的英国律师协会等都是非常有影响力的利益集团，是不可忽视的政治力量。他们的活动常常可以左右税收负担的水平和结构、政府财政补贴的数量和去向、政府支出项目的设置等。

利益集团在公共选择中发挥重要作用的途径主要有两个：一是影响立法机关的活

动，包括通过游说争取代表"公共利益"的议员群体的支持、直接参与立法程序、在投票中争取多数选民。二是影响行政机关的决策与执法活动，包括充任民意代表，迫使政府改变或修改决定以实现本集团的利益；控制有关部门的官员人选；参与政策制定的前期工作。

利益集团与政党的不同之处是：其领导人并不执掌政治机构的权力，但是，他们可以对政府官员、投票者施加各种压力或影响，以谋求对其成员有利的提案的最大支持。利益集团的活动主要是进行政治游说，力争通过有利于自己的立法或政策。利益集团也常常对政治家施以威胁，例如，告知集团成员将投反对票来威胁候选人或有关政治家，从而达到目的。利益集团也可以通过支持政治家或候选人来达到目的，例如，为其提供竞选经费。根据美国捐献数据库 OpenSecrets 的统计，从 2000 年至 2019 年，全美注册说客年均超过 1 万人。游说开销则从 2000 年的 15.6 亿美元攀升至 2019 年的 35.1 亿美元。

2. 集体行动的逻辑

除研究利益集团作为整体存在的原因和行为方式外，公共选择理论重点研究了利益集团内部的关系、集体行动及其后果。美国经济学家曼瑟·奥尔森（Mancur Olson）作为公共选择理论的主要奠基者，在其《集体行动的逻辑》（*The Logic of Collective Action: Public Goods and the Theory of Groups*）、《国家兴衰探源：经济增长、滞胀与社会僵化》（*The Rise and Decline of Nations: Economic Growth, Stagflation, and Social Rigidities*）以及《权力与繁荣》（*Power and Prosperity: Outgrowing Communist and Capitalist Dictatorships*）著作中对集体行动、利益集团做出了深入研究。

一般认为，由具有相同利益的个人组成的集团均具有追求进一步扩大这种集团利益的倾向，特别是发现选民从政治竞争中获得利益的大小部分地取决于它所隶属的集团时，这种认识似乎更为合理。但是，奥尔森则认为，从理性的和寻求自我利益的行动这一前提，可以逻辑地推出利益集团会从自身利益出发采取集体行动的观念是不正确的。相反，除非一个利益集团中的人数很少，或利益集团内部存在特殊手段（包括强制性手段、激励性手段），否则，集团成员不会采取行动，实现他们共同的利益。这是因为集体利益是一种具有非排他性、非竞争性的公共物品，如果个人都是自利且追求效用最大化者，则"搭便车"行为应当具有普遍性，即在公共物品的生产上尽量少投入，将自己应付的成本转嫁到他人身上；同时尽量多地消费公共物品，将自己的支出转嫁给他人，其结果必然是，如果以"自愿"作为行为的基准，则无人自愿为公共物品的生产付费，却自愿免费消费公共物品。

奥尔森认为，个体是否参与集体行动，取决于其为产生集体利益所做的投入与集体利益能够给个人带来的收益的比较。"理性经济人"在这种比较中主要考虑三个因素，即个人获益度、收益独占的可能性和组织成本，而这三个因素都与团体的规模有关。

当作为公共物品的集团利益的生产成本小于其收益时，集团效用就被生产出来。但是，对集团的每一个成员而言，只有当团体的边际收益超过个人的边际成本时，才是"经济"的。因此，集体公共物品的供给与集团规模有关：集团规模越大，个体越多，个体的份额就越小，团体的公共物品的供给量就越远离最优水平。从成本的角度来看，小集团组织成本较低,达成共识的可能性高于大集团,更容易采取集体行动;大集团中因成员过多,难以对"搭便车"现象进行有效监督,从而难以采取集体行动。所以,"人多并不一定力量大"。

此外,奥尔森还指出,集体行动的能力不仅与集团规模负相关,而且要受集团类别的影响。他根据集团追求的目标,将集团分为排外集团和相容集团:前者不欢迎新的加入者,成员之间的关系主要是一种竞争关系;后者则希望有更多的参与者以分担成本,成员之间的关系是非竞争性的。如果集团规模相同,通常相容集团的行动能力更强,而排外集团的行动难度要大得多。但是,无论是哪一种集团,都遵循集团规模越大,行动能力越下降的规律。

正如许多具有原创价值的理论一样,奥尔森的集体行动理论提出不久就成为受批评的对象。针对那些集体行动的逻辑不能解释的反常现象,罗伯特·萨利兹伯里(Robert Salisbury)提出政治企业家理论,将集团为其成员提供的利益分为物质利益、观念利益、团结一致的利益,奥尔森强调的仅仅是物质利益。但是,仅向成员提供一种利益的集团很少,大多数集团同时提供多种利益。这些利益大多与参与集体行动联系在一起。因此,大集团可以通过利益诱导有效地行动,并不一定需要采取奥尔森提出的激励性手段与强制性措施。

理论探索

要对公共选择的概念、特征及投票理论作更深入的了解,可阅读美国经济学家詹姆斯·M. 布坎南的著作《自由、市场和国家》(平新乔译,上海三联书店,1989 年出版)。

要对政治行为作更深入的了解,可阅读英国经济学家帕特里克·敦利威的著作《民主、官僚制与公共选择》(张庆东译,中国青年出版社,2004 年出版)。

思维拓展

1. 根据本章所学知识,公共选择理论是由 1986 年诺贝尔经济学奖获得者布坎南等人创立的一种不同于凯恩斯主义的新公共经济理论,其突出的特点是把政治决策的分析和经济学理论结合起来,谈谈你对将经济学方法引用到政治决策领域的看法。

2. 依据相关经济学知识,谈谈你对安东尼·唐斯和威廉姆·A. 尼斯坎南所提出的"官僚模型"的看法与理解。

制度实践

创新精准政治监督模式

省纪委监委始终把政治监督挺在前面,创新精准监督机制,将习近平总书记

"4·13"重要讲话精神纳入纪律监督、监察监督、派驻监督、巡视监督内容一体推进，形成监督合力，以监督实效自觉践行"两个维护"。

一、主要做法

（一）精准制作监督清单。在深入把握习近平总书记"4·13"重要讲话精神的基础上，对标习近平总书记提出的六个方面具体要求和学习宣传"4·13"重要讲话精神情况，梳理出了七个方面123项可检查的监督清单。监督检查部门对照省委下发的356项工作任务清单进行"清单再造"，以"绣花"功夫为被监督检查单位"量身打造"专用清单，为做深做实监督提供精准依据。

（二）构建全覆盖的监督格局。将监督清单纳入纪检监督、监察监督、派驻监督、巡视监督内容。2018年11月底，经省委批准，省纪委抽调304名纪检监察干部组成38个检查组，用15天时间，针对19个市县、94个省直部门和9个中央驻琼单位学习贯彻落实"4·13"重要讲话精神情况，开展一次全覆盖、蹲点式、清单化的专项监督检查。省委第三轮至第五轮巡视均将贯彻落实习近平总书记"4·13"重要讲话精神情况列为巡视的首要监督内容。监督检查室和派驻纪检监察组在依据监督清单开展日常监督的同时，针对专项检查、巡视监督中发现的整改任务建立台账并纳入日常监督检查内容。在日常监督中发现没有整改或整改不到位的问题，则纳入下次专项检查和巡视内容。"四个监督"形成信息、资源、力量、手段和成果共享，做到相互印证、密切配合、同向加压，构建了科学、严密、有效的监督格局。

（三）建立长效机制。建立专项监督检查工作机制，省委明确，今后由省纪委统筹省委深改办、省委督查室、省政府督查室力量，每年集中开展一次习近平总书记"4·13"重要讲话精神贯彻落实情况专项监督检查，避免多头监督。建立日常监督工作协作机制，加强与省委深改办沟通协调，省委网上督查室对发现的问题线索定期移送省纪委处理，实现业务监督和纪检监察再监督有机融合、无缝对接。

二、实践效果

（一）推动各级党组织增强了建设海南自由贸易试验区（自由贸易港）的思想自觉、政治自觉。通过履行政治监督职责，进一步强化了各级党组织的责任意识。目前已启动对监督检查中发现的陵水县海上餐排停业整改不到位、五指山市执行房地产"两个暂停"政策不到位等10个严重问题的问责工作，通过有力问责倒逼责任落实。各级党组织对照监督检查中发现的问题，查找不足，理顺思路，列出问题清单，细化任务措施，建立工作台账，强化跟踪督查，将贯彻落实习近平总书记"4·13"重要讲话精神作为自觉行动。

（二）突出问题整改取得成效。在专项监督检查中发现问题1316个，检查期间立行立改236个。监督检查部门督促相关市县和部门通过日常监督推动整改问题1059个，占发现问题的80.5%；第三轮、第四轮巡视发现的学习贯彻习近平总书记"4·13"重要讲话精神方面的问题，已完成整改27个，占发现问题的56.3%。

资料来源：海南省委自贸办. 创新精准政治监督模式[EB/OL]. [2019-07-24]. https://www.hnftp.gov.cn/zdcx/cxal/201907/t20190724_3024247.html.

第六章 公共支出

公共支出就是公共部门提供公共产品的支出，是国家为满足社会公共需要的社会资源配置活动。政府管理公共部门和执行经济职能过程中发生的资金支出行为，构成了公共支出活动。这种公共支出活动是政府履行职能的一个重要方面，通常被认为是政府的公共管理成本。一个政府的公共财政对经济产生的影响主要反映在公共支出上，而且政府干预和调节经济的职能也主要是通过公共支出来实现。作为与公共收入相对应的政府经济管理的重要组成部分，公共支出具有较强的政策性因素，其结构和规模往往体现着一定时期内政府的经济政策指向，并对社会发展产生着十分重要的影响。

第一节 公共支出的含义、特性与原则

一、公共支出的含义及特性

公共部门为满足公共需求而提供社会共同收益的产品时，总要花费一定的成本。从这个意义上讲，公共支出（public expenditures）是指公共机构通过政府财政部门在向社会成员提供公共产品的过程中，所支付的各种费用的总和。公共支出是以国家为主体、以政府的事权为依据、以公共服务为目的进行的一种财政资金分配与使用活动，集中反映了国家的职能活动范围及为履行其职能所必须支付的活动成本或所造成的耗费。从其本质上来讲，公共支出就是满足社会公共需求的社会资源配置活动。国家通过财政支出将集中起来的财政资金进行有计划的分配，以满足社会公共需要和社会再生产的资金需要，从而为实现国家的各种职能服务。

公共支出是实现政府职能的具体体现，反映着政府的政策选择，代表着政府公共部门提供公共产品与服务所造成的耗费。公共支出的数额、范围实际反映的是政府介入经济生活和社会生活的规模、深度和广度。公共支出的行为与政府履行职能的行为之间的关联度，既体现了公共支出存在的客观必然性，又是科学界定公共支出范围的理论依据。随着经济的发展，公共支出规模不断增长，其结构也在不断变化，涉及从中央到地方各级政府的各项支出，包括提供公共产品、准公共产品发生的支出以及为实现收入分配而进行的转移性支出。

公共支出也是政府配置社会资源、弥补市场缺陷的重要途径。在市场经济体制下，市场是配置资源的基础，由于市场机制的不完全或不充分，会出现市场失灵，从而决定了政府介入和干预经济活动的必要性。但是，政府在克服市场缺陷时，同样存在着导入和利用市场机制的问题。公共支出，尤其是公共投资支出是实现政府干预和市场机制有机结合的一种有效

途径。公共投资支出是一种数额大、期限长的集中性投资,它不仅代表了国家的宏观政策,而且由于投资项目具有基础性、长远性和集中性的特点,能够解决市场机制无法将社会资源予以有效配置的问题,从而弥补市场的缺陷,使社会资源得到尽可能最优化的配置。

公共支出具有以下特性:第一,公共支出具有公共服务性。在市场经济条件下,政府的行政行为部分弥补了市场失灵的一面,用"看得见的手"办好"看不见的手"办不了或办不好的事情。一方面,政府要着力进行以间接调控为主的宏观调控来完善市场调节机制和充当市场竞争规则的制定者和仲裁人,维护和促进市场公平竞争;另一方面,政府要进行公共利益的项目建设和社会保障体系的建设,满足社会成员的公共需求。政府的公共服务给所有的市场活动参与者都带来了利益,无论这些活动的具体形态如何,作为公共支出,都是政府为弥补市场失灵,即是为市场提供服务而安排的支出,因而都具有公共服务的性质。第二,公共支出具有非市场营利性。政府作为政权组织,作为社会管理者和公共支出的主体,只能在市场失灵的领域内活动,不直接介入具有市场盈利能力的领域,不能在盈利动机的引导或驱使下安排公共支出活动,其行为动机只能是公共利益的实现。所以,公共支出是非市场性活动,不能索取市场价格,不能追求市场利润。第三,公共支出具有计划性。公共支出作为生产公共产品满足社会公共需求的配置资源活动,它是国家借助于国家预算这种国家年度财政收支计划的形式,将集中起来的财政资金进行有计划的分配,以满足社会公共需要和社会再生产的资金需要,从而实现国家的各种职能服务的活动。公共支出体现的是政府支配社会资源的规模状况,公共支出的范围和方向必须借助于国家预算这一计划形式来确定和执行。

二、公共支出的原则

公共支出涉及社会和经济系统中方方面面的关系和利益,自身集中了多项多层次的矛盾,诸如如何处理公共支出与公共收入之间的关系、公共支出中各项公共支出之间的关系,以及公共支出与社会效益之间的关系等。要解决这些矛盾,必须遵循一定的原则。各国政府历来十分重视公共支出原则的确定,因为政府能否安排好公共支出,事关政府各项职能的实现与国民经济的健康发展。基于国内外相关理论与实践,公共支出的原则可以归纳为以下六项。

1. 弥补市场失灵原则

市场作为当今社会资源配置的最主要的运行机制,并不是万能的,而是存在着市场失灵现象的。所谓市场失灵,是指在市场充分发挥其基础性资源配置作用的基础上,市场无法有效地配置资源,或难以正常发挥作用的状态。其主要表现为公共产品的提供、外部性的存在、信息的不完全、社会分配的不公平等。要想克服这些关系全体社会成员公共利益的市场失灵状态,就必须借助于资源配置的非市场解决办法,如政府干预用以弥补市场失灵的缺陷。但是,不可否认,政府干预经济活动效果的评价一直是一个难以有令人信服的结论的领域,甚至有些经济学者直接反对任何的经济干预活动。

2. 社会利益最大化原则

公共支出应该追求社会绝大多数人的幸福最大化，而不能仅仅考虑某些特殊个人、集团或者阶层的利益。公共支出所追求的社会利益，一是保障国家安全、社会稳定，例如国防、司法、行政、公安等的支出；二是提高社会福利，例如公共基础设施、教育、医疗、卫生等的支出。需要指出的是，公共支出虽然不能仅仅考虑某些特殊个人、集团或者阶层的利益，但是如果这些个人、集团或者阶层方面的支出能够有利于增进社会整体利益，也可以将这些支出列入公共支出。例如，政府可以对某些私人企业提供补贴，以增加就业、稳定经济；或者对某些发明创造者给予奖励，以鼓励科技创新等。

3. 均衡原则

均衡、量入为出是财政支出的基本原则，均衡的概念在西方经济学里具有"相对最优的理想状态"的意思。这一原则实质上是资源稀缺规律作用的具体体现。均衡原则的基本含义是指政府在一定时期（通常为一个预算周期，一般是一年）内，将公共支出的总量限定在财政收入总量许可的范围内，以财政收入来控制公共支出。政府应根据财政有多少收入安排多少支出，坚持收支平衡。我国一贯坚持量入为出的均衡原则，这既是由我国社会生产力发展水平不高这一现实决定的，也是为了适应现代市场经济制度保持财政分配的相对稳定、防范国家债务规模过度膨胀的客观要求。

4. 公平原则

社会财富的分配受到各种因素的干扰，往往形成很大的差距，导致社会成员贫富悬殊，两极分化。当然，在市场经济条件下，伴随着改革开放的进程，这种差距和分化也是难以避免的。但是，如果差距和分化超过一定界限，将会引发一系列的深层次的社会问题，危及改革全局，对社会的稳定与发展造成十分不利的影响。因此，现实状况要求国家建立尽可能公平的分配机制。公共支出作为政府重要的财政政策工具之一，会产生分配结果。从公共支出的角度来看，公平原则主要体现在政府通过调整公共支出的范围、规模和结构，来调整社会成员、社会集团占有物质财富的相对份额，以促进社会财富分配的相对公平。

5. 节约原则

公共支出作为一种政府经济行为，厉行节约、讲求效益是其必须坚持的根本原则。公共支出的节约原则，就是要求每笔公共支出所获得的社会效益均应超过社会总成本，要求国家的一切公共支出都应以获得最大的社会效益为出发点和落脚点，最理想的状态就是"花小钱，办大事"。另外，公共支出中的节约原则也蕴含着深刻的社会伦理价值，特别是当宏观经济形势相对不好的时期，节约原则总是被提出来当作公共支出的一个重要的约束性原则出现。从某种程度上讲，节约为将来可持续发展和高质量发展打下基础。

6. 法定原则

公共支出应当遵循法定原则，这是实现政府行为规范化、法制化的必然要求。公共支出的法定原则，是指公共支出的投向和数量一经法律确定后，必须依法执行，不得随意更改。特别是与支出紧密相关的预算法律法规，是公共支出严格遵循的基本规范，也是公共支出制度化、程序化、标准化的具体体现。公共支出仅仅是政府经济行为中的一个领域或一个职能而已，在现代民主制度下，政府行为的法定原则已经是一个普遍性的原则。例如，中共中央、国务院于2021年印发的《法治政府建设实施纲要（2021—2025年）》提出："坚持科学立法、民主立法、依法立法，着力实现政府立法质量和效率并重并进，增强针对性、及时性、系统性、可操作性，努力使政府治理各方面制度更加健全、更加完善。"

第二节 公共支出的范围及其界定原则与分类

一、公共支出范围界定的原则

公共支出范围的界定通常遵循以下原则。

1. 以满足社会公共需要为目标

满足社会公共需要是界定公共支出范围的基本依据和价值遵循。在经济发展的不同阶段，除保证执行国家职能部分需要外，社会公共需要的主要内容是在不断发展变化的，这就决定了不同发展阶段，公共支出的范围有所不同，应根据社会公共需要的调整，相应调整公共支出范围。此外，社会公共需要的不同层次决定了公共支出范围的大小，即哪些公共需要应完全由政府承担，哪些公共需要应由公共支出和私人支出共同承担，其各自角色又是如何，以及哪些公共需要应完全由私人支出承担，政府财政不得涉足。社会公共需要必须和统治阶级的需要区别开来，它是社会公众在生产、生活和工作时的共同需要，是每个社会成员可以无差别地共同享用的需要，一个或一些社会成员享用并不排斥其他社会成员享用。

2. 以政府职能范围为依据

政府职能范围的大小决定了公共支出应涉及领域的宽窄，同时，政府职能范围或职权的调整，决定了公共支出的范围也应相应进行调整，特别是每次重大的机构改革或政府职能调整，伴随着的就是公共支出的调整。

3. 公平与效率原则

公平与效率是界定公共支出的核心问题，也是经济学界或社会学界经常讨论或辩论的问题。有一种观点就认为，公平与效率的关系处理得好，就会实现二者的相互促进；公平与效率的关系处理得不好，就会出现二者的共同损害。公共支出分配要体现公平，同时由于资源有限，应将有限的资源发挥最大的效益，尤其是在公共支出与私人支出共同存在的领域，要以效率为标准合理划分公共支出与私人支出各自承担的份额，可以交由市场的支出应该交给市场去办。此外，还可以吸纳社会组织、民间协会、志愿团体等组织加入公共产品和公共服务提供者行列，作为某种公共支出的补充，覆盖公共支出能够覆盖的领域或群体，更好地因应公平的社会价值理念。

二、公共支出的范围

根据以上原则，今后中国政府的公共支出范围应主要限定在国家机关及那些代表社会共同利益和长远利益的非营利的领域或事物，而将不属于这个范围的领域或事物逐步推向市场，使企业和私人去兴办或由市场机制去调节。因此，政府财政对竞争性领域的投资应逐步取消，逐步退出应由市场配置的经营性和竞争性的领域，转移到满足公共需要上。经济建设的投资主体应由政府转向企业，财政支出主要用于涉及国计民生的大型公益性基础设施的建设。要严格按照公共需要的层次性，规范事业单位的财政经费供给范围，根据市场经济的一般理论，文化、教育、卫生等事业单位并不都具有公共需要的性质，对于提供纯公共需要的事业单位，如基础教育、基础科研、图书馆、公共卫生防疫等事业单位，财政应保障其经费供给；对于提供介于公共需要和私人需要之间的准公共需要的事业单位，如高等教育、职业教育、广播电视、医疗保健等，应该由政府财政和享受服务的消费者共同承担支出；对于经营性的事业单位，财政应与其逐步脱离经济关系，使其逐步走向市场。要对国有企业亏损补贴制度进行改革，对一些承担政府特殊责任的国有企业产生的亏损，仍应由财政给予补贴，但对于属于竞争领域的国有企业，其亏损补贴应随着企业改革的推进逐步予以取消。

三、公共支出的分类

按照管理和统计分析需要，公共支出可以有多种分类方式，从国际和国内比较通用的划分方法来看，主要有以下几种。

1. 按照支出性质可分为购买性支出和转移性支出

购买性支出是政府用于购买商品、劳务与公共工程所发生的支出。它主要是指用于购买日常政府活动所需的商品与劳务的支出。

转移性支出是指不是用于购买商品和劳务，一般表现为公共财政资金的无偿转移，是政府按某种公共支出的分配政策，直接拨付给单位和个人，由他们形成社会购买力的支出。转移性支出的基本形式是政府补助，如社会保障支出、政府价格补贴支出等，政府的公债利息支出也属于转移性支出。转移性支出是对国民收入的再分配，在一定程度上有助于缩小贫富差距，改善收入分配状况。

2. 按照支出功能可分为经常性支出和建设性支出

经常性支出和建设性支出是构成复式预算支出的两个基本部分。

经常性支出是指政府用于经常性事务管理方面的支出。经常性事务包括行政管理、国防、外交等。经常性支出具有连续性和稳定性的特点，主要包括人员经费、公用经费、社会保障支出及对外援助和价格补贴支出等。经常性支出所对应的收入项目主要有税收和行政性收入等，一般不允许出现财政赤字。

建设性支出也称为资本性支出，是指用于购买或投入公共工程，以及一次性投入较大且多年受益的项目或设备方面的支出。建设性支出主要包括公共工程建设、大型设备采购、对企业的投资、网络系统建设等支出。由于这种支出不能全部视为本期公共产品的成本，更多的收益在未来被人们所消费，因此建设性支出所对应的收入有两种：一是税收，意味着本期享用的公共产品，本期付出代价；二是公债，意味着未来享用的公共产品，未来时期付出代价。

3. 按照政府职能可分为经济建设支出、社会文教支出、行政管理支出、国防支出和其他支出

经济建设支出是指政府直接组织安排经济建设的支出。整个社会的经济建设资金基本上由政府直接提供，这些支出就构成了财政的经济建设支出。

社会文教支出主要包括对科学教育、医疗卫生、文化出版、文物保护、广播通信、气象地震、计划生育、社会保障等社会事业部门发展的各类经费支出。

行政管理支出主要是指中国财政用于各级国家权力机关和国家行政机关的支出。这项支出既包括各级人民代表大会及其常务委员会机关经费、政府机关经费和公检法司等国家机关的人员经费和公用经费等，还包括中国驻外使馆等机构经费、国际组织经费、捐赠支出等。

国防支出是指出于建立与维护国家防务需要而安排的支出。在中国，这项支出主要包括军费、国防科研事业费、民兵建设费、专项工程和其他与国防有关的支出等。

此外，还有国家职能在实现过程中由政府直接出面借入的国内外资金，发行的各类债券的本金和利息的支出。

4. 按照支出用途和使用部门的公共支出分类

按照公共支出的用途分类，就是根据政府具体职责安排的财政支出用途进行分类。公共支出的这种分类方式，是前述按照政府职能分类方式的具体化。这种分类方法可使公共支出指标同国民经济和社会发展指标相互衔接，可以从公共支出中比较直接地反映政府各项支出之间的比例，有利于政府各项政策的实施和运作，也有利于按照用途分配公共支出指标，考核公共支出的使用情况，加强对公共支出的管理监督。

按照公共支出的使用部门分类，即按照政府组织机构分类，它表现为公共支出在政府各部门之间的配置结构。不同时期和不同国家的政府组织机构是不尽相同的。目前，中国政府支出按其使用部门来考察，主要包括用于工业、农业、林业、水利、交通、邮电、商业、物资、文化、教育、科学、卫生、国防、行政等部门的支出。不仅如此，还可以对每个部门作进一步的划分，如：对工业部门的支出，可分为对各具体工业部门的支出；对教育部门的支出，可分为对各级各类学校的支出；对行政部门的支出，则可分为对各级国家权力机关和行政机关的支出；等等。这种分类，有利于国家对国民经济各部门的发展进行综合协调，监督检查支出的使用效果和优化部门的支出结构，为保持各部门之间的合理比例关系提供条件。

第三节 购买性支出与转移性支出

按照财政支出是否与商品劳务直接交换为标准，公共财政支出可以分为购买性支出与转移性支出。

一、购买性支出

购买性支出在保证国家安全、履行政府职能并确保社会公共安全和公共投资等方面发挥着举足轻重的作用。购买性支出包括社会消费性支出和公共投资性支出。社会消费性支出是指购买政府进行日常政务活动所需商品与劳务的支出，包括行政管理支出、国防支出、科教文卫支出等。公共投资性支出是指购买用于兴办投资事业所需商品与劳务的支出，包括基础产业投资、农业投资支出等。

1. 社会消费性支出

1）行政管理支出

行政管理支出是指公共财政用于国家各级权力机关、行政管理机关、司法检察机关和外事机构等行使其职能所需的各项费用支出。该项支出是维持国家各级政权存在、保证各级国家管理机构正常运转的经济保障，是政府履行其基本职能所必需的费用，是纳税人必须支付的社会成本。行政管理支出的具体内容取决于一国的政治体制、政府管理机构的构成及其职能。按照国家政权及政府管理机构的设置划分，我国的行政管理支出主要包括行政支出、公安和国家安全支出、立法机构支出、司法监察支出和外交支出等内容。行政管理支出还可以按用途划分为人员经费和公用经费两部分。前者包括工资、补助工资、职工福利费、离退休人员费用等，后者包括公务费、设备购置费、修缮费、业务费等。

2）国防支出

国防支出即国家防卫支出，是指一国政府为了维护国家主权与保证领土的完整，用于国防军事工程建设、国防科技事业、军队正规化建设和民兵建设、各军兵种和后备部队的经常性开支、专项军事工程以及战时的作战经费等方面的军事支出。

各国国防支出的具体分类不完全相同，但基本上可以划分为维持费和投资费两大部分。前者主要用于维持军队的稳定和日常活动，提高军队的战备程度，是国防建设的重要物质基础。其内容主要包括军事人员经费、军事活动维持费、武器装备维修保养费以及教育训练费等。后者主要用于提高军队的武器装备水平，是增强军队战斗力的重要保证。其内容主要包括武器装备的研制费、采购费、军事工程建设费等。若按兵种划分，国防支出又可以分为战略部队支出、陆军支出、海军支出、空军支出、武警部队支出和预备役支出等。

我国国防费主要由人员生活费、训练维持费和装备费三部分组成。人员生活费用于军官、文职干部、士兵和聘用人员的工资津贴、住房保险、伙食装备等。训练维持费用于部队训练、院校教育、工程设施建设维护以及其他日常消耗性支出。装备费用于武器装备的研究、试验、采购、维修、运输和储存等。国防费的保障范围包括现役部队、预备役部队和民兵，同时负担部分退役军人、军人配偶生活及子女教育、支援国家和地方经济建设等社会性支出。

3）科教文卫支出

科教文卫支出是指政府财政用于文化、教育、科学、卫生、体育、通信、广播电影电视等事业部门经费支出的总称。它具体又包括教育支出、科学技术支出、文化教育与传媒支出、医疗卫生支出等项目。

（1）教育支出。教育支出是指各级教育部门及其举办的各类学校的事业费，包括教育管理事业费、普通教育事业费（包括各级教育部门主办的学前教育、中小学和高等教育机构的经费）、职业教育事业费（包括各类初等职业教育、中专、技校、职业高中、高等职业技术教育等机构的经费）、成人教育事业费、广播电视教育事业费、留学教育事业费、特殊教育事业费、教师进修及干部继续教育事业费、教育附加费安排的支出等内容。

（2）科学技术支出。科学技术支出是指各级科委、科协和社会科学院及其归口管理部门的事业费，包括基础研究事业费、应用研究事业费、科技条件与服务事业费、社会科学事业费、科学技术普及事业费、科技交流与合作事业费等内容。

（3）文化教育与传媒支出。文化教育与传媒支出是指文化、文物、体育、广播影视、新闻出版等部门的事业费，包括文化事业费（指文化管理部门经费、图书馆经费、文化展示与纪念机构经费、文化活动经费、群众文化经费、文化交流与合作经费、文化创造与保护经费、文化市场管理经费等）、文物事业费（指文物管理机构经费、文物保护经费、博物馆经费、历史名城与古迹经费等）、体育事业费（指体育管理机构经费、体育竞赛经费、体育训练经费、体育场馆经费、群众体育经费、体育交流与合作经费等）、广播影视事业费（指广播电影电视管理机构经费、广播电台经费、电视台经费、电影经费、广播电视监控经费等）、新闻出版事业费（指新闻出版机关的经费、新闻通讯经费、出版发行经费、版权管理经费、出版市场管理经费等）等内容。

（4）医疗卫生支出。医疗卫生支出是指卫生部及地方卫生部门的事业费，包括医疗卫生管理事务经费、公立医院经费、基础医疗卫生机构经费、公共卫生经费、医疗保障经费、中医院经费、食品和药品监督管理事务经费等内容。

此外，科教文卫支出还包括环保、地震、海洋等各项事业的事业费支出。

科教文卫支出还可以分为人员经费支出和公用经费支出。人员经费支出主要用于科教文卫等事业单位的工资、补助工资、职工福利费、离退休人员费用、奖学金等开支项目，工资是其中最主要的内容。公用经费支出主要用于解决科教文卫等事业单位为完成事业计划所需要的各项费用开支。这些公用经费开支主要包括公务费、设备购置费、修缮费、业务费等。

2. 公共投资性支出

公共投资是指政府将一部分公共资金用于购置公共部门的资产，以满足社会公共需求所形成的财政支出，它是政府提供公共产品和服务的前提和基础。公共投资与私人投资相比，具有如下特点。

（1）公共性和基础性。公共投资的资金来源于政府的财政收入，具有公共性。公共投资的目的主要是弥补市场失灵的固有缺陷，以及克服非政府投资的局限性，其着眼点首先在于为全体居民和各类经济主体的生产、生活需要提供必要的社会性、基础性条件，以满足社会公共需要，履行政府与财政的基本职能。

（2）社会效益明显。私人投资主体的投资主要是为了赚取利润，追求微观经济效益的最大化；而公共投资主要受非经济动因，即社会动因支配，以追求社会效益、生态效益和宏观经济效益的最大化。所以，只要投资项目的建成能够带来全社会整体利益的增加，即使该项目本身不盈利，其投资行为也是可行的。

（3）间接性和无偿性。政府公共投资为企业生产和居民生活提供了良好的外部环境，降低了企业的交易费用，提高了居民的生活质量，而企业和居民对公共投资成果的消费一般不需要直接支付费用，是无偿的。但这种无偿性不是绝对的，企业和居民首先要无偿地向政府上交税款，然后政府再将其继续用于公共投资，从而间接地形成公共投资。

（4）政策性。公共投资必须考虑国家的宏观经济政策，特别是产业政策，引导社会其他投资主体的投资方向，弥补社会投资对某些部门投入的不足，使社会各个投资主体的目标与国家的整体体系保持和谐统一，保证社会投资活动的正常顺利进行。2023年10月，十四届人大六次会议闭幕，会议上的两个举措引发热议：一是中央财政增发1万亿元国债，将通过转移支付方式全部安排给地方；二是地方2.7万亿元的新增地方债提前下达，将有效缓解地方财政压力。两项累计3.7万亿元的国债和地方债绝大部分是应对当前经济形势的政策性公共投资。

二、转移性支出

转移性支出是政府无偿地、单方面转移给企业或居民的财政资金，它不存在等价交换问题，反映的是政府作为中介使财富在社会成员之间发生再分配的问题。所以，转移性支出对收入再分配和资源的配置具有最直接的影响，是稳定宏观经济的重要手段，有利于促进社会公平和稳定目标的实现。转移性支出主要由社会保障支出、财政补贴、税式支出、捐赠支出和债务利息支出等构成，其中社会保障支出、财政补贴、税式支出是转移性支出的主要内容。

1. 社会保障支出

社会保障支出是财政转移性支出的重要内容之一，该项支出对保障社会成员的基本生活需要，为企业提供公平竞争的客观环境，稳定社会秩序，都有非常重要的意义。我国正处于社会转型期，社会保障支出的意义尤为重要。

从各国的实践经验来看，社会保障支出主要包括社会保险、社会救济、社会福利、社会优抚等内容。其中，社会保险以满足保障对象的基本生活需要为目标，是社会保障体系的中间层次；社会救济以满足保障对象最低生活需要为目标，是社会保障体系的最低层次；社会福利以提高国民的社会福利水平为目标，是社会保障体系的最高层次；社会优抚是对特定人群进行的特殊保障，它属于社会保障体系的特殊层次。

（1）社会保险（social insurance），是指国家通过立法形式，采取强制手段，为法定受保人在遭受未来年老、疾病、工伤、残疾、失业、死亡等风险而丧失或减少收入来源时，提供收入或补偿的一种社会和经济制度。社会保险计划一般由政府举办，强制某一群体将其收入的一部分作为社会保险税（费），形成社会保险基金，在满足一定条件的情况下，被保险人可从基金获得固定的收入或损失的补偿。它是一种再分配制度，它的目标是保证物质及劳动力的再生产和社会的稳定。经过长期的发展，目前的社会保险项目主要有养老、医疗、失业、工伤、生育和遗属社会保险等，其中养老保险制度又是最重要的。

（2）社会救济（social assistance），也称为社会救助，是指国家对于遭受灾害、失去劳动能力的公民以及低收入的公民给予救助，以维持其最低生活水平的一项社会保障制度。社会救助主要是对社会成员提供最低生活保障，其目标是扶危济贫，救助社会脆弱群体，对象是社会的低收入人群和困难人群。社会救助体现了浓厚的人道主义思想，是一种"雪中送炭"式的社会保障方式，是社会保障的最后一道防护线和安全网。由于世界各国的社会经济条件不同，对贫困的衡量标准也不同，所以社会救济的具体内容也存在差异。但从各国的情况来看，社会救济的内容主要涉及两类：自然灾害救济和最低生活保障救济。

社会救济制度的供给是市场机制有效发挥所必备的外部条件，却是市场机制不能有效提供的"失灵领域"。所以社会救济是政府的当然责任或义务，无论是资金的筹集、使用还是监管，公共财政始终在社会救助领域居于不可替代的主导地位，发挥着重要作用，离开了政府财政的支撑，社会救助的制度内核也就不复存在。

（3）社会福利（social welfare），是指国家依法为所有公民普遍提供旨在保证一定生活水平和尽可能提高生活质量的资金和服务的社会保险制度。社会福利有广义和狭义之分：广义的社会福利是指提高广大社会成员生活水平的各种政策和社会服务，旨在解决广大社会成员在各个方面的福利待遇问题；狭义的社会福利是指对生活能力较弱的儿童、老人、母子家庭、残疾人、慢性精神病人等的社会照顾和社会服务。社会福利所包括的内容十分广泛，不仅包括生活、教育、医疗方面的福利待遇，而且包括交通、文娱、体育、欣赏等方面的待遇。由于社会福利是国家和社会在社会成员基本收入之外为其提供的利益，因此，在社会保障体系中，社会福利是一种"锦上添花"式的层次比较高的保障措施。

目前，世界各国在社会福利的供给方式上也存在较大差别，在欧美等发达国家，社会福利一般采取政府委托社会组织，由社会工作者直接为居民提供服务的方式。而我国的社会福利主要还是通过民政、工会等政府机构来直接提供，但社会福利的社会化供给方式也是未来发展的趋势。尽管各国社会福利的供给方式存在差别，但其社会福利的资金主要还是来源于政府财政。

（4）社会优抚（social special care），是指国家政府以提供津贴、服务和安置条件等方式对特定群体（一般是军人及其家属）给予生活优待和工作安置，使其安居乐业的社会保障项目。它是一种具有褒扬性质和政治色彩的社会保障项目。这种褒扬性不但表现在为社会做出特殊贡献是优抚安置的一个基本条件,而且表现在社会优抚的标准一般是以优抚对象所做贡献的大小和做出贡献所付出的代价为依据确定的。

由于社会优抚具有政治性和褒贬性,政府财政一般是其最主要的资金来源。

2. 财政补贴

财政补贴是政府根据经济社会形势的需求,在一定时期内,向某些特定的产业、部门、地区、企事业单位或个人给予的无偿补助。财政补贴是国家经济管理的一个重要经济杠杆,它通过物质利益在国家、企业、个人之间的再分配来调节社会生产和生活,对引导企业投资和居民消费、促进经济发展起着重要的作用。同其他财政分配形式和经济杠杆相比,财政补贴具有如下几个特点。

(1)政策性。财政补贴是根据政府在一定时期内社会、政治、经济等方面的政策目标,由财政部门统一管理,并随国家宏观形势的变化而修正、调整与更新,具有很强的政策性。

(2)专项性。财政补贴的对象、规模和形势等具体内容都有专项规定,要通过指定的事项进行补贴,除指定的事项外,均不给予补贴。

(3)灵活性。财政补贴是国家调节经济、协调各方面关系的一个比较灵活的杠杆,财政补贴的对象、范围和作用均由财政部门根据国家政策的需要而定,而且国家还可根据形势的变化和政策的需要,及时地修正和调整财政补贴。

目前我国财政补贴主要有如下具体内容。

(1)价格补贴。价格补贴是指为了安定城乡人民生活,由财政向企业或居民支付、与人民生活必需品和农业生产资料的市场价格政策有关的补贴。它是我国财政补贴的主要内容,是国家自觉运用价值规律调节经济、促进经济发展的重要举措。目前列入政府预算支出的补贴项目主要有四种类型:第一类是生产资料价格补贴。该项补贴是国家为了稳定农业生产,实现农产品增产、农民增收,以低于价值的价格向农民出售农业生产资料,向有关生产企业拨付的价差补贴。我国实施价格补贴的农业生产资料主要有化肥、农药、农用电和农用塑料薄膜等。第二类是日用消费品价格补贴。该项补贴是国家为了避免日用生活必需品批发或零售价格大幅上升对居民生活的不利影响,向商业企业或城镇居民支付的价格补贴。如平抑市场肉食价格补贴、平抑市场蔬菜价格补贴、住房补贴、交通补贴、冬季取暖补贴等。第三类是工矿产品价格补贴。该项补贴是指政府为了配合能源和基本原材料等产业政策的实施,对煤炭、黄金、白银等工矿产品因调出或收购价格较低而支付的财政补贴。第四类是进出口补贴。该项补贴是指为了缓解国内市场某些商品的供需紧张,或为了提高出口企业的国际竞争力,国家财政对外贸企业给予的补贴。它包括出口补贴和进口补贴,出口补贴是财政对某种商品出口给予出口商的直接补贴和通过减免出口关税或国内商品税等的间接补贴。进口补贴是财政对某种进口商品给予进口商的现金补贴或关税优惠待遇。

(2)企业亏损补贴。企业亏损补贴是指政府为了使国有企业能够按照政府政策或计划生产、经营一些社会需要,但客观上使生产经营出现亏损的产品,而向这些企业拨付的财政补贴。在预算管理上，企业亏损补贴列入预算收入科目，作冲减收入处理。企业亏损补贴可分为政策性亏损补贴和经营性亏损补贴。政策性亏损补贴，是指国家财政对由于贯彻国家政策，对某些产品实行低价政策，造成的企业亏损给予的补贴；经营性亏损补贴，是指国家财政对国有企业因经营管理不善造成的亏损给予的补贴。一般而言，国家财政对经营性亏损原则上不予补贴，只对政策性亏损给以补贴。但对一些生产急需的产品和重要产品的企业，经国家财政部门审批后，可给予暂时性的补贴，并通过整顿限期扭亏为盈，以利于促进生产和调节供给需求平衡。

（3）财政贴息。财政贴息是指政府为了宏观调控的需要，财政对使用某些规定用途银行贷款的企业，就其支付的贷款利息，在一定时期内，按全额或一定比例给予的一种补贴。根据财政部颁发的《基本建设贷款中央财政贴息资金管理办法》，2012 年我国财政贴息的范围主要有农业、林业、水利、司法部，新疆生产建设兵团所属的监狱、劳教等，国家级高新技术产业开发区管辖区域范围内的基础设施项目，军工集团"三线"搬迁、核电项目，西部铁路项目等其他项目。

3. 税式支出

1967 年，美国哈佛大学教授斯坦利·萨里（Stanley Surrey）首先提出了"税式支出"的概念。这一概念刚一出现就引起了财政理论界的广泛关注，并成为财税制度改革的重要领域。综合不同学者对税式支出的概念，税式支出是指国家为达到一定的政策目标，在税法中对正常的税制结构有目的、有意识地规定一些特别条款，造成对一些特定纳税人或课税对象的税收优惠，以起到税收激励或税收照顾的作用，基于这些对正常税制结构的特别条款所导致的国家财政收入的减少、放弃或让与，就构成财政上的税式支出。税式支出的实质是政府为实现自己的既定政策目标，增强对某些经济行为的宏观调控，以减少收入为代价的间接支出，属于财政补贴性支出。其形式主要有起征点、税收扣除、税额减免、优惠退税、优惠税率、盈亏互抵、税收抵免、税收饶让、税收递延和加速折旧等。从本质上讲，税式支出是政府为实现自己的经济和社会政策目标，增强对某些经济行为的宏观调控，以减少收入为代价的间接性财政支出，这种财政支出并不表现在政府的预算书上，而是间接的政府支出，所以又称为"看不见的预算"，属于财政补贴性支出范畴。近年来，各国政府已普遍利用税式支出的方式来达成某些特殊的经济目的或落实某项社会福利政策。如根据 2020 年 6 月发布的《关于海南自由贸易港企业所得税优惠政策的通知》和《关于海南自由贸易港高端紧缺人才个人所得税政策的通知》，自 2020 年 1 月 1 日至 2024 年 12 月 31 日，对在海南自由贸易港工作的高端人才和紧缺人才，其个人所得税实际税负超过 15%的部分，予以免征，而且不分境内境外人才，直接免征；对注册在海南自由贸易港并实质性运营的鼓励类产业企业，减按 15%的税率征收企业所得税。

各国在实践中所采用的税式支出具体形式不尽相同，常见的形式有起征点、税收减免、优惠退税、优惠税率、税收抵免、加速折旧等类型。

（1）起征点，又称为"征税起点"，是指税法规定对征税对象开始征税的税基起点数额。征税对象的税基数额达到起征点的就全部数额征税，未达到起征点的则不征税。如目前我国个人所得税中工资、薪金所得的起征点为 5000 元。

（2）税收减免，是指根据一国一定时期的政治、经济、社会政策需要，对生产、消费中的某些特殊情况给予减轻或免除税收负担的行为。如为了解决下岗职工就业问题，我国很多地方规定招收下岗职工的企业可以进行税收减免。

（3）优惠退税，是指政府为了某种特定的政策目的而对纳税人已纳税款或实际承担的税款予以退回的行为，通常针对某些产品的出口或某领域的再投资行为。

（4）优惠税率，是指对符合规定的企业课以低于正常水平的税率。如国家为了重点扶持和鼓励发展特定的产业和项目，对于某些税种给予的优惠。例如企业所得税税率为25%，而对高新技术产业、小型微利企业的优惠税率分别为15%和20%。

（5）税收抵免，是指对纳税人来源于国内外的全部所得或财产课征所得税时，允许以其在国外缴纳的所得税或财产税税款抵免应纳税款的一种税收优惠方式，是解决国际所得或财产重复课税的一种措施。

（6）加速折旧，是指按照税法规定准予采取缩短折旧年限、提高折旧率的办法，加快折旧速度，减少应纳税所得额的一种税收优惠措施。其目的：一是可以减少企业所得税，二是可以增强公司的未来竞争和融资能力。

第四节 公共支出增长

一、公共支出增长理论

公共支出的增长似乎是公共支出领域的刚性现象，早已经引起国内外经济学家们的高度关注。衡量政府公共支出增长变动的指标通常有两个：一是增长指标；二是相对指标。增长指标反映政府支出及其主要项目的增长变动情况；相对指标则用于考察政府支出总额与其他经济指标的比例关系，主要支出项目与每年政府支出总额的比例关系等。相对指标更能反映政府支出的结构性特征。统计资料表明，第二次世界大战以来，各国公共支出无论是从绝对量还是从相对量（公共支出占 GDP 的比重）来看，都呈现上升趋势，特别是在发展中国家中，这种增长尤为明显。近年来，为解决医疗、教育、社保等领域公共支出不足和欠账过多的矛盾，中国政府加大了对这些领域的投入力度。在理论界，不少人认为中国在经济高速增长 30 年后，现在应该考虑向福利国家的方向发展了。然而，也有一些人提出中国应慎言福利国家和福利社会，盲目的福利赶超会导致中国陷入"拉美陷阱"[1]。经济学家们试图对公共支出的增长做出解释，他们站在不同的角度，提出不同的观点来解释公共支出增长的原因，主要有以下几种代表性的观点：阿道夫·瓦格纳（Adolf Wagner）的"瓦格纳法则"（也称为"政府活动扩张法则"）、皮考克和魏斯曼（A. T. Peacock and J. Wiseman）的"梯度渐进增长"理论、马斯格雷夫（R. A. Musgrave）和罗斯托（Walt Whitman Rostow）的"经济发展阶段增长"理论等。

---

[1] 所谓"拉美陷阱"是指一些拉美国家不顾收入水平和财政能力的实际条件，照搬发达国家的社会福利制度，想在"经济赶超"的同时也进行"福利赶超"，结果引发高通胀、高赤字，最终导致发展迟滞。

1. 瓦格纳法则

1882年，德国经济学家阿道夫·瓦格纳通过对19世纪的许多欧洲国家和日本、美国的公共支出增长情况的考察，提出了"公共支出不断增长法则"，或称为"政府活动扩张法则"，又称为瓦格纳法则。他认为一国政府的支出与其经济成长间，也就是政府职能的扩大与国家所得的增加之间存在一种函数关系。即随着国家职能的扩大，随着经济的发展，就要求保证行使这些国家职能的公共支出不断增加，日益充裕。事实正是这样，"公共支出不断增长"的情况"可由中央及地方政府经费增加的统计上，雄辩地说明这一点"。瓦格纳还认为，只要符合国家职能的要求，即使出现暂时的财政不均衡也无妨。利用公债举办公共事业是可行的，条件是它将来带来的财政收入增加额能抵销这些公共事业的费用。他把财政经济或公共经济看作国家经济为获得和使用完成其国家职能所必需的财物或资金而从事的活动，即经济，从财政支出与财政收入的相互关系上来说明财政经济的内容，并且肯定了财政支出的作用。随着国家职能的扩大和经济的发展，要求保证行使这些国家职能的财政支出不断增加，对这种关系的解释，他认为最基本的原因是工业化经济中的社会进步对政府活动所提出的日益扩大的需求。首先是对政府保护与管理服务方面的需求的扩大。因为工业化经济所引起的社会组织形态变革以及公私行政活动的集中化管理会产生社会和经济制度的非人性化和劳动的高度专业化，从而使经济和社会的复杂性和相互依赖性增加，由此产生的各种摩擦因素也会不断增多。对这一切，私人部门无法处理和协调，唯有政府制定法律，增设一定的机构以维持社会秩序，才能解决这些由于工业化本身所产生的问题。

很明显，瓦格纳正确预测了公共支出不断增加的历史性趋势，这已被很多国家发展的实践所证实。由于他是最早系统地阐述了公共支出的长期趋势，更为垄断资本主义国家干预经济提供了一定的理论基础，并且在崇尚"廉价政府"的情况下，明确地提出了公共支出增长将作为一条规律而存在。因此，对当时财政思想的变革产生了重大的影响，对以后的财政理论和财政政策研究也做出了一定的贡献。

2. "梯度渐进增长"理论

对这一理论的分析，是建立在这样的假设基础之上的：政府希望花更多的钱，但公民却不愿意缴纳更多的赋税。政府必须考虑公民的意愿，注意公民能容忍的税收水平，这是政府公共支出的约束条件。

在这样假设的基础上，皮考克和魏斯曼认为，公共支出增长的原因有两种：正常时期的内在原因和非正常时期的外在原因。内在原因是指由于国民生产总值（GNP）增长带来的收入增长，导致税收的上升和公共支出的增长，这时的公共支出和GNP的增长具有相关性。在社会发展的正常时期，随着经济的发展和收入上升，导致在税率不变的情况下税收收入相应增长，因而公共支出有可能同步增长，这就是政府支出增长与GNP增长的线性相关关系。外在原因则是公共支出增长超过GNP增长速度的主要因素。任何一个政府都愿意提供更多的公共产品和公共服务，即希望有更多的支出。然而，公众虽然愿意享受更多的公共产品和公共服务，却不愿意为其缴纳更多的税收。

皮考克和魏斯曼的"梯度渐进增长"理论，认为财政支出的增长并不是均衡、同一速度向前发展的，而是在不断稳定增长的过程中不时出现一种跳跃式的发展过程。这种非均衡性增长是在一个较长时期内进行的。在这一时期内，稳定增长和突发性增长是交替进行的。因而这一理论主要通过考察财政支出增长趋势中具有特定意义的时间形态，从这些特定的时间形态中寻找政府支出增长的根本原因。这一研究方法是继瓦格纳考察公共支出长期趋势后的又一进步，就其理论阐述的内容来看，它通过对国家与公众关系及心理的分析，已经初步融入了公共选择学派的思想。在他们看来，财政支出增长要受到纳税人税收容忍水平的制约，因为在西方式的民主政体中，纳税人的选票可以影响政治制度的投票结果。从某种意义上讲，他们所认定的财政支出水平也是由政治制度中的多数投票原则所决定的——这一点与公共选择学派的观点类似，从而在一定程度上把财政支出与政治过程结合起来了，这是皮考克和魏斯曼的"梯度渐进增长"理论的创新之处。

3. "经济发展阶段增长"理论

这一理论模型主要是由马斯格雷夫和罗斯托提出的。两位经济学家根据经济发展阶段的不同需要，用经济发展的阶段论来解释公共支出增长的原因。

美国著名的财政学家马斯格雷夫认为，从经济发展的观点来看，在经济发展的早期阶段，由于交通、水利、通信等基础设施落后，直接影响私人部门生产性投资的效益，从而间接影响整个经济的发展。而对这类经济基础设施的投资往往数量大、周期长、收益小，私人部门不愿意投资或没有能力投资，但对这些经济基础设施的投资又具有较大的外部经济效益。因此，需要政府提供，为经济发展创造一个良好的投资环境。此外，在经济发展的早期阶段，由于私人资本积累是有限的，这就使得某些资本品必须公共生产。即使这些资本品的利益是内在的，不具有外部经济性，也要求通过政府预算提供，所以，这一阶段公共资本的作用很大。一旦经济进入发展的中期，即"起飞"阶段，私人产业部门业已兴旺，资本存量不断扩增，私人企业和农业的资本份额增大，那些由政府提供的、具有较大外部经济效益的基础设施已基本建成，对它们投资的增加也逐渐变缓了。此时，私人资本积累开始上升，公共积累支出的增长率就会下降，从而公共积累支出在整个社会总积累支出中所占的比重就会下降。当经济进入"成熟"期，公共净投资的份额又会上升。这是因为随着人均收入的进一步增长，人们对生活质量提出了更高的要求，私人消费形式将发生变化，从而预算支出也要发生变化。如汽车的广泛拥有，需要更为发达的交通设施。此外，对生活质量要求的提高，也迫使政府进行更大规模的人力投资。因此，这一阶段对私人消费品的补偿性公共投资处在显著地位，从而使公共积累支出又出现较高的增长率。总之，在经济发展的早期阶段，对公共资本比例要求较高；而在"起飞"实现之后会暂时有所下降；当经济步入"成熟"阶段时又会上升。至于公共消费支出的增长变化，在经济发展的早期阶段，主要是满足人们的基本需要，如衣、食等消费，因而对公共消费支出要求不高；随着人均收入的增加，基本需要满足之后，私人对基本需要的支出比例将减少，对提高生活层次的消费支出将增加，资源更多地被用于满足发展需要，如教育、卫生、安全等的需要。这些消费项目都需要较大的公共消费支出作补充，因此，公共消费支出占社会总消费支出的比重也就相应地提高。此外，伴随着经济的增长，将会出现日益复杂的社会经济组织，要求政府提供各种管理服务来协调和处理增长所引起的各种矛盾与问题。如交通、警力、控制污染、反托拉斯等需求的增加，这将引起政府各种管理费支出的增加，从而导致整个社会公共消费支出的迅速增长。马斯格雷夫关于经济发展各阶段财政支出及其结构变化的独到见解，对考察一国财政支出增长状况，尤其是发展中国家的财政支出增长状况发挥了重要指导作用。

4. 公共选择学派的观点

公共选择学派把经济分析的工具和方法应用到了对政治决策过程的分析，在解释公共支出不断增长的形成机制方面，有其独特的见解。由于考察的角度不同，公共选择论者对公共支出增长成因的认识也略有差异。

(1)"利益集团的影响"理论。该理论认为，在实行多数投票原则的情况下，利益集团的大量存在，直接促使了政府预算规模的扩张。在没有"讨价还价"和"互投赞成票"的情况下，多数投票原则下对政府预算规模的投票反映了中位数选民的偏好。政府的预算规模可能会"大"，也可能会"小"，取决于那些喜欢"大"或"小"的人的相对集中程度。但若考虑利益集团的存在，尤其是当利益集团、官僚和被选出的代表所组成的"铁三角形"（iron triangle）关系存在时，政府的预算规模就会必然庞大。戈登·塔洛克以及罗森（Rosen）对此进行了分析，总之，利益集团的存在和发展加速了政府规模膨胀的进程。

(2)"官僚的作用"理论。该理论认为，官僚的作用被看作以一种理性的方式引导有组织的行为，以及按照严格的等级制度从事指定事务。在西方政体中，公共支出项目由立法机构决定，但具体的支出事务由官僚们经办，因此，支出的合法性由官僚决定，他们为支出项目的设计和执行提供有价值的技术方面的专家，并且官僚往往比被选出的官员在政府机构中服务期限长，这就保持了政府的连续性。尼斯坎南认为，对官僚们类似私人企业家所拥有的增加收入的机会是很小的，他们更关心的是官员所给的额外津贴、荣誉、权力等，所有这些目标都是与官僚的预算规模正相关的，因此，官僚的目标就是使其预算最大化。官僚们会努力说服立法官员使他们相信公共产品和服务的利益较大，这就像私人部门使用广告推销自己的商品一样。如果官僚的这种"促销"努力获得成功，政府部门规模就会扩大，财政支出将会不断增加。

(3)"财政幻觉"理论。"财政幻觉"理论最早是由意大利经济学家阿米尔卡·普维亚尼（Amilcare Puviani）在他 1903 年出版的《财政幻觉理论》（*Die Illusionen in der öffentlichen Finanzwirtschaft*）一书中提出的。"财政幻觉"概念是指现有财政税收制度使得纳税人在财政选择过程中产生幻觉，或使他们认为所要缴纳的税收低于他们的负担，或使公共产品的受益者认为政府所提供的公共产品的价值高于实际价值。普维亚尼认为，国家统治者的目标就是使财政结构的安排或组织能有效地把被支配阶级的抵抗减到最小，以协调足够资金的获取。统治集团将在尽可能的范围内制造"财政幻觉"，这些幻觉具有使纳税者认为他们所要缴纳的税收低于他们实际该负担的一种效应。同时，统治集团制造了其他幻觉，使受益者认为向他们提供的公共物品和劳务的价值高于实际上会有的价值，这样，政府就可以达到自己扩大支出的目的。布坎南把"财政幻觉"引入对现代资本主义国家财政制度的分析中，政府为了扩大财政支出，制造"财政幻觉"，使政府能较为容易地获得扩大支出的收入来源。如个人所得税的扣除做法可能是产生幻觉的一个源泉，又如公司所得税对最终纳税者具有的重大的不确定性，也是政府制造"财政幻觉"的一个手段。支出方面的"财政幻觉"表现在官僚机构向立法机构隐瞒提供各种不同公共财物的真实费用，而立法机构则向公众隐瞒政府的真实规模。

5. 福利经济学对公共支出增长的解释

福利经济学（welfare economics）是研究社会经济福利的一种经济学理论体系。它是由英国经济学家霍布森（John Atkinson Hobson）和阿瑟·庇古于20世纪20年代创立的。霍布森主张国家制订干涉计划，通过实施强有力的干预缓和社会矛盾，维护个人自由，强化国家作用的目的应是为了更多地缓和社会的不平等，更多地提供社会福利，为了实现公共利益，个人也应当服从统一体的规划，服从国家对社会生活的干预。庇古注意到了私人活动会产生不良的社会影响，并且他还是当时攻击自由放任模型的一个重要人物。庇古在《福利经济学》一书中系统论述了福利的概念及其政策应用，建立起了福利经济学的理论体系。福利经济学的主要特点是：以一定的价值判断为出发点，也就是根据已确定的社会目标，建立理论体系；以边际效用基数论或边际效用序数论为基础，建立福利概念；以社会目标和福利理论为依据，制定经济政策方案。该学派主要从微观的角度解释公共支出不断增长的问题。它在一系列假设条件下建立起各种模型，认为对公共产品的需求增加、人口增长、公共供应品质量提高以及公共部门投入品价格的上升这几种因素造成了公共支出的快速增长。

以上理论从不同角度对公共支出增长现象和原因进行了分析。瓦格纳法则、"梯度渐进增长"理论、"经济发展阶段增长"理论，主要是从宏观角度对公共支出增长现象进行了分析；公共选择学派则着重分析制度、政治决策过程等因素对公共支出增长的影响；福利经济学派则从经济人行为这一微观角度对影响公共产品供应和需求的主要因素进行了分析。各个理论均有一定的合理性，在实践上也经得起检验。但公共支出的增长并非单一因素决定的，而是各种因素（GDP、收入、发展阶段、制度、供求、人口、价格等）的共同作用，其作用程度在不同的经济发展阶段和不同国家也各有差异。这些因素是任何一个国家在现代经济增长过程中决定公共支出政策时都应考虑的问题。

二、影响公共支出增长的因素

公共支出水平不断增长趋势的决定因素，主要是一国的经济体制、经济和社会的发展水平、城市化程度、工业化水平等。政府支出的规模直接反映了政府职能的变化和公众需要。归结前人的分析并结合当今世界各国财政支出变化的现实情况,不难总结出影响财政支出规模的若干因素,具体如下。

(1)经济性因素。它主要是指经济发展水平、经济体制的选择和政府的经济干预政策等。

(2)政治性因素。政治性因素对财政支出规模的影响主要体现在三个方面:一是政局是否稳定;二是政体结构的行政效率;三是政治制度。

(3)社会性因素。例如人口状况、文化背景等因素,也在一定程度上影响着财政支出规模。

(4)技术因素。新兴工业的发展极大地提高了社会生产力,促进了经济高速发展。高经济增长和收入增长速度,为公共支出的不断增长提供了坚实的物质基础和不断的需求。

三、公共支出规模的衡量

公共支出规模通常被理解为公共支出总量的货币表现,它是衡量一个国家或地区政府财政活动的一个主要指标。衡量政府公共支出的方法主要有两种:一种是从绝对量上考察;另一种是从相对量上考察。

绝对量指标,也称为公共支出的绝对规模,主要有按当期价格计算的公共支出和按不变价格计算的公共支出。它是一种直接用货币量表示财政规模的衡量指标,可以比较直观地、具体地反映一定时期内政府财政活动规模,反映政府所提供的社会公共事务的规模。因此,各个国家和地区通常采用这类指标编制政府财政预算,并向立法机关提供有关预算报告。但在需要对政府公共支出规模进行动态分析和横向或纵向比较时,运用绝对量指标往往有很大局限性。

相对量指标通常用公共支出占 GNP 或 GDP 的比重来表示,是国际上对公共支出规模进行比较时常用的指标类型。它反映了一定时期内在全社会创造的财富中由政府直接支配和使用的数额,可以全面衡量政府经济活动在整个国民经济活动中的重要性。相对量指标便于进行国际比较,而且由于这种方法是通过计算公共支出占 GDP 的比重来衡量公共支出规模的,因而剔除了通货膨胀的影响,反映了公共支出的规模,从而与以前年度的公共支出也具有可比性。公共支出占国内生产总值的百分比指标,通常用于说明在一年或一个财政年度的国民生产总值中由政府集中和分配的份额,因而也可以用该指标全面衡量政府经济在整个国民经济中的相对重要性。

无论采用哪种衡量公共支出规模的方式,其出发点和目的都是有效控制公共支出的规模。公共支出的增长、规模的不断扩大虽然是历史的发展趋势,但是这种增长并不是无限制的,不能放任其过快增长。如果公共支出增长过快,持续超过收入的增长速度,就会出现"超分配",造成巨额赤字,形成沉重的债务负担,使国家财政运行陷入困境,进而影响整个国民经济的正常运行。因此,应该根据公共支出的不同性质及其对经济的不同影响,对公共支出的增长进行必要的控制。

第五节 公共支出结构

一、公共支出结构的内涵

公共支出结构是指公共支出各部分之间的组合状态及其数量配比，或者各类支出的组合及各类支出在总支出中所占的比重关系。从日常表现形态来看，一国在一定时期内的公共支出结构总是体现为各类支出的集合，并呈现出一定的数量关系。但如果从整个财政体系的角度入手，公共支出结构又往往是该时期政府财政职能和政府政策的体现。

关于公共支出结构内涵的界定，国内外财政理论界有不同的认识。一种观点认为，公共支出结构是指"国家财政资金的用途、使用方向、比例构成及其相互关系"。另一种观点认为，"公共支出结构是指公共支出总额中各类支出的组合以及各类支出在总额中的比重"。概括起来，人们一般把公共支出结构看成一种构成、一种比例或比重关系，但其实这种对公共支出结构的理解是不全面的。一般情况下，研究公共支出结构的内涵，要从以下两个方面来正确把握。

（1）公共支出结构是公共支出质的规定性与量的规定性的统一体。所谓质的规定性，是指构成公共支出的各个要素自身的特点，及其在相互作用方式上的特殊性质。所谓量的规定性，是指公共支出构成要素在数量上的比例关系。质的规定性反映着公共支出结构的基本特征，而量的规定性则决定着公共支出构成要素间的比例关系。财政资源要配置到哪里，各配置多少，归根结底，受财政职能状况制约，即有什么样的财政职能状况，就会有什么样的公共支出结构。然而量也反作用于质，质要以一定的量作为存在条件，这是一定事物保持自己质的规定性的数量界限，突破这个度就会引发事物质的改变。也就是说，财政支出结构并不是各项支出的简单集合，而是财政职能实现状态在量上的体现。

（2）公共支出结构是静态性与动态性的统一体。一定的结构总是在一定的时间和条件下形成的，在这个时点上，其结构是既定的，但它又不是一成不变的，而是随着时间、条件的变化而发展变化的。也就是说，结构的既定性是相对的，变动性是绝对的，研究财政支出结构的内涵，必须从动态着眼，从静态着手，在静态与动态的统一中来把握。

二、公共支出结构的影响因素

公共支出作为政府调节经济的基本财政政策手段之一，虽然体现着政府的意志和政策，但对政府来说，公共支出结构的构成又不是随意的，而是要受到各种因素的制约。

1. 政府职能状况

政府职能，就是政府在一定历史时期内根据社会发展的需要而负担的职责和功能，即是政府活动的基本方向、根本任务和主要作用。

古典经济学派的创始人亚当·斯密论述了政府职能与公共支出结构之间的关系。他认为，公共支出结构取决于政府职能，政府有哪些职能，就需要相应类型和数量的公共支出做基础，从而决定了公共支出结构。他提出，政府是"廉价政府"，政府职能仅限于三项：一是保护社会，使其不受其他独立社会的侵犯；二是保护个人，使其不受其他人的迫害或压迫；三是建设某些公共设施。与此相对应，政府公共支出主要包括以下三类：国防义务——国防支出、司法行政义务——司法支出、公共设备及土木工程义务——公共事业支出。

在现代市场经济条件下，财政职能的范围是由政府职能的范围决定的。现代市场经济条件下的财政职能定位即确定财政要行使的职责，在现代市场经济条件下，财政是政府的财政，是政府行政的物质基础，是为政府履行其职能服务的，财政职能取决于政府职能的定位。财政职能与政府职能不协调，就意味着政府职能的削弱；财政能力的不足，实质上就是政府能力的不足。众所周知，政府职能的范围不是一成不变的，而是不断变化的，因此，公共支出作为政府职能转变的决策行为和数量反映，其范围和结构也处于不断调整和变化之中。在计划经济体制下，政府职能可谓无所不包，几乎涉及社会生活的各个领域，此时的公共支出结构也是整齐划一的，政府的经济管理支出与社会管理支出混为一体，没有轻重之分。财政支出的"越位"与"缺位"现象严重存在。随着市场经济体制的建立，政府职能的范围和重心也发生了较大变化，经济建设支出的比重大幅下降，相反，社会管理支出的比重大幅提高。

2. 经济发展阶段

马斯格雷夫与罗斯托认为，在经济发展的各个不同阶段，财政支出的构成会有所不同。在经济发展的早期阶段，为了给生产性投资创造一个良好的环境，政府必须提供交通、水利、通信等方面的基础设施，因此，这一时期基础设施等方面的公共投资支出比例较高。到了经济发展的中期阶段，政府已为社会提供了大量的便于资本积累的基础设施，从而这方面相应的公共投资支出的比例就会有所下降。当经济进入成熟阶段后，随着人均收入的提高，按照推广的恩格尔法则，衣、食、住等基本需要方面的消费支出在整个消费支出中的份额会随着人均收入的上升而下降，资源可能更多地被用于满足更高层次的需要，如教育、卫生、保健、安全、福利、娱乐等。后来，又有一些学者对该问题进行了分析，但研究的范围和深度均未超出上述成果，多为上述理论的解释和说明。

3. 国家经济政策

公共支出作为国家财政政策手段之一，其结构的变化还受到政府一定时期所采取的经济政策的制约。例如，在经济衰退时期，为了增加就业，促进经济增长，国家要实行扩张的经济政策，就会扩大政府公共投资方面的支出；为了提升社会成员收入分配的公平性，国家通常会增加基础教育、医疗卫生、社会保障等民生方面的支出。

除此之外，它还取决于制度变迁、公共支出规模以及政府调控资源的能力等，是上述诸因素共同影响和制约的产物。

第六节 公共支出效益

公共支出必须注重效益。经济学中一个最重要的假设就是资源稀缺性假设。有限的经济资源,由哪一个经济主体支配时能更有效地促进经济的发展和社会财富的增加,是各国政府必须考虑的问题,如果某种经济资源由政府通过分配使用效益更高,就应该由政府使用。

一、公共支出的经济效益

1. 公共支出效益的内涵

从原则上讲,公共支出效益与微观经济主体支出效益是一样的,但因政府处于宏观调控的主体地位,支出项目在性质上又是千差万别,因此,公共支出效益的内涵又有自己的特点:首先,在计算所费与所得范围上,不仅要计算有形的所费与所得,还必须分析间接的所费与所得;不仅要分析政府本身在某项支出上的投入和所得到的效益,还要分析社会为该项支出付出的代价和所获得的利益。其次,在衡量效益的标准上,不能单独以经济效益为衡量标准,必须确定经济效益与社会效益双重的效益标准。最后,在择优的标准上追求的是整个社会的效益最大化,因此,某些关系整个国计民生、社会效益很大,但对于政府财政却无经济效益可言,甚至会带来局部亏损的支出项目,仍是政府安排支出时的选择目标。

2. 公共部门成本——收益的测评

第一种测评方法是贴现法。该方法就是计算货币的时间价值与贴现。所谓货币的时间价值,是指货币在不同时点上的价值。为准确计算不同时间中投资成本与收益的变化,需要将它们按照一定的比率折算成当年价值的大小,这就是所谓贴现。折算的计算公式为

$$P=A/(1+i)^n$$

式中:A 为价值;P 为现值;i 是贴现率;n 为年数。公式的含义是:按贴现率 i 计算,n 年底的 A 元钱相当于现在的 P 元钱。在实际操作中,各国一般采用年利率作为贴现率来折算。

第二种测评方法是成本效果分析法。采取该种方法往往出于两个方面的考虑:一是对于一些非经济方面的成本和效果,很难用货币数量来衡量;二是未来成本效益存在不确定性,容易变动,比较难以估计。进行成本—收益分析实际上是在确定某一目标后提出尽可能多的实施方法,并对各种方法进行成本比较。例如,为了减少污染、减少疾病,从而减少死亡人数,就有以下 5 种方法可供选择:① 开发一种新能源,每花费 19 万元少死 10 人;② 改善医疗条件,每花费 12 万元少死 10 人;③ 贯彻执行防污法规,每花费 3 万元少死 10 人;④ 改进发动机装置,每花费 15 万元少死 10 人;⑤ 为当地群众每人发一个

防污面具，每花费 300 万元少死 10 人。在这些方法中，第③种方法是最有效的，它的成本最低，社会效果也最好。

二、公共支出的社会效益

由于政府处于宏观调控的主体地位上，公共支出的项目也是千差万别，而且不同项目的效益的表现形式也不尽相同，有些项目有直接的经济效益，有些项目只有社会效益而没有直接的经济效益，因此，对公共支出效益的评价，除要进行经济效益分析外，还要进行社会效益分析。

1. 社会收益价值的测评

（1）时间价值的测评。它主要是指因为有了公共产品的提供，人们节约了时间，从而带来了收益。具体地说，就是：第一，人们在工作与闲暇之间做出选择，放弃工作与放弃闲暇的价值应该是相等的。第二，闲暇时间增加的价值，可以间接通过一小时工作时间的价值来计算，假如一小时工作时间为 12 元，获得一小时闲暇也就有了 12 元收益。如果交通改善使从杭州到上海节省了一小时的行路时间，这意味着相当于给每个人增加了 12 元收益。第三，不同工作性质、不同发展状况国家的劳动者，对闲暇与工作的价值评估是不同的。第四，改造交通等公共产品的总收益等于享受交通等公共产品的公众的闲暇收益总和。

（2）生命价值的测评。从伦理道德的角度来讲，人的生命应该是无价的，因此，政府用于改善人们的健康、保障公共安全等方面可以减少死亡人数的措施的开支也应该是无限的。然而，政府毕竟不能把所有的收入都用到这方面，因此估价生命的价值必须面对的一个现实，那就是财政的制约。估价生命的价值可以用一个人活到正常年龄的收入总和来计算，也可以用人们所要求的风险补偿来计算。

2. 影子价格

影子价格的概念是 20 世纪 30 年代末至 20 世纪 40 年代初，由荷兰经济学家、诺贝尔经济学奖获得者詹恩·丁伯根（Jan Tinbergen）和苏联经济学家、诺贝尔经济学奖获得者康托罗维奇（Leonid V. Kantorovich）分别提出来的，对影子价格的相关研究也相对比较丰富，如对影子价格的计算等。简单地说，在对某些项目的社会效益进行分析时，相关因素的价格并不能准确地反映其真实的价值，这时只有用影子价格来代替。所谓影子价格（shadow price），即针对无价可循或有价不当的商品和劳务所规定的较为合理的替代价格，理想的影子价格应为不存在市场失灵时的帕累托最优时的均衡价格。对影子价格也有其他不同的解释，如"影子价格是在市场价格缺失、成本未知或难以核算时，人们为获得一单位商品或劳务所愿意付出的金额"。例如，在我国，中小学教师由于受到人才流动中的行政、法规、地域或身份等方面的限制，以及教育收益的长期性，没有办法衡量他们的付出，他们所接受的工资不能真实地代表他们的劳动力价格，要真实反映他们的劳动力价格，只能采用影子价格来加以评估。政府官员的低收入也有这种情况，其影子价格就要包括一部分与乘车、住房的得利收入来反映实际价格。这里需要说明两点：第一，影子价格并不总是高于实际价格；第二，调整后的影子价格也是可以接近实际价格的。

三、公共支出效益的分析方法

1. 成本—收益分析法

成本—收益分析法，是一种经济决策方法，它是通过比较各种备选项目的全部预期收益和全部预期成本的现值来评价这些项目，以作为决策参考或依据的一种方法。对于政府部门和私人经济部门来说，进行成本—收益分析的程序一般包括四个步骤：第一，确定一系列可供选择的方案，但由于方案量化困难，应尽可能多地排列出多套方案，以便于进行比较；第二，分析各种方案可能产生的后果，特别是各种方案的投入要求及其可以带来的产出；第三，对每一种投入与产出做出价值倾向的评估，目标福利最大化本身是一个价值倾向问题；第四，加总每个项目的所有成本和收益，以估计项目总的获利能力。

公共部门的成本—收益分析又与私人经济部门有着显著的不同，主要体现在以下两个方面：第一，公共部门进行经济决策要以社会福利极大化为目标，而不能像私人经济部门一样仅以利润为目标。第二，许多政府项目的投入、产出不能直接用市场价格来估计，这主要是由两个因素决定的：一是与许多政府项目分析相联系的市场价格根本不存在，因为大部分公共产品不是在市场上进行交易的，如市场上不存在清新空气的价格、生命的价格、时间的价格、自然资源得以保护和生态平衡的价格等；二是考虑市场失灵现象的存在，在许多场合市场价格不能反映相关产品的真实社会边际成本或社会边际收益。

成本和收益的类型大致有以下几种。

（1）真实的与货币的。这是公共部门成本—收益分析要考虑的最重要的区别。真实收益是指公共项目的最终消费者获得的收益。真实收益反映着社会福利的增加。真实成本是公共项目所利用资源的实际成本。货币收益与成本则是受到市场上相对价格的变化影响的收益或成本。价格的变化可能使一部分人的收益或损失增加，又为其他人的损失或收益所抵消。所以，从整体上看，它无法反映社会的净收益或净损失。

（2）直接的与间接的。直接的成本和收益是与项目主要目标密切相关的成本和收益。间接的成本和收益则是属于项目的副产品，与项目的非主要目标有关。例如，由于某地区的风景区的开发，旅游业的发展为当地的直接收益，而由于游客增多引起该地区的开放和经济的发展，则为其间接收益。

（3）有形的与无形的。有形的成本和收益是能够以市场货币价值计量的成本和收益。无形的成本和收益是不能用市价直接估价的成本和收益。例如，新建的公路使车祸发生的次数减少，使得人们节约了路程上所耗的时间及增加了舒适性。在交通建设的收益中，这些项目虽然是无形的，却是社会的实质收益。由于灌溉工程引起的某一区域的美化属于无形收益，而农业产出的增长属于有形的收益。

（4）中间的与最终的。中间的收益是通过加入其他产品的生产间接提供的收益，而最终产品提供的收益属于最终的收益。如天气预报服务对于那些计划郊游的人们来说，是消费货物，提供最终收益；而对于民航服务来说，只能是中间产品，提供中间收益。

（5）内部的与外部的。这里内部的成本和收益主要是指项目所在辖区范围内发生的成本和收益；外部的成本和收益是指项目范围外发生的成本和收益。例如一个新建的水坝不仅使所在省份得益，而且水坝拦截河流所经其他省份也会有所获益。

2. 最低费用选择法

对于不能应用成本—收益分析法的政府支出项目，采用最低费用选择法可以达到支出效益的目的。最低费用选择法是一种不完整的成本—收益分析法，即只有成本—收益中成本费用的计算和分析，而没有收益的计算和分析。不用货币计量被选方案的社会效益，只计算有形费用，并以费用最低为择优标准，是最低费用选择法与成本—收益分析法的主要区别。因此，最低费用选择法也被称为应急方法，意指在无法评价政府非经济支出的社会效益的情况下，通过引进对备选方案进行成本费用的分析，在一定程度上达到提高支出效益的目的。

运用最低费用选择法在选择最优的支出项目方案时，和成本—收益分析法的步骤大致相同。但由于最低费用选择法多用于军事、行政、文化、卫生等公共支出项目，不要求计算支出效益，因此比较简单。首先，要在政府规定目标不变的条件下提出多种备选方案。其次，分别计算出各个备选方案的有形费用。如果涉及垄断价格，要运用影子价格消除其包含的不合理的价格因素。在多年投资项目中，要运用贴现法换算出费用流的现值，从而保证不同备选方案费用的可比性。最后，按照优前劣后的顺序列表供决策者选择。

3. 公共服务收费法

公共服务收费法是运用价格政策提高公共支出效益的方法。这种方法运用灵活，政策时滞短，具有普遍推广的可能。它和成本—收益分析法及最低费用选择法的目的都是为了最大限度地提高公共支出的效益。

公共服务是指政府机构向公众提供的各种服务，如军事、行政、教育、保健、供水、道路、公园、住宅以及邮电等。在自由竞争条件下形成的市场价格，具有指导消费的作用，能使有限的社会资源得到最经济的使用。这是最大限度节省支出以达到消费目的的商品交易原则。公共服务收费法把这一原则引申到部分公共服务的提供和使用领域中，借助价格的积极作用，实现公共服务最有效的使用，从而提高公共支出的效率。

公共服务收费法是通过政府制定的公共服务价格，用定价和收费的方法达到对公共服务的节约使用。这是它与成本—收益分析法及最低费用选择法不同的方面。公共服务定价可以采取免费、低价、平价和高价等不同的价格政策。免费和低价可以促进对公共服务的最大限度的使用，使其社会效益最大化，适用于全国范围普遍使用的，但居民不会自愿消费的公共服务，如强制教育、免费注射等。但免费和低价会导致浪费，不利于节约使用。平价可以用收费来弥补该公共服务的大部分或部分成本费用，适用于无须特别鼓励，又不必要特别限制使用的公共服务，如公路、公园、邮电和医疗等。平价可以促进对该公共服务的节约使用，从而节约公共支出。高价可以有效地限制公共服务的使用，并为政府提供额外收入。这种价格有"寓禁于征"的作用。公共服务收费法只适用于可以买卖的、采用定价收费方法管理的公共服务部门。运用公共服务收费法还必须制定正确的价格政策，才能达到社会资源最佳配置的目的。

理论探索

关于公共支出的相关问题可阅读英国著名财政经济学家 C. V. 布朗（C. V. Brown）和 P. M. 杰克逊（P. M. Jackson）合著的《公共部门经济学》（中国人民大学出版社，1990 年版，张馨译）。

思维拓展

1. 在财政支出领域，一直存在"财政支出刚性增长"的经验性判断，结合本章所学知识中的相关内容，谈谈你对"财政支出刚性增长"的理解与认识。

2. 对于财政支出增长的解释，阿道夫·瓦格纳的"瓦格纳法则"、皮考克和魏斯曼的"梯度渐进增长"理论、马斯格雷夫和罗斯托的"经济发展阶段增长"理论以及公共选择学派的观点等给出了不同的解释逻辑，谈谈你对财政支出增长原因的看法。

制度实践

盘活农村"三块地"　力促海南乡村振兴

海南省文昌市是全国首批开展农村集体经营性建设用地入市、农村土地征收制度改革和农村宅基地制度改革（即农村"三块地"改革）试点地区之一。在农村"三块地"改革试点工作中，文昌市形成了勇当国家农村土地制度改革的探路者、争做海南农村土地制度改革排头兵的良好氛围，开创了切合海南实际的"土地整治+"宅基地改革和集体土地入市、"土地征收+"集体土地入市、集体土地入市助力脱贫攻坚等改革新模式。

一、构建同权同价同责管理制度，压茬推进改革任务

（一）积极探索，建立健全同权同价同责管理制度。针对农民认为政府低价征收高价出售，诱发土地补偿不合理问题，文昌市突破农村集体建设用地须收储为国有土地后才可流转上市的限制，允许符合条件的农村集体经营性建设用地，通过出让、出租、作价出资（入股）方式，与国有土地同权同价进行入市，让村集体及村民直接参与土地收益分成，并让竞得土地企业享有与国有土地同等的转让、出租、抵押等权能，有效保障了农民权益、企业利益，缓解了城市经营性工业、商业用地压力，推动了农村集体经济发展。

（二）灵活调剂，创立异地调整入市制度。突破国家要求的存量建设用地入市范畴，将规划为建设用地，土地利用现状为农用地（不含耕地）的"新增"农村集体经营性建设用地纳入入市范围,制定出台异地调整入市制度,指导按照复垦地块所在区域征地补偿费用的1.5~2倍补偿复垦地块所在村集体。

(三)高效压缩,创新农村土地征收程序机制。对先办理农用地转建设用地进行调整报批手续,才可实施土地征收落实征地补偿款及社保的征收程序,将与农民协商土地征收和办理农转用报批手续同步进行,并将落实征地补偿款和社保费提前至农转用报批手续完成之前。采取"未批先补"模式后,调整后的征地程序不仅缓解了政府与农民间的征地矛盾,还大幅缩短了50个工作日以上的征地时间,有效提高了征地效率。

(四)科学分配,首创土地征收多元补偿机制。在全国试点范围内率先建立"货币+留用地+入市"的多元补偿机制,同时将安排农村集体建设用地入市与土地征收进行挂钩协商、融合推进,在土地征收的同时,还让村集体和农民享受入市改革带来的红利,既给予了被征地农民最大利益,又探索了集体建设用地入市与农村土地征收之间收益大体平衡的政策措施。

(五)勇于创新,探索盘活农村闲置资产方式。允许农户通过出租等方式将闲置农房租赁给企业或个人改造民宿等经营性用途,并鼓励农户自愿有偿退出闲置的宅基地。对于一户多宅、超占面积、华侨离乡及农民进城务工等原因造成宅基地及住宅闲置,实行自愿有偿退出制度。对于村内无主、绝亡户的宅基地或房屋及已破损的废弃房屋,实行无偿退出制度。

二、深化改革创新举措,有效激发各方内生潜力

(一)积极抢抓改革机遇,以"三块地"改革促乡村振兴战略实施。深入贯彻落实习近平总书记"4·13"重要讲话和《中共中央 国务院关于支持海南全面深化改革开放的指导意见》(中发〔2018〕12号)精神,以制度创新作为乡村振兴的重要抓手,充分利用"三块地"改革,创新供地、用地、管地机制和引进国际先进的乡村发展理念,大力发展共享农庄和田园综合体等新型农村经营主体,引入国内外健康旅游、体育旅游、娱乐旅游等产业元素,丰富乡村产业业态,延长产业链,有效推进乡村振兴战略的实施。

(二)充分调动各方积极性,构建城乡协调发展新机制。坚持"全省一盘棋,全岛同城化"的发展理念,以改革试点统筹推动各项工作。将行政村纳入集体土地出让收入的分配对象,切实拓宽行政村的财产性收入,增加党支部、村委会的"话语权",充分发挥其对集体经济发展的引领作用。将市本级增值收益按一定比例返还给镇政府和行政村,专项用于乡村"五网""五化"建设及乡村集体经济发展等工作。继续坚持"同地同价同权"的改革思路,允许商业综合体、农产品加工以及农业创意等业态项目分割登记,进一步打破城乡二元结构机制,持续优化营商环境。

(三)系统总结试点经验,全面铺开"三块地"改革。建立"三块地"改革的"市布局、镇推进、村发力"三级工作格局,启动乡村振兴"个十百千万"工程。"个"即每个行政村以党建为引领,打造具有发展活力的集体经济组织;"十"即抓好生态环境六大专项整治、矛盾纠纷排查化解、扫黑除恶、禁毒、安全生产等十大方面综合整治工作;"百"即创建一百个品牌;"千"即培养一千名致富带头人;"万"即启动一万个致富项目,不断丰富、巩固、深化改革试点经验,狠抓落实,为国家农村土地制度改革提供有效制度性成果,为海南铺开"三块地"改革试点提供丰富改革经验。

三、不断提高群众获得感,凝聚乡村振兴发展合力

(一)农民获得感与幸福感明显提升。已入市的 21 宗集体经营性建设用地,农民直接收益达 1.015 亿元,推动文昌市农村常住居民年人均可支配收入稳定增长,农民经济状况不断改善。通过宅基地制度改革,华侨、归侨及侨眷的居所得到保障,来文昌定居的华侨不断增多,将南洋文化引入文昌,与本地的孔庙、宋氏祖居、铺前骑楼老街等历史文物和现代的航天文化相互融合,极大丰富了村民的文化生活,村民幸福指数不断攀升。

(二)征地矛盾得到显著改善。在征地补偿中,除土地补偿费、安置补助费、青苗补偿费和社会保障费外,给予村民生活补贴资金,用于保障农民保持原有生活水平。此外,按照征地试点办法 10%的比例给予安排安置留用地,并将留用地选在地段较好、价值较高的区域上,赢得了村民广泛支持。截至目前,文昌市土地征收制度改革试点项目共 5 个,面积共计 12 540.738 亩,截至 2019 年 10 月已完成征收面积共 10 527.378 亩,完成率83.945%。

(三)城乡统一市场初步形成。文昌市制定出台农村集体经营性建设用地入市相关暂行办法,明确"同权同价、流转顺畅、收益共享"价值取向,形成《文昌市土地定级及基准地价评估成果报告》,实现基准地价对全市村庄建设用地的全域覆盖,统一评估的标准和方法,全面探索以出让、出租、转让、抵押等方式供应集体经营性建设用地,现集体土地入市交易已形成良好的竞争市场。

(四)乡村发展新动能得到有效提升。文昌市将集体经营性建设用地入市地块与乡村振兴、全域旅游、扶贫攻坚结合起来,重点向共享农庄、田园综合体、美丽乡村项目提供建设用地,发展"美丽经济";注重在位置较好的贫困地区选取入市地块,发展"扶贫经济"。自启动农村集体经营性建设用地入市试点至今,文昌市已成功入市土地 21 宗,推动旅游收入实现连年 20%以上的增长,为乡村振兴战略发展提供了长久动力。

资料来源:海南省委自贸办. 盘活农村"三块地" 力促海南乡村振兴[EB/OL]. [2020-08-28]. https://www.hnftp.gov.cn/zdcx/cxal/202008/t20200828_3024789.html.

第七章　公共收入

与公共支出相对应的是公共收入，政府向社会提供公共物品或公共服务需要公共支出来保障。本章进一步介绍满足公共支出需要的公共收入问题：第一，公共收入的来源有哪些？是通过哪些形式实现的？每一种公共收入形式之间有哪些本质区别？第二，各种形式公共收入的功能有什么不同？它们的征收依据有什么不同？第三，各种形式公共收入的经济效应怎样？因此，本章主要阐述了公共收入的原则与形式，税收的含义与特征、分类、税制要素、原则，公债的含义、特征、种类、影响与负担，公共收入规模的含义与衡量指标等问题。

第一节　公共收入的原则与形式

一、公共收入的原则

在经济学家眼中，如何把政府所提供的公共物品或公共服务的成本费用分配给其他社会成员，是公共收入的基本问题。对此，他们提出了许多原则。由于这些原则在讨论公共收入的具体形式时还要被分别提到，所以，这里只简要地介绍两条原则，即受益原则和支付能力原则。

1. 受益原则

受益原则（benefit principle），是指政府所提供的物品或服务的成本费用的分配，要与社会成员从政府所提供的物品或服务中所获得的收益相联系。从这个原则的角度上看，规费和使用费是最理想的公共收入形式。规费和使用费具有类似价格的功能，可以将物品或服务的成本费用分配给其消费者，也就是由消费公共物品或公共服务的人承担。

受益原则的主要优点在于，如果它能够得以成功贯彻，那么，政府所提供公共物品或公共服务的每单位成本可以同这些物品或服务的边际收益挂钩。而如果所有的社会成员都依据其从政府所提供的公共物品或公共服务中获得的边际收益的大小做出相应的缴纳，那么，林达尔均衡（Lindahl equilibrium）就会形成，同时，就不会存在免费"搭车者"的问题。

然而，问题在于政府所提供的物品或服务大都属于联合消费或共同受益的性质，客观上很难说清每一社会成员受益多少。唯一的办法是让每一个社会成员自己呈报其所获得的收益为多少。但是，按照之前已述及的道理，如果人们知道自己所承担的公共支出的成本份额取决于其所呈报的边际收益，他们肯定从低呈报或根本不呈报其获得的真实收益。只有在一个社会是由很少的成员组成，人们对彼此的偏好非常了解的情况下，才不会出现从低呈报或隐瞒不报的现象。

2. 支付能力原则

支付能力原则（ability-to-pay principle），是指政府所提供的物品或服务的成本费用的分配，要与社会成员的支付能力相联系。例如，收入能力较强的人应当比收入能力较弱的人负担更多的税收。按照这个原则，政府所提供物品或服务的成本费用的分配，与社会成员所获得的边际收益的大小无关，而只应依据社会成员的支付能力进行。

支付能力原则的主要优点在于，如果它能够得以成功地贯彻，政府所提供物品或服务的成本费用的分配，可以使社会成员的境况达到一种相对公平的状态。这样，政府的许多税收就可以改变国民收入的分配状况，使其向收入分配公平的目标转变。

但是，支付能力原则也存在一定的缺点：按照社会成员的支付能力确定其所承担的公共支出成本的份额是一回事，怎样测度其支付能力是另一回事。经济学家们在如何测度社会成员的支付能力上存在着许多争议：有的主张以社会成员的收入、财产和消费支出的多少来测度其支付能力；有的则主张以社会成员因承担公共支出成本而在主观上感受的牺牲程度大小来测度其支付能力。

二、公共收入的形式

公共收入（public revenue），是指政府为履行其职能，满足政府公共活动支出的需要，履行政府的公共管理、公共服务以及国民经济的市场化管理等职能，而从企业、家庭等社会目标群体中所获得的一切货币收入的总和。西方经济学家将政府如何提供公共物品或劳务的成本费用分配给社会成员，视为公共收入的基本问题。因此，公共收入大体可以分为税收、公债和其他收入三大类。

1. 税收

税收是国家（政府）公共财政最主要的收入形式和来源。税收的本质是国家为满足社会公共需要，凭借公共权力，按照法律所规定的标准和程序，参与国民收入分配，强制取得财政收入所形成的一种特殊分配关系。马克思在《哥达纲领批判》中曾指出："赋税是政府机关的经济基础，而不是其他任何东西。"税收是政府为实现其职能的需要，凭借其政治权力，并按照特定的标准，强制地、无偿地取得公共收入的一种形式。

2. 公债

公债又称为国债，是国家各级政府运用信用手段筹集财政资金所担负的一种债务，是自愿地、灵活地取得公共收入的一种有偿形式。马克思在《资本论》（第一卷）中指出："公共信用制度，即国债制度，在中世纪的热那亚和威尼斯就已产生，到工场手工业时期流行于整个欧洲。殖民制度以及它的海外贸易和商业战争是公共信用制度的温床。"

3. 其他收入——规费、使用费、捐赠、政府引致的通货膨胀等

规费是政府部门为公民提供某种特定服务或实施行政管理所收取的手续费和工本费。通常包括两类：一是行政规费，如外事规费（如护照费）、内务规费（如户籍规费）、经济

规费（如商标登记费、商品检验费、度量衡鉴定费）、教育规费（如公立大学学费、住宿费）以及其他行政规费（如会计师、律师、医师等执照费）；二是司法规费，又可以分为诉讼规费（如民事诉讼费、刑事诉讼费）和非诉讼规费（如出生登记费、财产转让登记费、遗产管理登记费、继承登记费、结婚登记费等）。

使用费是政府部门为公民提供特定公共品或劳务所收取的一部分费用。它也是公共收入的一个来源，是按照受益原则收取的。如对政府所提供的高速公路、高速铁路、桥梁和码头设施等收取使用费，就是与受益原则相一致的。收费标准是通过特定的政治程序制定的，通常低于该种物品或劳务的平均成本，平均成本与使用费之间的差额则是以税收形式为收入来源的政府补贴。很显然，政府对公共住宅、公共交通、教育设施、公共娱乐设施、下水道、供水以及公共保健等收取的使用费，通常只相当于为提供该种物品或劳务所花费的成本费用的一部分。一般来说，政府收取使用费的作用主要是：一方面，有利于促进政府所提供的公共设施的使用效率；另一方面，有助于避免经常发生在政府所提供的公共设施上的拥挤（congestion）问题。

总之，无论是规费还是使用费，都具有一个共同的特性，即收费是以政府提供某种产品和服务为前提的，根据收益大小和服务成本来收费，"谁受益谁负担"。因此，收费的项目同家庭、企业的日常活动密切相连，并具有一种直接的服务报偿关系。此外，各国规费和使用费系列的政府收入，不仅纳入了政府预算管理和监督，而且建立了严格的征收、管理、使用、检查等综合管理制度。

对政府的捐赠，这里指在政府为某些特定支出项目融资的情况下，政府得到的来自国内外或组织的捐赠（donations）。如政府得到的专门用于向遭受自然灾害地区的灾民或其他生活陷入困难之中的人们提供救济的特别基金的捐赠，战争期间政府得到的来自国内外组织或个人的物力、人力的支持，以及和平时期政府鼓励厂商、个人对应由政府提供的公共设施的捐助，等等。

政府引致的通货膨胀（government-induced inflation）是指政府为弥补其提供的公共物品或劳务支出而扩大货币供给，从而造成物价的普遍上涨现象。为弥补政府支出，政府既可以开动印钞机印制钞票，也可以采用扩大货币供给的手段，通过货币供给增加造成物价的普遍上涨，降低人们手中持有的货币购买力，从而增加政府所能支配的资源，即增加政府的公共收入。这一行为本质上是一种社会资源的再分配，与向全体国民征税无异，被人们喻为"通货膨胀税"（inflation tax），又称为"铸币税"。

第二节 税收：公共收入的主要形式

一、税收的含义与特征

前文已讲到，税收是政府为实现其职能的需要，凭借其政治权力，并按照特定的标准，强制地、无偿地取得公共收入的一种形式。这一定义包括以下内涵。

（1）税收是由政府来征收的。也就是说，税收的主体是政府，而不是其他机构或组织。征税权力只属于政府，包括中央政府和地方政府，除此之外，其他任何组织或机构均无征税权。

（2）政府征税凭借的是其政治权力。税收的征收实质上是政府参与社会资源的分配，而社会资源的分配总是要依据一定的权力来进行的。依据资本的所有权，可以获得利润、利息的收入；依据土地的所有权，可以获得地租的收入；依据劳动力的所有权，可以获得工资的收入。作为公共管理部门的政府，显然只能依据政治权力来取得社会资源，即凭借政府的政治权力把私人部门占有的社会资源的一部分转移到公共部门。

（3）税收是强制征收的。征税实质上是政府对私有资源的侵犯。在政府政治权力和私有资源权力的对立之中，不实行强制，政府就不可能在 GDP 已分解为工资、利润、利息、地租的情况下实行再分配，就不可能占有私人部门的一部分资源。这种强制征收的具体表现，就是政府以法律形式颁布税收制度和法令，无论纳税人是否愿意，都必须照章依法纳税，否则就要受到法律制裁。

（4）税收是无偿征收的。政府征税之后，税款即为公共部门所有。政府既不需要偿还，也不需要向纳税人付出任何代价。纳税人所缴纳税款的多少与其所可能享受的公共物品或服务的数量之间没有任何直接的必然联系。税收的征收完全是无偿的，不存在任何等价交换或等价报偿的关系。

（5）税收的征收有固定的限度。既然政府征税是对私有资源的一种侵犯，这种侵犯就必须有一定限度，课征的数额也必须以法律形式预先确定下来。例如，对一亩地课征多少斤粮食、每个人丁缴纳多少钱、某一种收入要缴纳其中几分之几等。

（6）税收是为了满足政府实现其职能的需要而征收的。政府为了维持它的存在和实现它的职能，需要耗费一定的人、财、物，而所有这些经费开支的来源主要就是税收。

总的来看，税收作为政府取得公共收入的一种形式，与其他公共收入形式相比具有强制性、无偿性和固定性三个特征。

（1）强制性。税收的强制性是指政府根据其社会职能，凭借其政治权力，以法律形式确定征税人和纳税人的权利和义务关系。如前所述，税收的征收依靠的是国家的政治权力，而不是依据生产资料的所有权，但是任何生产资料的所有权必须服从国家的征收权。所以，税收的强制性主要表现在，它是通过国家法律形式予以确定的，纳税人必须根据法律的规定照章纳税，若有违反就要受到法律的制裁。

（2）无偿性。如前所述，税收的无偿性是指在纳税人缴纳税款时，政府不需要直接对纳税人付出任何代价。需要更进一步说明的是，税收的无偿性是就政府与具体纳税人而言的，而不是对政府与全体纳税人的利益归属关系而言的。对于具体纳税人来说，政府征收以后与具体纳税人之间不再有直接的返还关系；但就政府与全体纳税人的利益归属关系而言，税收却是有偿的，即税收整体的有偿性。政府征税取得公共收入，通过公共支出为全体纳税人提供社会秩序、公共安全、公共的生产条件和生活设施等公共产品和公共服务。从这个意义上说，税收对全体纳税人而言是有偿的。

（3）固定性。税收的固定性除上述税收的征收必须有固定的限度外，还表现在政府在征收之前，通过法律形式具体固定了征税对象、纳税人、征收比例和征收办法等。一般来说，国家税收制度要素是以法律形式事先规定的，这从法律上既保障了国家公共收入的稳定可靠，又避免了国家的任意征收以致超过客体的承受程度。税收的固定性还强调，一经法律确定为征税对象、征收范围，其物质内容就得经常、连续承受税收负担，国家的征税活动也将经常、连续有效。

税收的固定性并不意味着税收制度固定不变，它并不排除税收制度随着政治、经济形势的发展而随之进行相应的调整和改革，但这种调整和改革要通过法律形式予以确定，并在一定时期内稳定下来。

税收的上述三个特征是互相联系的。税收的无偿性决定着税收的强制性，因为如果是有偿的，就不需要强制征收；而税收的强制性和无偿性又要求税收征收的固定性，因为如果可以随意征收，就会侵犯现存的财产关系，使正常的经济活动无法维持下去，从而危及国家的稳定和存在。因此，税收的强制性、无偿性和固定性是统一的，缺一不可的。一种财政收入形式是否为税收，决定于它是否同时具备上述三个基本特征，而不是取决于它的名称。

二、税收的分类

税收的分类是按一定标准对各种税收进行分类，一个国家的税收体系通常是由许多不同的税种构成的，同时，每个国家的税收体系也是不同的。每个税种都具有自身的特点和功能，但按照某一个特定的标准去衡量，有些税种具有共同的性质、特点和相近的功能，从而区别于其他各种税收而形成一"类"。由于研究的目的不同，对税收的分类可以采用各种不同的标准，从而形成不同的分类方法。

1. 根据课税对象性质的不同进行分类

这种分类方法是各国常用的主要分类方法。根据课税对象性质的不同，可以将税收分为流转税、所得税、财产税、资源税和行为税等。

（1）流转税。流转税也称为商品税，是指对商品或劳务交易中的流转额或增值额进行课税。流转税的计税依据是商品销售额、增值额、营业收入额等。古今中外，流转税在各国税收中占有十分重要的地位，并且是许多国家的主要税收来源。其税种主要包括增值税、消费税和关税等。

（2）所得税。所得税是指对纳税人的所得额进行课税。其税种主要包括个人所得税、企业所得税、社会保障税等。

（3）财产税。财产税是指对纳税人拥有或可支配的财产进行课税。其税种主要包括一般财产税、特别财产税、财产转让税等。

（4）其他税。在我国，除包括流转税、所得税、财产税外，还包括资源税和行为税。资源税是以各种应税自然资源为课税对象，纳税人主要是在我国境内开采应税矿产品或者生产盐的单位和个人，资源税的设计是为了调节资源级差收入并体现国有资源有偿使用而征收的一种税。行为税，是指对某些特定的行为而课税。

2. 根据税负能否发生转嫁进行分类

根据税负能否发生转嫁，可以将税收分为直接税和间接税。

（1）直接税。直接税是指由纳税人直接承担税负，税负不发生转嫁，纳税人就是负税人，如所得税、财产税等。

（2）间接税。间接税是指纳税人可以将税负转嫁给他人，税负发生了转嫁，纳税人不是真正的负税人，如增值税、消费税、关税等。

3. 根据税收的计税依据进行分类

根据税收的计税依据不同，可以将税收分为从价税和从量税。

（1）从价税。从价税是指以课税对象的价格为计税依据。从价税的应纳税额会受到商品或劳务价格的影响，随着商品或劳务价格的变动而变动，从价税更适应商品经济的要求，也有利于贯彻国家税收政策，因此大部分税种采用了这种计税方法。如我国现行的增值税等。

（2）从量税。从量税是指以课税对象的重量、数量、容积、面积等为计税依据。从量税的税额随着征税对象数量的变化而变化，计算简便，但应纳税额不能随着价格的变动而变动，物价上涨并不能使税收相应增加，税收缺乏保证，因此只有少数税种采用了这一计税方法。如部分消费品的消费税、资源税等。

4. 根据税收管辖和支配权进行分类

根据税收管辖和支配权的不同，可以将税收分为中央税、地方税和中央地方共享税。

（1）中央税。中央税由中央政府征收，税收归中央政府支配。

（2）地方税。地方税由地方政府征收，税收归地方政府支配。

（3）中央地方共享税。中央地方共享税是属于中央和地方共同享有并按一定比例分成的税种。

5. 根据税收与价格的关系进行分类

根据税收与价格的关系，可以将税收分为价内税和价外税。价内税是指税款构成商品价格的组成部分。价外税是指税款不构成商品价格的组成部分，而是作为价格之外附加的税。因此，价内税的计税依据称为含税价格，价外税的计税依据称为不含税价格。

6. 根据税收的形态进行分类

根据税收的形态不同，可以将税收分为实物税和货币税。

（1）实物税。实物税是指以实物形态缴纳的税收。在自然经济条件下，税收的来源主要以实物形式出现，如田赋、农产品等。随着商品货币经济的发展，赋税、地租等就由原来的实物缴纳转化为货币支付。

（2）货币税。货币税就是以货币缴纳的税。实行货币税有利于国家财政统一结算，方便纳税人缴纳，避免运输损耗，减少征收费用，还能更好地发挥税收对经济的调节作用。

在现代社会中，货币税是一种较为先进的税收形式。

三、税制要素

尽管各国税收制度的结构和体系存在差异，但其构成要素是大致相同的，其中纳税人、课税对象和税率是税制的基本要素，此外，还包括纳税环节、纳税期限、减税免税、违章处理等其他要素。

1. 纳税人

纳税人也称为课税主体，是指法律规定的、直接负有纳税义务的自然人和法人。自然人是指在民事上享有权利并承担义务的个人。法人是相对于自然人来说的，是指依法成立并独立地行使法定权利和承担法律义务的组织，如企业、机关、社团等。但是，纳税人不一定就是税负的承担者，即负税人，关键是看税负是否发生转嫁。有的税种容易发生转嫁，纳税人就不是负税人，例如流转税；有的税种不易发生转嫁，纳税人就是负税人，如所得税。

2. 课税对象

课税对象也称为课税客体，也就是对什么征税。课税对象规定着征税的范围，每一种税都必须明确对什么征税。课税对象是一种税区别于另一种税的主要标志。如所得税的课税对象就是所得，财产税的课税对象就是财产，交易行为的课税对象就是交易行为。在税收的历史上，课税对象可谓五花八门，如英国历史上就出现过"窗户税"。

3. 税率

税率是指课征税额与课征对象之间的比例。在课税对象确定的情况下，税率的高低直接影响政府的财政收入多少和纳税人的税收负担。因此，税率是税收制度的中心环节，它反映了征税的程度，体现了国家的税收政策。税率通常可分为比例税率、累进税率和定额税率。

1）比例税率

比例税率是指对同一课税对象，无论其数额大小，都按同一比例征税。比例税率的优点表现在：一是同一课税对象的不同纳税人税收负担相同，能够鼓励先进，有利于公平竞争；二是计算简便，有利于税收的征收管理。但是，比例税率的缺点也很明显：不能体现能力大者多征、能力小者少征的原则。

在实际运用中，比例税率又分为统一比例税率和差别比例税率。

（1）统一比例税率。统一比例税率是指一种税只设一个比例税率，所有的纳税人都按同一税率纳税。

（2）差别比例税率。差别比例税率是指一种税设两个或两个以上的比例税率。税率是根据具体征税项目设计的，不同纳税人要根据特定征税项目分别适用不同的税率。实行差别比例税率有利于更好地贯彻区别对待、公平税负的原则，也有利于贯彻国家对经济的奖限政策，使税收成为国家调节经济的有力杠杆。在现行的税制中，差别比例税率有以下四种类型。

（1）产品差别比例税率。即按照产品大类或品种分别设计不同税率，如消费税采用的就是产品差别比例税率，针对不同的消费品按照不同的税率征收。

（2）行业差别比例税率。即按照应税产品或经营项目所归属的行业设计税率，盈利水平不同的行业采取不同的比例税率。

（3）地区差别比例税率。即对同一课税对象按照其所在地区分别设计不同税率。

（4）幅度差别比例税率。即在税法规定的统一比例幅度内，由地方政府根据本地具体情况确定具体的适用税率。

2）累进税率

累进税率是指按照课税对象数额的大小，规定不同等级的税率。课税对象数额越大，税率越高；课税对象数额越小，税率越低。累进税率包括全额累进税率和超额累进税率。

（1）全额累进税率，简称全累税率，是指按课税对象的绝对额划分若干级距，每个级距规定的税率随课税对象的增大而提高，即课税对象数额越大，税率越高。纳税人全部课税对象按照与之相适应的那一档税率征税。"全"字的含义就是全部课税对象按一个达到级距的相应税率征税。

全额累进税率的特点是：第一，计算简便，在按照课税对象数额的大小确定税率后，实际上等于按比例税率计税；第二，累进急剧，即全部课税对象都适用相应的最高税率；第三，在两个级距的临界部位会出现税负增加不合理的情况。

如表 7.1 所示，假设：1000 元以下（含）的税率为 5%，1000~2000 元的税率为 10%，甲应税所得额为 1000 元，适用税率为 5%，乙应税所得额为 1001 元，适用税率为 10%。甲应纳税额为 50 元，乙应纳税额为 100.1 元。虽然乙取得的收入只比甲多 1 元，却要比甲多纳税 50.1 元，显然税负增加不合理。

表 7.1　全额累进税率

应税所得额/元	0~1000	1000~2000	2000~3000
适用税率/%	5	10	15

（2）超额累进税率，简称超累税率，是指把征税对象的数额划分为若干等级，对每个等级部分的数额分别规定相应税率，分别计算税额，各级税额之和为应纳税额。"超"字的含义是指征税对象数额超过某一等级时，仅就超过部分，按高一级税率计算征税。

超额累进税率的特点是：第一，计算复杂，即等级越多，计算就越复杂；第二，累进程度缓和，税收负担较合理，更能体现税收的公平原则；第三，在两个级距的临界部位不会出现税负增加不合理的情况。

全额累进税率与超额累进税率的比较如表 7.2 所示。

表 7.2 全额累进税率与超额累进税率的比较

应税所得额/元	税率/%	全额累进税额	超额累进税额
1000	5%	1000×5%=50	1000×5%=50
2000	10%	2000×10%=200	50+（2000－1000）×10%=150
3000	15%	3000×15%=450	50+（2000－1000）×10%+（3000－2000）×15%=300

从表 7.2 中可以看出，两种税率形式在累进程度上具有差异，另外，在计算方法上也不同。在全额累进税率下，累进急剧，而在超额累进税率下，累进缓和。假设甲应税所得额为1000元，适用税率为5%，乙应税所得额是1001元，适用税率为10%。在全额累进税率下，甲应纳税额为 50 元，乙应纳税额为 100.1 元；而在超额累进税率下，甲应纳税额为 50 元，乙应纳税额为 50.1 元。

由此可见，超额累进税率比全额累进税率具有很大的优越性，因此，各国普遍采用的是超额累进税率。

3）定额税率

定额税率是指按照征税对象的计量单位规定固定税额，是用绝对数表示的税率形式，所以又称为固定税额，一般适用于从量计征的税种。例如，消费税中的部分税目就采用了定额税率，如每吨啤酒缴纳一定的消费税，每升成品油缴纳一定的消费税。

除了以上三种税率形式，还存在累退税率，即按照课税对象的大小，规定不同等级的递减税率，课税对象数额越大，税率越低。实际上，由于这种税率不符合税收合理负担、量能负担的原则，一般不被采用。

4）税率水平的确定

将税率水平控制在怎样的范围，税率水平到底是高还是低，经济学家并不能给出明确的答案，但在税率水平如何确定上，美国经济学家拉弗（Arthur Betz Laffer）提出的"拉弗曲线"原理（Laffer curve），能帮助理解税率水平、税负之间以及税收收入之间的关系。

"拉弗曲线"原理的基本观点是：税率水平是有限度的，在一定限度内，税率提高，税收收入将增加，因为税率的提高并不会导致税源的减少。但当税率提高超过一定限度后，就会影响人们的工作、储蓄和投资的积极性，从而导致税基减少的幅度大于税率提高的幅度，此时，税收收入不仅不会增加，反而会减少，如图 7.1 所示。

通过图 7.1 可以发现在原点 O 处税率为零时，将没有税收收入；随着税率增加，税收收入达到最高额 OR，但当税率超过 r 后，税收收入会随着税率的增加而减少，从图 7.1 来看，r 是税率的临界点。如果税率继续增加，当税率为 100% 时，就没有人去工作，所以也没有税收收入。因此，税率水平应该以 r 为限，并以 r 作为最佳税率点。当税率进入禁区后，税率与税收收入成反比关系，要恢复经济增长势头，扩大税基，就必须降低税率。"拉弗曲线"理论得到了美国前总统罗纳德·里根的支持。1981 年，里根将"拉弗曲线"理论作为"里根经济复兴计划"的重要理论之一，向国会提出经济复兴计划，并以此为基础提出一套以减少税收、减少政府开支为主要内容的经济纲领，减少税收、刺激经济、创造就业，通过经济和财富的增量反而能在低税率的前提下增加国家税收，同时增加大众的财富。

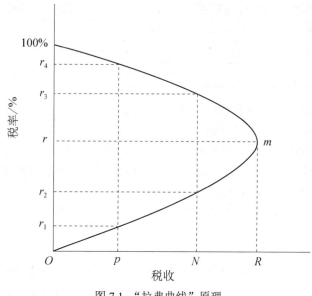

图 7.1 "拉弗曲线"原理

税制还包括纳税环节、纳税期限、课税基础、起征点和免征点、减税和免税、违章处理等其他要素。

四、税收原则

税收原则，就是政府在设计税制时以及运用税收政策中所应遵循的基本准则。税收原则是财税学界长期以来十分关注的重要问题。公平和效率是现代财政理论中强调的两大重要的税收原则。公平原则，即通过征税有助于实现收入分配的公平；效率原则，即通过征税有助于实现资源的有效配置。

1. 税收公平原则

税收学界认为，税收负担在纳税人之间的公平分配是极其重要的，税收公平原则是税收的基本原则和税收制度的首要原则。英国古典经济学家亚当·斯密在讨论税收原则时就将公平原则列为税收四原则之首。

税收公平原则是指政府征税应使纳税人承担的税收与其经济状况相适应，并且使纳税人之间的负担水平保持均衡。

税收公平原则可以从两个角度去理解：一是"横向公平"，是指经济能力或纳税能力相同的人应该承担相同的税收。也就是说，如果在征税前，两个人具有相同的福利水平，在征税后，他们的福利水平也应该是相同的。二是"纵向公平"，是指经济能力或纳税能力不同的人应该承担不同的税收。总之，"横向公平"与"纵向公平"都要求纳税人根据自己的经济状况和福利水平来确定应该承担的税收额度。

但是，如何判断纳税人具有相同或不同的经济能力和福利水平，就需要一定的衡量标准。在税收理论界存在着两种主张：一种是主张税收应遵循受益原则，即谁受益谁纳税；另一种是主张税收应遵循能力原则，即按照纳税能力大小纳税。因此，税收公平又进一步通过受益原则和能力原则来衡量。

受益原则是个人根据其从公共服务中获得的利益而承担相应的税负。从"横向公平"的角度看，也就是从公共服务中获得相同利益的纳税人因为得到相同的福利水平，所以要承担相同的税负；从"纵向公平"的角度看，也就是从公共服务中获得不同利益的纳税人因为得到不同的福利水平，所以要承担不同的税负，获得较多利益的人因具有较高的福利水平，就要缴纳较多的税负。

能力原则是根据个人的纳税能力来确定其应该承担的税负。从"横向公平"的角度看，就是纳税能力相同的人要承担相同的税负；从"纵向公平"的角度看，就是纳税能力不同的人要承担不同的税负，纳税能力强的人要多纳税。能力原则是公认的比较合理且易于实行的衡量税制公平的标准。

2. 税收效率原则

税收效率原则就是通过税收实现效率目标，是指国家征税必须有利于资源的有效配置和经济机制的有效运行，必须有利于提高税务行政效率。它包括税收经济效率原则和税收行政效率原则。

税收经济效率原则主要考察的是税收对经济资源配置和宏观经济运行产生的影响。也就是说，政府通过税收制度将一定数量的资源从纳税人向公共部门转移的过程中，尽量使征税对市场经济运行产生影响所造成的福利损失达到最小化。

税收行政效率原则是指税收征管部门本身的效率，要衡量税收的行政效率，就是看能否以最小的税收成本取得最大的税收收入。各国政府对其税收行政效率的考察，基本上是以税收成本占全部税收收入的比重数字为主要依据，比重低说明税收的行政效率高，以较少的税收成本换取较多的税收收入。

五、税收是政府取得公共收入的最佳形式

在经济学家看来，政府可通过多种形式取得履行其职能所需要的公共收入，但税收是最有效或最佳的形式。

（1）政府可以通过直接增发货币来取得公共收入。政府拥有货币发行权，它完全可以视财政需要而印发相应数量的货币。但是，凭空增发的结果会造成无度的通货膨胀，极不利于经济的稳定发展。在物价因此而飞涨的情况下，还可能诱发社会动乱。所以，除极特殊情况，否则是不能靠印发货币来取得公共收入的。

（2）政府也可以通过举借公债来取得公共收入。政府可以以债务人的身份，依据有借有还的信用原则，向国内外发行政府债券来取得相应的公共收入。但是，举债取得的收入终究是要偿还的。而且，除偿还本金外，还要附加利息。所以，以举债形式取得公共收入

是以支付一定的代价为条件的。

（3）政府还可以通过收费的形式来取得公共收入。它可以像一个商业性厂商那样，对公共场所或公共设施的使用者或享用者按照特定标准收取相应的费用，以所收费用来满足政府用款的需要。但是，政府收费总要依据"受益原则"，向公共场所或公共设施的使用者或享用者取得，未使用者或不使用者是无须缴费的。这就决定了政府以收费形式取得的资金数额不可能较大，显然是无法抵付公共支出需要的。

相比之下，政府通过课征税收的办法取得的公共收入，实质上是人民将自己所实现的收入的一部分无偿地转移给政府支配。这样，第一，不会凭空扩大社会购买力，引起无度通货膨胀；第二，政府不负任何偿还责任，也不必为此付出任何代价，不会给政府带来额外负担；第三，税收是强制征收，政府一般可通过制定法律向其管辖范围内的任何人或任何行为课征税款，因此，可以为公共支出提供充足的资金来源。正因如此，在各种可以选择的公共收入形式中，经济学家特别推崇税收，视税收为最佳形式。只有在战争或经济衰退严重时期，由于政府往往要依靠大量借债解决公共支出的一部分需要，税收的比重才可能因此暂时有所降低。马克思曾明确指出：赋税是政府机器的经济基础，而不是其他任何东西。美国著名经济学家保罗·萨缪尔森在其《经济学》一书中也做过这样的表述："国家（即政府）需要钱来偿付它的账单，它偿付支出的钱的主要来源是税赋。"由此可见，税收是国家公共收入的主要支柱。

第三节 公债：有偿性的公共收入形式

一、公债的含义

公债就是政府举借的债务。它是政府凭借其信誉按照有借有还的信用原则取得公共收入的一种形式。公债包括中央政府公债和地方政府公债。通常将中央政府发行的公债称为国债。

公债首先是一种公共收入，政府部门举借债务意味着将私人部门占有的一部分资源转移到公共部门，使政府可以支配的资金增加。但公债作为公共收入的形式，与税收是不同的。税收是国家凭借政治权力获得的收入，就国家与具体纳税人的关系而言，税收具有强制性和无偿性的特点，而公债具有自愿性和有偿性的特点。在一般情况下，公债的发行必须遵循信用原则，公债到期不仅要偿还本金，还要按事先约定的条件支付利息；公债的认购是自愿的，是否认购，认购多少，完全由购买者自行确定。作为政府获得公共收入的形式，税收是连续和相对固定的，课税需要通过法律形式预先确定，税收的变更要遵循严格的法律程序，因此，税负的变动往往需要较长的时间。而公债的发行较为灵活，公债发行与否以及发行多少，一般可以根据政府的公共收支情况灵活确定。

公债也是一种债务，是金融市场上的一种产品。公债与私债的本质区别在于发行的依据或者担保物不同：私人部门发行债务是以企业或个人的信用为依据，往往需要以其财产或收益作为担保，而公债是以政府信用为担保发行的。由于公债以政府信用为保证，一般情况下，公债风险要远远低于私人债务，因此，通常被称作"金边债券"（gilt-edged securities）。在成熟的市场经济国家，公债的利率往往被当作无风险的市场基本利率，对确定整个金融市场价格体系具有重要意义。另外，公债作为一种金融产品，是整个金融市场的重要组成部分。公债发行的方式、发行与偿还的数量与价格以及公债的期限结构都会对货币市场和资本市场产生影响，是政府实现货币政策的重要工具。

二、公债的特征与种类

1. 公债的特征

从理论上讲，公债的特征是与税收或私债等收入分配形式的对比所显现的本质区别。与税收的强制性、无偿性和固定性相比，公债具有鲜明的自愿性、有偿性和灵活性特征。

（1）自愿性。自愿性是指公债的发行或认购建立在认购者自愿承购的基础上。认购者买与不买，购买多少，完全由认购者自己根据个人或单位情况自主决定，国家不能指派具体的承购人。

（2）有偿性。有偿性是指通过发行公债筹集的财政资金，政府必须作为债务如期偿还，并且要按事先规定的条件向认购者支付一定数额的利息。

（3）灵活性。灵活性是指公债发行与否以及发行多少，一般完全由政府根据国家财政资金的丰裕程度灵活加以确定，不必通过法律形式预先加以规定。

公债的三个特征既相互区别，也相互影响，相辅相成。公债的自愿性是前提，有偿性是核心，灵活性是补充。

2. 公债的种类

依据不同的标准，公债可以作以下分类。

1）按公债的发行地域分类

按公债的发行地域不同，可将公债分为内债和外债。

（1）内债。凡属在国内发行的公债称为国内公债，简称"内债"，国内公债的债权人多为本国企业、居民或其他非政府部门，其还本付息均按照本币计算。由于内债的负担人和受益人都限于国内，因此，内债只意味着本国资源支配在国内的结构性变化，而国内可支配的资源总量并未增加。通常，内债是一国公债的重要组成部分。

（2）外债。凡属在国外发行的公债称为国外公债，简称"外债"，国外公债的债权人既有外国政府，也有外国银行、企业、各种团体和个人。外债通常以外币为货币单位，且在偿还时也需以外币为单位来偿还。与内债相比，举借外债对一国或地区可支配的资源总量是增加的，但在偿还时则意味着一国或地区可支配资源总量的减少。

2）按债务主体分类

按债务主体不同，可将公债分为中央政府公债和地方政府公债。

（1）中央政府公债。中央政府公债，通常称为国债，是指中央政府以债务人身份对内和对外举借的债务，根据"谁受益谁负担"的原则，中央政府公债的发行收入往往由中央政府支配，但相应的还本付息也由中央政府负担。

（2）地方政府公债。地方政府公债是指地方政府以债务人身份对内、对外举借的债务。在西方国家，市政债券都属于地方政府公债的范畴。通常，地方政府公债的规模、期限、用途、发行方式等由地方政府来决定，相应的偿还责任也要由地方政府承担。

3）按偿债期限分类

按偿债期限不同，可将公债分为短期公债、中期公债和长期公债。

（1）短期公债。一般而言，短期公债（short-term debt）是指偿还期限在 1 年以内的公债。短期公债通常是政府预算在年度执行过程中发生收不抵支时举借的公债，其形式是由政府发行短期公债或向银行暂时借款。这种公债在世界各国公债的总额中所占比重较大，且有日益增长的趋势。此外，在金融市场上，由于短期公债的流动相对较强，其市场交易往往较为活跃，并成为中央银行开展公开市场操作业务的重要对象。在西方国家，一般短期公债可分为 3 个月、6 个月、9 个月、1 年四种，其面额起点各国不同，基于此，短期公债也往往被称为国库券（treasury bills）。

（2）中期公债。中期公债（medium-term debt）是指偿还期限在 1 年以上 10 年以下的公债。中期公债一般用于弥补财政资金的不足，或增加财政调控能力，其主要是满足政府在较长时期内支配和使用债务收入的需要。2007 年，经国务院同意和全国人大常委会批准，财政部发行了 15 500 亿元特别国债，作为中国投资有限责任公司的资本金来源。期限主要为 10 年、15 年，2017 年起陆续到期。对 2017 年到期的 2007 年特别国债本金，财政部向有关银行定向发行 2017 年特别国债偿还。2022 年 12 月，2007 年特别国债中有 7500 亿元即将到期。经国务院批准，财政部将延续 2017 年做法，继续采取滚动发行的方式，向有关银行定向发行 2022 年特别国债 7500 亿元，所筹资金用于偿还当月 2007 年特别国债到期本金。对投资者来说，中期国债也是一种较为优良的投资品种。

（3）长期公债。长期公债（long-term debt）是指偿还期限在 10 年以上的公债。长期公债主要是满足政府在长期内的财政支出、资金融通需要（如建设周期在 10 年以上的重大公共工程投资）。有时，国家遇有突然变故或重大危机，需要巨额资金支付，而政府在数年内无力偿还时，也需要发行长期国债。长期债务有两种形式：一种是有期债券，规定具体偿还时间，到期必须进行本息偿付，债券持有人有收回本金的权力；另一种是无期债券，发行时不规定还本期限，平时仅按期支付利息，债券持有人有权按期取息。

4）按利率的确定方式分类

按利率的确定方式不同，可将公债分为固定利率公债和浮动利率公债。

（1）固定利率公债。固定利率公债的利息率在发行时就确定下来，不再变动，无论今后物价如何变化，也不作调整，以后公债的利息支付均按既定利率计算。

（2）浮动利率公债。浮动利率公债的利息率则可以随时根据物价指数或市场利息率的变动而进行调整。

在一般情况下，公债大多采用固定利率，仅在通货膨胀较为严重或通货膨胀预期较高时，才采用浮动利率公债，以利于公债的发行。

5）按是否可以转让或流通分类

按是否可以转让或流通，公债可分为可转让公债和不可转让公债。

（1）可转让公债。简单地说，可以在金融市场上自由流通转让的公债叫作可转让公债，也称为流通公债、上市公债，即认购者在购入这种公债后，可随时视本身的资金需要状况和金融市场行情而将债券拿到市场上出售。也就是说，这种公债的认购者不一定是债券的唯一或最终持有者。在实践中，公债流通的前提是具备较完整的债券市场。债券市场分为发行市场（一级市场）和流通市场（二级市场）。政府通过一级市场完成公债的发行后，公债的持有者便可以通过二级市场进行流通转让。一般情况下，短期公债和中期公债多为可流通公债，而长期公债和特种公债则不允许流通。目前，各国发行的大多是可转让公债。

（2）不可转让公债。不能在金融市场上自由流通的公债称为不可转让公债，也称为不可流通公债、非上市公债，即持有者在急需资金时也不能将债券拿到市场上脱手转让。但是，通常情况下，可以在一定时间之后向政府要求贴现。鉴于其不具有流通性，在各国公债中所占比重不大。

6）按发行性质分类

按发行性质不同，公债可以分为自由公债和强制公债。

（1）自由公债。自由公债是指由政府发行公债，由公众根据公债的条件自由决定购买与否，不加任何限制。目前，世界各国的公债多为这种形式。

（2）强制公债。强制公债是指当政府状况异常困难时，凭借政府权力向人民强行推销的公债。其推销方法有根据公民的财产或所得按比例分摊、以公债的形式支付薪金等。这种方法现在很少使用。

三、公债对经济的影响与公债负担

1. 公债对经济的影响

1）公债对经济的积极影响

发行公债可以调节社会总供给与总需求，可以充分运用社会资金，从而减轻经济周期波动。当一些社会资本处于闲置状态时，特别是经济衰退时期闲置资本较多时，通过发行公债可以吸收社会闲置资金扩大政府的公共支出，从而扩大社会有效需求，有助于克服经济衰退，促进经济发展。在经济过度繁荣阶段，通过增加税收建立偿债基金能够抑制经济发展的过旺势头，有利于经济的稳定发展，减小经济周期的波动。

通过公债，政府可以广泛吸收、有效集中社会上的小额游资用于政府投资，从而有助于整个社会经济的发展。这些资金分散在广大公众手中，由于每人所持数额太少，难以达到有效投资量，因而无法用于投资，造成了社会资金的浪费。发行公债有利于充分地有效利用社会闲置资金，加快经济发展速度。

公债是调节金融市场运行状况的有效手段。当物价上涨迅猛时，政府通过发行公债，吸收社会资金以减少货币流通量，从而起到平抑物价的作用。当银行贷款利率上升时，公债价格将下跌，这时政府可以通过偿还公债或收买公债的方式，增加社会货币资金的供给量,从而保证国民经济的正常运转。

2)公债对经济的消极影响

公债对经济的影响是双重的,积极方面的影响是它能够弥补财政赤字;与此同时,由于利用公债政策有一定的限度,超过了这一限度,公债就带来了消极的负向作用。特别是长期推行赤字财政政策,成为财政的沉重负担,会对经济发展产生消极影响。

在金融市场资金一定的情况下,通过挤出效应排挤了一部分私人投资。如果政府以优惠条件同私人投资者竞争,将影响主要是由货币供求关系决定的市场利率,成为利率波动的因素之一。

公债除一部分由企业、公司和个人购买外,如果还通过中央银行承购一部分,则中央银行购买公债的过程,也就是向流通中投入货币的过程,且通过货币乘数进一步扩大货币流通量,会引起通货膨胀。

公债在累积过程中使政府支出中的利息费用迅速增加,从而成为财政的沉重负担,限制了财政政策功能的发挥。

3)公债政策的利弊权衡

从公债发行环境的角度来分析,公债发行首先看其对经济发展有无稳定作用。在经济衰退和繁荣阶段,公债政策如果运用得当,都可发挥出良好的调节作用。在经济繁荣时期,社会资金投向利润率高的行业,容易形成过度繁荣。这时政府发行公债可以吸收部门社会资金,防止通货膨胀局面的出现。当经济衰退时,消费与投资都不足,此时的政府可以运用公债政策扩大公共支出,以免资本冻结而阻碍经济发展。另外,当国民纳税负担能力低、增加税收较困难时,运用公债为政府的公共支出筹资不失为一个较好的选择。

从公债收入使用的角度来分析,使用方向不同,将对经济产生不同的影响。如果公债收入用于政府投资,可以增加资本累积,使公共设施和基础设施得到改善,加速经济发展的进程。特别是在经济衰退时期,政府将公债用于各种公共设施,可以提高就业率,扩大有效需求,刺激私人投资,通过财政乘数扩大生产,促进经济的复苏和繁荣。

2. 公债负担

公债不是一个孤立的经济范畴,它与一个国家的国民经济和财政收支状况是密不可分的。判断与确定一国的公债是否适度,不能仅仅看公债本身的绝对值,它不能准确地反映一个国家的应债能力与财务负担状况,而必须用被国际上公认并经常使用的指标和经验数据对各国的公债规模进行考察,并依此对一国的公债发行规模做出理性的分析判断。

1)公债负担的概念

纳税人不仅要进行债务的还本付息、支付税收,而且要承担公债的实际成本。尽管债务发行要增加政府可支配的资源,在资源使用期间却不会把实际成本加在任何人身上。在存在公债的情况下,为了给债务利息提供资金,纳税人被强制纳税。这些由债务筹资的公共支出的实际成本,是对以前发生的公共支出的支付。

公债负担由直接负担和间接负担两部分组成。借债总要还的，因此直接负担是指还债收入来自税收，增加税收必然会减少纳税人的福利，即马克思所说的公债是延期的税收。间接负担是指公债会给经济带来损失，间接影响公众的利益。公债负担可以从以下三个方面进行考虑：第一，公债作为认购者收入使用权的让渡，虽然让渡是暂时的，但对他的经济行为会产生一定影响，所以发行时要考虑认购者的实际负担能力。第二，政府即债务人负担，尽管政府借债时获得了经济利益，但偿债也体现为一种支出，借债过程同时是公债负担的形成过程，所以，政府发行债务时要考虑偿还能力，量力而行。第三，纳税人的负担，无论公债的资金使用方向如何，效益高低，公债是将来税收的预支。

2）公债负担的衡量

由于各种制约因素的存在，公债规模是否合理，不能单纯地从公债规模的绝对数来考虑，相对指标在衡量公债负担时更具普遍意义。目前，国际上通用的衡量公债负担的指标主要有以下几种。

（1）公债依存度。它是指在一个财政年度内，一国政府当年国内公债收入占财政支出的比重。它反映一个国家的财政支出中有多少是依赖发行公债收入来筹集资金的。公债依存度越高，表明财政支出对公债收入的依赖性越强，国家财政运行处于较为脆弱的状态，并对今后财政的运营构成隐患。国际上通常认为这一指标应控制在15%~20%为宜。

（2）公债偿债率。它是指在一个财政年度内，国内公债还本付息额占财政收入的比重。它反映一个国家的财政收入中有多少是用于安排偿还内债的。公债偿债率越高，表明偿债负担越重，偿债能力越弱。

（3）公债余额。它是指一国历史累积下来的待偿公债的总额。根据国际经验，发达国家一般认为公债累积余额不应超过GNP的45%。

（4）外债偿债率。即当年还本付息额占出口及劳务性外汇收入的比率。它反映外债的偿还与国家外汇收入的关系。目前，国际上一般认为，外债偿债率保持在20%~25%，这个国家的债务规模是比较合适的。

（5）外债负债率。即外债余额占出口及劳务性外汇收入的比率。这也表明外债与外汇收入的关系。国际上认为，这一指标保持在100%~120%，债务状况才是安全的。

（6）公债负担率，又称为国民经济承受能力。它是指一定时期内公债余额占国内生产总值（GDP）的比率。该指标可以揭示一国公债的负担情况，同时反映了公债规模增长与国内生产总值增长的相互关系。公债负债率越高，表明一国国民经济承受的经济负担越高，偿债能力越差。目前，国际上尚未有一个得到普遍认同的控制线标准。一般而言，该指标控制在45%以内比较理想。

在我国，要通过不断采取调整公债政策、规范公债市场、优化公债结构等措施，使国民经济应债能力得到较好的释放。既要充分发挥公债对国民经济增长的拉动作用以及对经济运行的反周期调节作用，又要防止公债规模过大对财政收支造成难以承受的压力，避免像某些发展中国家那样因政府债务问题而陷入信用危机和财政危机。

第四节 公共收入规模的分析

一、公共收入规模的含义与衡量指标

公共收入规模是指公共收入的总体水平，是衡量一国财力水平的重要指标，它反映了一国政府在社会经济生活中职责范围的大小。反映公共收入规模的指标，可以用绝对数表示，如财政收入总额，但通常用相对数表示，也就是指政府财政收入占国内生产总值（GDP）的比重，国际上一般用这一指标来衡量。

目前，我国还不能简单地用政府财政收入占 GDP 的比重来反映我国真实的公共收入规模，主要原因在于目前我国的政府收入形式还不是很规范，政府收入并未全部包含在财政收入之中。按照市场经济国家的规范做法，通过各种形式集中到政府及其部门手中的用于公共支出的资金都属于政府财政收入，都应纳入政府财政预算管理，列入政府财政收入的范畴，通过政府预算统一安排使用。但是，我国改革开放后以放权让利为主线的财税改革不断推进，到目前实际上形成了我国政府财政收入三分天下的格局。也就是说，目前我国的政府收入实际上由三大部分组成：一是政府财政集中掌握的预算内收入，即我们通常所说的财政收入；二是各级财政和行政事业单位掌握的预算外收入以及其他没有纳入预算的收入；三是各政府部门掌握的制度外收入。

这样，就需要从以下两个口径来考察我国的公共收入规模。

（1）小口径的公共收入规模，即财政收入占 GDP 的比重。这里的"财政收入"包括税收收入和纳入预算的其他各项收入。

（2）大口径的公共收入规模，即政府收入占 GDP 的比重。这里的"政府收入"不仅包括财政收入和不纳入预算管理的预算外收入，还包括既不纳入预算内，也不纳入预算外的制度外收入，同时，还应包括不在"财政收入"中反映的各种形式的收入退库以及其他各种形式的没有纳入预算的收入。

衡量我国整个公共收入的规模，考察政府在整个社会产品分配中的集中程度，比较合适的指标就是大口径的公共收入规模，它全面反映了政府从微观经济主体的企业和个人手中取得收入、集中资源的状况。也只有考察大口径的公共收入规模，才能解释清楚为什么在我国财政收入占 GDP 的比重较低、政府财政能力较弱的情况下，庞大的政府部门还能得以正常运转。

大口径的公共收入规模真实反映了政府对整个社会财富的集中程度。但是，进一步分析目前的政府收入及其支出的安排使用可以看到，相当一部分预算外收入和制度外收入的取得并不能代表政府的利益取向和收入愿望。从表面上看，预算外收入、制度外收入增大了政府财力，但是，由于预算外资金的管理方法不同于预算内资金的管理方法，大量的资金实际上处于财政控制之外。各项收费分别由不同的政府部门自收自支、自行管理，财政不仅难以进行有效的调剂，也难以控制其使用方向和使用效益，实际上处于一种管理失控

状态，而对于预算之外的制度外收入，财政对其更是难以进行控制和管理。所以，预算外收入、制度外收入虽然支持了一些事业的发展，支撑了一些政府部门的运转，但这部分资金对于财政来说是"体外循环"，并没有相应形成政府可支配财力。因此，大口径公共收入规模只能说明整个国民经济的负担水平，并不能完全代表政府的财力状况或财政能力，只有小口径的公共收入规模才能真正地代表政府可支配财力，表明当前政府能力的强弱。这样，在分析我国公共收入规模时，就需将小口径公共收入规模与大口径公共收入规模综合起来进行考察。

二、影响公共收入规模的因素分析

一个国家的公共收入规模受各种因素的影响和制约，其中主要的影响因素有以下几个方面。

1. 经济发展水平

经济发展水平是影响一个国家公共收入规模的决定性因素。经济发展水平一般用人均 GDP 来反映，它表明了一国生产技术水平的高低和经济实力的强弱，是一个国家社会产品丰裕程度和经济效益高低的概括说明。一国人均 GDP 较高，表明该国的经济发展水平相对较高。经济发展水平高，人均 GDP 大，则为扩大公共收入规模奠定了基础。可以说，经济发展水平是制约公共收入规模的一个最综合、最基础的因素，因为公共收入最终要来自社会总产品，经济发展水平提高了，社会产品富裕了，可供政府支配的部分也就会相应地增加。根据世界各国的情况，无论是从横向比较还是从纵向比较，都说明了经济发展水平对公共收入规模的影响。从横向看，经济发展水平高的发达国家，其公共收入规模一般高于经济发展水平低的发展中国家；从纵向看，随着经济发展水平的提高，一国的公共收入规模一般会呈现上升的趋势。当然，这是就普遍状况而言的，并不排除一些例外，因为经济发展水平毕竟不是影响公共收入规模的唯一因素。

2. 政府职能范围

政府取得公共收入是为了履行其职能，满足社会公共需要。政府的职能范围越大，政府需要筹集的公共收入规模也就越大，所以，政府的职能范围是决定一国公共收入规模大小的直接因素。这一点可以从西方国家公共收入规模的发展变化中得到反映。在资本主义发展的早期，政府的职能范围有限，政府承担"守夜人"的角色，政府的职责主要是国防以及维护国内公共秩序。在这种"越小的政府就是越好的政府"的观念下，自然是"花钱越少的政府是越好的政府"。但随着工业化和城市化的发展，社会要求政府提供社会福利和社会保障的呼声日益高涨，加上财政支出的刚性增长，自 20 世纪以来，西方国家政府担负的社会福利职能越来越大，相应地，各国政府的公共收支规模也不断地攀升。目前，西方国家的财政收入占 GDP 的比重一般在 30%以上，有的甚至高达 50%。其财政收入的 40%～50%被用于社会福利和社会保障方面的开支。特别是一些具有"福利国家"美名的国家，如 2021 年法国政府收入占 GDP 的比重是 42.55%，2021 年英国政府收入占 GDP 的比重是 34.99%。

3. 分配制度和分配政策

社会产品生产出来以后，要在政府、企业和居民个人之间进行一系列的分配和再分配。在我国，国家制定的国民收入分配制度和分配政策决定了政府、企业和个人在收入分配中所占的份额。在传统的计划经济体制下，国家对国有企业实行统收统支的财务管理体制，对城市职工实施严格的工资管理，对农产品实行"剪刀差"的价格政策，在这种分配制度和分配政策下，国民收入的分配格局中政府公共收入规模较大。经济体制改革以后，由于国家改革了分配制度，调整了分配政策，国民收入分配开始向企业和个人倾斜，国民收入分配格局也发生了重大变化，对于国有企业而言，通过"放权让利"对国有企业利润分配制度进行改革，从而使企业上缴财政的税利有所下降。在国有企业改革的同时，国家还大力发展非国有经济，并通过税收优惠政策鼓励其发展。另外，经济体制改革以后，国家为了调动职工的积极性，不断提高城镇职工的工资水平，并且在坚持按劳分配的同时，允许存在一定形式的按要素分配。在农村经济改革方面，国家多次大幅提高农副产品的收购价格，从而使农民个人收入水平有了一定的提高。经过上述一系列改革政策的出台，原有的国民收入分配格局发生了重大改变。

4. 价格变动

财政收入是政府取得的货币形态的社会产品，它是按照当年的现行价格水平计算出来的。这样，在其他条件一定的情况下，某个财政年度的价格水平上升，该年度的名义财政收入就会增加，但这种财政收入的增加完全是由价格水平上升造成的，并不代表财政收入的真正增长。也就是说，这时名义财政收入虽然增加了，但实际财政收入并不一定增加。所谓的名义财政收入是指当年在财政账面上实现的财政收入；而实际财政收入则是指财政收入所真正代表的商品物资（劳务）的数量，在价值上，它可以用按不变价格计算的财政收入的量来表示。

价格水平对财政收入的影响有三种情况：一是价格水平的增长率超过名义财政收入的增长率，则实际财政收入水平下降；二是价格水平增长率低于名义财政收入的增长率，则实际财政收入水平提高；三是价格水平的增长率与名义财政收入的增长率相同，则实际财政收入水平不变。一般情况下，价格水平用消费者物价指数（consumer price index）来表示，即通常所说的 CPI。

从上面的分析来看，物价水平上涨对财政取得收入并不一定有利。但如果物价上涨是由于财政出现赤字、中央银行被迫发行货币弥补赤字而引起的，则这时的通货膨胀对财政来说是有利的。因为财政在引发通货膨胀的同时，自己多得了一笔收入（即财政赤字部分），企业和居民个人的实际收入则因通货膨胀而有所下降，财政安排这种靠中央银行发行货币弥补赤字的做法，实际上是对企业和个人征收了一笔税收，人们通常把它称作"通货膨胀税"。另外，如果一国税制以累进的所得税为主，当出现通货膨胀时，企业和个人的名义收入水平就会提高，其适用的最高边际税率也会相应地提高，出现所谓"所得税级距迁升"的局面,一旦出现了此局面,政府的财政收入水平就会提高。

5. 税收管理水平和税收政策

税收收入是公共收入的主要来源,因此,影响税收收入的因素也就成为影响公共收入规模的重要因素。在税源既定的条件下,税收管理水平和税收政策决定了税收收入的规模。税收管理水平包括税务管理的质量、国家对税务管理组织力量的安排、纳税人的守法程度、税务官员的廉洁程度、对征纳双方违法行为处罚的轻重、公共服务部门的服务质量与税收效率等。税收政策则包括税种的选择、税种的数目与结构、税率的高低与税收优惠的实施情况等。

除上述因素外,一个国家的政治经济制度和经济管理体制,一定时期的经济结构,如所有制结构、产业结构、宏观经济政策及经济周期等,都是影响一国公共收入规模大小的因素。

理论探索

要对税收和公债理论作更深入的了解,可阅读美国哈维·S. 罗森所著的《财政学》(中国人民大学出版社,2000 年出版),或张雷宝编著的《公债经济学》(浙江大学出版社,2018 年出版)有关内容。

思维拓展

1. 根据本章所学知识,结合"通货膨胀税"的相关知识,谈谈你对"政府引致的通货膨胀是指政府为弥补其提供的公共物品或劳务支出而扩大货币供给,从而造成物价的普遍上涨现象"的理解与认识。

2. 依据相关经济学常识,结合美国经济学家拉弗提出的"拉弗曲线"原理(Laffer curve),谈谈你对"高税率"与"低税率"的理解与认识。

制度实践

与平台企业信息共享　实现税收征管"一次不跑、一步到位、一站办结"

为鼓励互联网平台经济新业态的健康发展,国家税务总局海南省税务局、澄迈县人民政府自 2019 年 7 月 1 日起在澄迈试点信息共享税收管理模式,并按照《国务院办公厅关于促进平台经济规范健康发展的指导意见》(国办发〔2019〕38 号)要求,进一步降低税务登记成本、优化税收征管模式、加强事中事后监管,大大降低平台经济运营成本、提升企业盈利空间、强化平台经济发展潜力、增加平台经济就业岗位、强化平台经济科学监管。

一、主要做法

一是创新税务登记制度，降低税务登记成本，实现"一次不跑"。推行平台注册信息与临时税务登记办理信息同步共享机制，从事生产、经营的自由职业者通过平台完成人脸识别、指纹辨别、录入身份证号码、绑定银行卡号、电子签名等方式实名认证登记基本信息，税务部门即对其信息进行同步采集，视同已办理临时税务登记，彻底打破以往平台自由职业者需经过市场监管部门认证，并前往税务部门提供临时工商营业执照及经营、业务场所证明等材料办理临时税务登记的"面对面"办税模式，实现纳税主体身份认定"一次不跑"。

二是依托信息共享机制，落实减税降费红利，实现"一步到位"。因自由职业者提供的服务具有流动性、不稳定性，且缺乏市场统一规范管理，以往均为按次申报缴税，且每次超过 500 元都需按收入额的 3%缴纳增值税，并按增值税的 10%缴纳城市维护建设税和教育费附加，应税所得额超过 800 元，还需按 20%～40%的累进税率代扣代缴个人所得税，在次年汇算清缴时并入综合所得，按照 3%～45%的税率进行汇算清缴。依托信息共享机制后，符合条件的平台自由职业者办理临时税务登记后即视为个体工商户，"一步到位"享受增值税、个人所得税相关税收优惠政策，大大简化自由职业者申报个体工商户纳税主体身份的认证手续，经认证后仅需按季申报，月应税收入不满 10 万元（季收入不满 30 万元），免征增值税及城市维护建设税、教育费附加，个人所得税按应税收入 0.5%～1.7%的税率征收，大大减轻了自由职业者的税收负担。

三是优化税收征管模式，推行委托代征税款，实现"一站办结"。委托平台经营者作为代缴义务人，一站受理所负责平台自由职业者税务申报工作，平台在支付自由职业者报酬时统一代征其应缴纳的增值税、个人所得税及相关附加费，在平台注册的自由职业者无须另行申报，实现税务申报缴纳税款"一站办结"。

四是加强事中事后监管，与大数据信息比对，实现"一网管控"。海南税务部门通过后台监管账户，实时获取平台相关数据，监控平台所有自由职业者业务开展情况，与企业资金流、发票开具、税款入库数据等进行排查比对，通过异常数据风险预警，及时发现并纠正纳税人不报、漏报税行为，有效防范税收流失风险，实现平台公司自由职业者业务动态"一网管控"。

二、实践效果

一是有效优化了税收营商环境。适应平台上自由职业者随时、随地提供服务获取报酬的新业态，实现对临时税务登记证办理程序的突破，既让平台经济相关市场主体充分享受税收优惠政策，又打破了办税时间和地域的限制；既提高了自由职业者的税法遵从度，又减轻了其纳税负担。截至 2019 年 11 月底，澄迈区域内平台自由职业者符合享受优惠政策条件的人次数达到 49 万人次，共计享受减免税 5100 余万元；平台企业缴纳各项税款 1.1 亿元，代征自由职业者个人所得税 1432.3 万元。

二是实现了对平台经济的科学监管。在平台注册并提供服务的自由职业者人数众多、流动性强、分布区域广，采取委托代征方式征收税款，以"平台管平台""数据管数据"等方式，将原先散布在市场上的经济数据汇集纳入税收监管平台，从源头上解决了自由职业者获取报酬时的税收流失风险。这项政策在方便自由职业者的同时,也提升了税务机关监管质效。

三是增强了平台经济发展潜力。信息共享税收管理模式,简化了自由职业者纳税手续,并降低了纳税成本,最大限度地集聚市场供需双方信息,通过广泛、及时、大规模、低成本的信息交互,为解决市场的信息不对称问题提供了新的可能。截至目前,海南省澄迈县已通过平台为150万余名从事生产、经营的自由职业者办理了临时税务登记;腾讯、阿里巴巴、好未来、随行付、拉卡拉、高灯、猪八戒网等50余家知名互联网平台经济企业在澄迈县注册登记。

资料来源:海南省委自贸办. 创新互联网平台企业税收征管模式[EB/OL]. [2020-08-28]. https://www.hnftp.gov.cn/zdcx/cxal/202008/t20200828_3024791.html.

第八章 公共预算

公共预算是公共经济的重要内容,是指一国政府在一个预算年度内的财政收支计划,是经国家权力机构批准的法律文件,反映了政府活动的预定范围和方向,同时反映出政府的宏观经济政策倾向。公共预算的工作程序可分为预算编制和审批阶段、预算的执行阶段、决算编制和审批阶段。公共预算的编制是公共预算管理的起点,是公共预算能否顺利实现的前提。审批是预算的第二阶段,需经国家或地方立法机构审查通过。公共预算的执行是整个预算工作过程的重要环节,是财政预算效果的保障。政府决算实际上是经法定程序批准的年度公共预算执行结果的会计报告。预算管理体制又称为财政管理体制,是在中央与地方政府,以及地方各级政府之间规定预算收支范围和预算管理职权的一项根本制度。

第一节 公共预算概述

一、公共预算的概念和特点

1. 公共预算的概念

公共预算是公共部门经济学的主要组成部分。在现代社会条件下,几乎全部的政府收支活动都在公共预算的框架下进行。公共预算由代表公共部门的政府或政府组成部门提出,经过立法机关审议批准,是立法机关控制公共管理的重要工具。它是政府对年度财政收支的计划安排,是政府以法律文件的形式有计划地集中和分配财政资金、调节社会经济生活的主要财政杠杆,它反映政府的方针、政策,规定政府活动的范围和方向。

公共预算制度萌芽于 13 世纪,英国是最早形成完整预算制度的现代国家。预算制度是在立法权力与行政权力相互斗争中产生和发展的。13 世纪初,英国新兴资产阶级向封建专制统治争夺财政的斗争,最初把焦点集中在课税权上,后来逐渐转移到资金支配权和编制政府财政收支平衡表上。1215 年,由英国国王约翰与贵族签订的《大宪章》(Magna Carta),是英国封建贵族用于限制国王权力的宪法性文件,使议会获得了赋税的立法权。资产阶级革命后,议会进而控制了政府的支出,即又获得审计监督权。1787 年,在英国首相威廉·皮特任职期间,议会通过总基金法案,将所有基金合并为一项联合王国总汇基金。规定此基金的原则是:除特殊情况外,所有公共收入皆纳入此基金,而所有公共支出都出自这一基金。19 世纪中叶,立法部门对财政的控制权得以确立,议会具有经费核准、拨款、审查的权利。至此,预算制度对财政不仅拥有严密的控制权,而且成为指导、监督、批评、调控行政活动的最有效的工具。

中国近代的国家预算制度产生于清朝末年。黄遵宪较早介绍西方和日本的预算制度，也是较早将"budget"直译为"预算"的思想家，在他的《日本国志》一书中介绍了西方的预算和决算制度。著名思想家郑观应在 1894 年出版的《盛世危言·度支》中对地方的预算制度做了更加详细的阐述，建议实行"度支清账"，即建立国家预算制度。光绪三十三年（1907 年）颁布"清理财政章程"，拟由清理财政局主持编制预算工作。宣统二年（1910 年）正月，又颁布了《预算册式及例言》，规定了预算年度、岁入岁出分类、记账单位等事项。宣统二年（1910 年）由度支部试办了宣统三年（1911 年）国家预算。宣统三年（1911 年），清政府正式颁布《预算案》，宣布开始试办全国预算。清末的预算思想和预算实践为后来民国时期预算制度的完善奠定了基础。由于长期战乱，民国时期的预算在艰难中前行。

中国社会主义国家预算最早产生于土地革命战争时期。1931 年，中央工农民主政府发布的《中华苏维埃共和国暂行财政条例》是建立预算制度的重要文献。中华人民共和国成立后，1950 年 3 月，政务院先后发布了《关于统一国家财政经济工作的决定》《关于统一管理 1950 年度财政收支的决定》以及其他有关规定，形成了统一的国家预算。1978 年，党的十一届三中全会召开，伴随着全方位的经济社会改革，国家预算管理制度也出现了积极变化，预算制度日趋制度化和透明化。国家预算管理制度由相应的法律做出规定，如 2018 年修订的《中华人民共和国预算法》对预算编制主体、程序、内容、依据以及法律责任等做了规定；2020 年颁布实施新修订的《中华人民共和国预算法实施条例》从明确预算草案编制时间、规范收入预算编制、明确预算收支编制三个方面对预算编制做了细化规定。

预算体现国家的战略和政策，反映政府的活动范围和方向，是推进国家治理体系和治理能力现代化的重要支撑，是宏观调控的重要手段。习近平总书记在党的十九大报告中强调："建立全面规范透明、标准科学、约束有力的预算制度，全面实施绩效管理。"绩效管理在预算管理中的作用进一步加强。

从形式上看，公共预算编制是政府对公共财政收支的计划安排，预算执行是公共财政收支的筹措和使用过程，决算则是公共预算执行的总结，所以，公共预算就是按一定标准将公共收入和公共支出分门别类地列入特定的计划账目表，可以使人们清楚地了解政府的财政活动。从实际经济内容上看，公共预算反映政府活动的范围、方向和政策。公共预算要经过国家权力机关的审批才能生效，因而它又是政府的重要立法文件，体现政府权力机构和全体公民对政府活动的制约和监督。具体可以从以下三个方面来理解。

（1）公共预算是政府具有法律效力的基本财政收支计划。这是从公共预算在整个国民经济计划管理的关系中所占的地位而言的。在整个国民经济计划管理中，公共预算处于主导地位，对其他收支计划有着重大的影响和制约作用。

（2）公共预算是政府参与国民收入分配和调节社会经济活动的主要财政杠杆。公共预算的收入和支出体现中央与地方、国家与企业、国家与个人的分配关系，是政府实现其职能的重要工具。

（3）公共预算反映整个国家的方针、政策，规定政府活动的范围和方向，体现了一定时期内政府的施政方针和要达到的政治、经济和社会发展目标。

综上所述，公共预算就是政府在一定时期内（通常是一年，或者称为"预算年度""财政年度"），为了保证政府职能的有效运转，以法律形式表现出来的政府年度财政收支计划，体现政府承担的公共责任或公共价值。不同政体的国家有不同的预算制度安排。

2. 公共预算的特点

公共预算具有以下五个特点。

（1）计划性。公共预算是政府的公共收支计划，在财政年度内，政府必须按照公共预算的安排来执行收支，不得随意超越和违背。

（2）透明性。除少数特殊情况外，公共预算的主要内容应通过多种渠道向所有社会公众公布，以便全社会监督政府的活动。

（3）全面性。除少数特殊项目外，政府所有的财政收支都要纳入公共预算，确保立法机关和社会公众对政府行为的全面约束和监督。

（4）权威性。预算经立法程序批准后就有了法律权威性，任何违反公共预算的行为都是违法行为，都将受到法律应有的制裁。

（5）程序性。公共预算的编制、审查、批准、监督、执行、调整、评价等整个过程是通过一系列特定的政治程序或得到授权的行政程序完成的。

二、公共预算的分类

公共预算有多种分类方法，归纳起来主要有以下五种。

1. 按照不同的政府级别分类

按照不同的政府级别，公共预算可分为中央公共预算和地方公共预算。中央公共预算是反映中央政府活动的财政收支计划，在公共预算体系中占主导地位；地方公共预算是反映地方政府活动的财政收支计划，是组织、管理公共预算的基础环节。我国的中央公共预算由中央各部门的单位预算和中央所属国有企业财务收支计划组成，即由中央各部门的预算及地方向中央的上交收入、中央对地方的返还或补助数额组成，它在公共预算中占有主导地位。地方政府的预算就是地方政府的财政收支计划。地方公共预算由省（直辖市、自治区）本级与所属市和县（市、自治县）预算组成。它包括本级各部门的预算及下级政府向上级政府上交的收入、上级对下级政府的返还或给予补助的数额。地方公共预算在公共预算中占有重要地位。

2. 按照不同的编制形式分类

按照不同的编制形式，公共预算可分为单式预算和复式预算。单式预算是传统的公共预算编制形式，将政府的全部财政收支汇集编入一个总预算内，形成一个收支项目安排对照表。复式预算是将政府的全部公共收支按经济性质归类，分别汇编入两个或两个以上的预算，从而形成两个或两个以上的收支对照表。

3. 按照不同的预算作用时间分类

按照不同的预算作用时间，公共预算可分为年度预算和中长期预算。年度预算是指预算有效期为 1 年的财政收支计划；中长期预算是指预算有效期在 1 年以上的财政收支计划，其中，1 年以上、5 年以下的预算是中期预算，5～10 年及以上的预算是长期预算。但是，除相关预算法律法规规定外，中期预算或长期预算并非一定要有确定的时间限制。

4. 按照不同的收支管理范围分类

按照不同的收支管理范围，公共预算可分为总预算和单位预算。总预算是各级政府的基本收支计划，由各级政府的本级预算和下级政府的预算组成；单位预算是各级政府的直属机关就其本身及所属行政事业单位的年度经费收支所汇编的预算，是各级总预算的基本构成单位。

5. 按照预算的编制方法分类

按照预算的编制方法，公共预算可分为增量预算和零基预算。增量预算是指预算年度的财政收支计划指标的确定，以上年财政收支执行数为基础，再考虑新的年度国家经济发展情况加以调整确定。零基预算是指新的预算年度财政收支计划指标的确定，不考虑以前年度的收支执行情况，而以"零"为基础，结合经济发展情况及财力可能，从根本上重新评估各项收支的必要性及其所需金额的一种预算形式。2021年国务院印发的《关于进一步深化预算管理制度改革的意见》提出："坚持量入为出原则，积极运用零基预算理念，打破支出固化僵化格局，合理确定支出预算规模，调整完善相关重点支出的预算编制程序。"西方国家的预算编制方法呈现出多元化、多样化、多形式的特征，其中，零基预算也是一种重要的预算编制方法。

三、公共预算的原则

公共预算的原则是指政府选择预算形式和编制预算的指导方针和遵循原则。按照国际惯例和我国的预算法，其主要原则有以下几项。

（1）公开性。公共预算反映政府的活动范围、方向和政策，与全体公民的切身利益息息相关。因此，公共预算及其执行情况必须采取一定的形式公诸人民，让人民了解财政收支情况，并置于人民的监督之下。

（2）可靠性。每一收支项目的数字指标必须运用科学的方法，依据充分确实的资料，并总结出规律性，进行计算，不得假定、估算，更不能任意编造。

（3）完整性。公共预算必须包括政府的全部公共收支项目，反映以政府为主体的全部财政收支活动，不允许把一部分政府收支排除在公共预算之外而形成"小金库"，或者把一部分公共财政活动排除在公共预算之外而不予确认、报告和披露。公共预算的完整性原则是建立在现代民主政治制度基础之上的。公共预算的完整性原则有利于政府控制、调节各类财政资金的流向和流量，完善财政的分配、调节和监督职能。公共预算的完整性也便于立法机关对预算的审议批准和社会公众对预算的了解监督，客观上发挥控制公共预算收支的作用。

（4）统一性。各级政府预算的计算和编制应该采用统一的方法和程序，以便于对全国的预算收支状况进行统计分析；同时，各级政府都只能有一个预算，而不能以各种名义另立预算。预算是政府宏观调控的重要杠杆，保证预算的统一性是增强政府宏观调控能力的必要条件。

（5）年度性。预算的年度性原则，是指政府必须按照法定预算年度编制公共预算，一般称为"财政年度"（fiscal year）。这一预算要反映全年的财政收支活动，同时不允许将不属于本年度财政收支的内容列入本年度的公共预算之中。我国实行历年制预算，即从每年1月1日起至同年12月31日止；有些国家实行跨年制预算，即从本年某月某日开始至次年某月某日止，中间历经12个月，但跨越了两个年度。例如，1977年以前美国的预算年度是从7月1日到下一年度的6月30日，而从1977年开始，美国联邦政府的财政年度改变为10月1日到下一年度的9月30日，但美国有些州政府的财政年度仍然是7月1日到下一年度的6月30日。

需要说明的是，上述公共预算的原则并不是一成不变的。公共预算原则的确立，不仅取决于公共预算自身的属性，也取决于预算编制当时的经济社会状况。事实上，各国政府所遵从的公共预算原则并不完全相同，而且会随着具体情况的变化进行相应的调整。

四、公共预算的模式

公共预算是一个多要素、多层次组合的复杂系统，且具有多种分类。根据收支管理范围，可将公共预算分为总预算和单位预算；根据预算主体的性质，可将公共预算分为中央预算和地方预算；根据预算计划的时效性，可将公共预算分为年度预算和中长期预算；等等。但从管理的角度来看，公共预算管理主要有以下几种基本模式。

1. 分项排列预算模式

分项排列预算是一种产生时间早、管理方式较简单的模式。它以预算支出的若干特定目标为核心，采用分项排列的方法依次列出特定目标的预算资金，由拨款机构加以拨付。

分项排列预算在会计上具有清晰、简便的优势，可以按照总科目、科目、二级科目、明晰科目等分类清晰地看出预算资金在不同项目中的分配情况。因此，一些地方仍在采用这种分项排列预算模式。但是，分项排列预算管理的效率主要取决于拨款机构能够不折不扣地执行拨款计划，因而要求其必须具有特殊的制度基础。在财政大权集中于立法机关的制度下，分项排列预算能较好地服务于立法机关对预算的控制与监督。随着公共管理的复杂性、多变性的不断增加，特别是行政机关预算裁量权的膨胀，分项排列预算便越来越显示出不科学性，越来越不适应当代公共管理预算的需要。

2. 设计计划预算模式

设计计划预算（PPBS）是20世纪60年代在美国发展起来的一种新型的预算管理模

式。公共管理理论的日益成熟和信息技术的迅猛发展，为设计计划预算模式的问世奠定了理论基础，并提供了技术条件。与此同时，美国政府谋求预算控制权的强烈愿望也促成了设计计划预算模式的迅速运用。1961 年，美国国防部长罗伯特·麦克纳马拉在五角大楼首先使用了这一模式。

设计计划预算模式是指审视一国长期的政策目标与机会，以及国家当前所达成的目标与可运用的资源，利用一切分析工具，评估各种公共计划书的成本与效益，协助国家最高当局拟定最佳决策，以利于国家资源的合理分配的预算制度。该预算模式包括目标的设计、计划的拟订与预算的筹编等，其基本思路是"要将年度预算程序同长期计划相挂钩，而不是要与随意性要求相联系"。

设计计划预算模式的基本内容包括：①确定预算项目目标；②从众多目标中选择最紧迫的目标；③运用成本—收益分析法设计实现各自目标的备选方案；④说明实施这些方案后的各年度成本；⑤对这些方案的实施效果做出长期评价衡量。

与分项排列预算不同，设计计划预算模式不再按支出科目，而是按方案进行预算，融设计、计划、预算三者为一体，预先设计数年间的政策成本与收益，便于政府资源做最佳运用，注重资源配置的效率，体现了公共管理公开负责的精神。

3. 目标管理预算模式

目标管理预算模式是美国于 1971 年在尼克松总统当政期间倡导实行的。该预算的基本点包括以下方面：①说明单位的基本任务；②确定预算主次目标；③设定可供考核的指标，管理者与下级交换意见，以确保其可行性；④列出具体时间进度以供监督。

目标管理预算模式注重的是预算项目执行的效率，而不是主项目与各备选项目间的选择，因而也有人认为它不具有预算的性质，只是一种管理方法。

4. 零基预算模式

零基预算模式于 20 世纪 70 年代后期在美国风靡一时。1969 年，得州仪器公司正式采用此制；1973 年，佐治亚州州长卡特率先引进此制用于筹编州政府预算，1977 年，卡特就任美国总统后，又将此制推行于联邦各行政单位。零基预算不是按上年度的"渐进增量"进行预算，而是对原有项目进行重新审核。从理论上说，每种政府计划和活动应在新的会计年度归整于零，重新开始。零基预算意味着各机关应致力于追求现行计划的效率和效能，同时应提升计划削减或裁并的可能性。

零基预算模式以零为预算编制的基础，不受往年预算金额的拘束，对新旧计划均须考虑，可避免传统预算累积加成与持续膨胀的弊端。但从西方国家的实践来看，零基预算模式主要适用于规模较小的预算，对于大规模预算，相应的繁重文案工作往往令人不胜其烦。

5. 绩效预算模式

绩效预算模式是一种以绩效或结果为导向的预算管理方式。早在 20 世纪 40 年代末，美国胡佛政府就开始实施绩效预算。1949 年，美国胡佛委员会（行政机关组织委员会）在对国会的报告中指出:"绩效预算是基于政府的职能、业务与计划所编制的预算……绩效预算将注重一般重要工作的执行,或服务的提供,而不着眼于人员劳务、用品、设备等事务的取得。""预算最重要的事,是工作或服务的完成以及该项工作或服务付出的若干成本。"

各国进行绩效预算的做法各有特色,并不完全一致。但从总体上来看,大体上包括以下几个步骤:公布绩效报告,系统地向公众发布有关政府服务的信息;明确绩效目标,目的是要影响政府活动;将绩效报告提交审计师审核;预算机构与支出管理机构或某个机构与其管理者之间订立绩效合同,详细规定机构在可使用资源的条件下应取得的绩效;编制绩效预算,一方面列出支出,另一方面列出与此投入相应的预期绩效,绩效预算体现了绩效合同的内容。

绩效预算把企业成本观念引入公共管理,有利于公共组织进行成本—收益分析。这样既可以考核公共资金使用的最终效果,又可以考核为取得预期效果所开展的工作活动,从而把预算支出和结果有机地联系在一起。

第二节 我国公共预算管理体制

一、公共预算管理体制的内涵

预算管理体制又称为财政管理体制,是在中央政府与地方政府及地方各级政府之间规定预算收支范围和预算管理职权的一项根本制度。预算收支范围是国家财力在中央与地方以及地方各级之间进行分配的具体形式。预算管理的职权是各级政府在中央统一领导下,支配国家财力的权力和责任。政府预算管理体制实际上就是要明确各级预算管理机构所担负的责任,以及未来实现其职责必须划给相应的财权和财力,最终目的是为了使各级财政的责权利密切结合,充分调动各方的积极性,完成预算的收支任务,确保预算收支平衡。我国的预算管理体制在中国特色社会主义制度下,依据《中华人民共和国预算法》建立。例如,关于预算管理体制,《中华人民共和国预算法》明确指出:"国家实行一级政府一级预算,设立中央,省、自治区、直辖市,设区的市、自治州,县、自治县、不设区的市、市辖区,乡、民族乡、镇五级预算。全国预算由中央预算和地方预算组成。地方预算由各省、自治区、直辖市总预算组成。地方各级总预算由本级预算和汇总的下一级总预算组成;下一级只有本级预算的,下一级总预算即指下一级的本级预算。没有下一级预算的,总预算即指本级预算。"不同时期的预算管理体制根据经济社会发展需要进行适当调整。例如,自 2004 年以来,预算绩效管理从探索起步逐步走向成熟定型,特别是按照《中共中央 国务院关于全面实施预算绩效管理的意见》要求,加快预算绩效管理改革步伐,已经建立起以项目支出为主的全过程预算绩效管理框架。

国家预算管理体制的实质是处理预算资金分配和管理上的集权与分权、集中与分散的关系问题。其核心是中央政府和地方政府之间的集权与分权问题,主要是通过中央政府与地方政府之间的收支划分来解决。一般而言,各级政府的事权应与财权相适应。在各个时期,哪些财力应当集中,集中多少,哪些财力应当分散,分散多少,都要从实际出发进行具体分析,在财力分配上总的原则是:首先要保证大部分预算资金集中在中央,使中央有足够的财力,实现国家的总体目标。在此基础上,保障地方的局部利益,使地方拥有一定的财权、财力,充分调动地方发展经济和各项事业的积极性和主动性。

在现代国家中,特别是实行中央集权行政体制的国家,通常基于公共事务事权,对预算管理体制进行设计。例如,很多不具有排他性和竞争性的纯公共物品或公共服务,以及需要采取全面性的行动去实现的项目或政府职能,可以由中央集中办理,包括:全国性公共产品,这是对全国所有个人共同提供的,应由中央政府集中提供,如国防和对外政策;有些公共产品或服务在一定程度上涉及国家利益,应由中央政府集中提供,如基础科学研究、救助失学儿童;不同的行政或经济地区的收入;中央政府应掌握主要税收的课征权,以避免地域间税负不一而造成的高税区纳税人向低税区躲避的行为,同时可以减少地方政府之间用减免或补助来吸引投资的税收竞争;贸易关系中的税收;其他属于稳定和发展经济方面的举措及重要财政政策的实施。

需要发挥地方的主动性,符合各地的特点,从而提高政府财政活动效率的项目或职能,则应由地方政府来操作或行使。

二、新中国公共预算管理体制的演变

1. 1949—1952 年:成立初期国民经济恢复时期

以 1949 年 10 月 1 日社会主义中国宣告诞生为标志,新中国财政随之建立起来。1950 年,整个国民经济处于极度困难时期,公共财政需要集中财力为国民经济建设提供支持。由于在长期的战争中形成的分散管理,财政收入不统一,国家财力十分薄弱。为了平衡财政收支,稳定市场物价,安定人民生活,政府做出了公共财政统一管理的重大决策。在预算管理上,1950 年实行高度集中的"统收统支"预算管理体制。这是在特殊的历史背景下实行的暂时体制,它的主要特征是:全国各地的主要收入,统一上交中央金库,没有中央拨付命令,不得动用;地方一切开支均需经中央核准,统一按月拨付;预算管理权限集中于中央,包括税收制度、人员编制、工资和供给标准、预决算和审计会计制度,统一由中央制定、编制和执行;留给地方少许财力,用以解决农村、文教卫生事业和城镇市政建设以及其他临时性需要。高度集中的管理体制适应了当时的政治经济形势发展的要求,通过推出统一财经工作、平衡财政收支、稳定物价等一系列政策措施,为国民经济的恢复、政权的巩固以及各方面的治理工作提供了有力的保证,从而实现了国民经济的全面恢复和国家财政状况的根本好转。

2. 1953—1978 年:实行统一领导,分级管理体制时期

从 1953 年起,在国民经济全面恢复的基础上,以实施第一个五年计划为标志,我国开始转入有计划的经济建设时期。根据党的过渡时期总路线和总任务的要求,作为整个计

划经济体制的核心组成部分,财政担负起了为工业化筹集资金和促进社会主义改造的双重任务。一方面,以筹集社会主义工业化建设资金为重点,通过改进和加强财政收支管理,开辟和扩大财源,增加资金积累,保证了"一五"计划的顺利完成;另一方面,伴随着对农业、手工业和资本主义工商业的社会主义改造进程,逐步建立了对不同所有制和不同区域实施不同财税政策的财税制度体系,形成了与"城乡二元"经济社会体制相适应的"城乡二元"财税体制格局。新的形势要求预算管理工作不仅要加强中央的统一领导和统一计划,而且要发挥地方的积极性。自 1951 年起实行划分收支、分级管理的预算管理制度发挥了重要作用。其主要内容包括:公共预算实行分级管理,分为中央、大行政区级和省市级三级预算;在预算支出方面,按照企业、事业和行政单位的隶属关系与业务范围,划分中央预算支出;在预算收入方面,划分为中央预算收入、地方预算收入以及中央和地方按比例留存的收入;地方的预算支出,每年由中央核定一次,首先用地方预算收入抵补,不足部分用地方的比例留存收入抵补。这期间,中央和地方的预算收支的划分虽然每年都有一些变化,但是大体上相差不大。预算收入划分为中央和地方的固定收入、固定比例分成收入以及调剂收入。预算支出基本上按企业、事业、行政单位的隶属关系来划分,属于哪一级管理的单位,其支出即列入哪一级的财政预算。

在"一五"计划各项指标和"三大改造"任务全面完成的背景下,从 1958 年起,中国开始实施第二个五年计划,并以此为标志,进入了全面建设社会主义的新时期。然而,由于"大跃进"的盲目发动,经济发展并未按照原定的"二五"计划轨道运行,而是出现了大起大落,从而不得不在 1961 年转入长达 5 年的国民经济调整期。作为计划经济体制的核心组成部分,这一时期的财税体制做了许多积极的探索。先是配合"大跃进"实施对地方和企业的放权,在一定程度上改变了"一五"计划时期过度集权的体制格局。后来,又适应国民经济调整和应对经济困难的需要,适当收缩了一部分"大跃进"期间下放过多的财权,重新加强了财权、财力的集中统一。20 世纪 60 年代初,中国的国民经济进入调整时期,中央又恢复实行集中统一的预算管理制度。

但是,在"文化大革命"期间,中国的预算管理制度基本上实行"收支挂钩、总额分成"的办法。随着形势的恶化,预算管理制度也发生了多次变动。直到 1978 年,中国的公共预算都缺乏有力的法律保障,公共预算制度处于不科学、不稳定、不规范的状态之中。

3. 1978—1993 年:公共预算管理体制变革时期

以 1978 年末召开的中共十一届三中全会为标志,中国跨入了改革开放的新时期。从分配领域入手的经济体制改革,确定的主调便是"放权让利"。通过"放权让利",激发各方面的改革积极性,提高国民经济活力。在改革初期,政府能够真正放出的"权"主要是财政上的管理权,政府能够真正让出的"利"主要是财政在国民收入分配格局中所占的份额。这一整体改革思路与财政自身的改革任务——由下放财权和财力入手,打破或改变"财权集中过度,分配统收统支,税种过于单一"的传统体制格局——相对接,便有了一系列的旨在为整体改革铺路搭桥的改革举措。1980年,政府对公共预算管理体制进行了重大改革。国务院于 1980 年 2 月 1 日颁发了《关于实行"划分收支、分级包干"的财政管理体制的暂行规定》，决定从 1980 年起实行。这次改革的特点是：由过去的"一灶吃饭"改为"分灶吃饭"，由"条条"分配为主改为以"块块"分配为主，由"一年一定"改为"一定五年不变"，由"总额分成"改为"分类分成"。改革的基本原则是：在巩固中央统一领导和统一计划、确保中央必不可少的开支的前提下，明确各级财政的权力和责任，做到权责结合，各行其权，各负其责，充分发挥中央和地方的积极性。分级包干制与过去高度集中的管理体制相比，扩大了地方的财权，调动了地方的积极性，适应了当时的经济体制改革以及社会经济形势发展的要求，在一定时期内，发挥了地方政府增收节支、当家理财的积极性，促进了地方经济的发展。但是随着社会主义市场经济体制的确立，财政包干体制固有的弊端日趋明显，越来越不适应经济体制改革的要求。

4. 1994—2012 年：公共预算管理体制重大改革时期

1994 年是新中国财税体制改革的重大转折点。前期以"放权让利"为主调的改革，并没有根本改变作为计划经济体制重要组成部分的传统财税体制，而且以减收、增支为代价所进行的财政改革，使财政收支运行陷入了不平衡的困难境地。意识到"放权让利"的改革并不能满足社会主义市场经济体制的需要，在这一思路上持续了十几年之久的财税体制改革自然要进行重大调整：由侧重于利益格局的调整转向新型体制的建立。1992 年 10 月，中共十四大正式确立了社会主义市场经济体制的改革目标；1993 年 11 月召开的中共十四届三中全会又通过了《中共中央关于建立社会主义市场经济体制若干问题的决定》。以建立适应社会主义市场经济的财税体制为着眼点，从 1994 年起，中国的财税体制改革踏上了制度创新之路。可以说，通过那次财税体制改革，初步搭建起了适应社会主义市场经济体制的财税体制基本框架。

1994 年的"分税制"财税体制改革，使中国的财税体制走上了重大财政制度创新之路。"分税制"作为预算管理体制的一种形式，是一国政府在中央与地方各级政府之间划分税收收入和税收管理权限以及确定转移支付的一种财政管理制度，其实质是通过划分中央和地方税收收入来源和税收管理权限以及确定转移支付制度，理顺中央和地方的财政分配关系，构建集权与分权规范化的体制。国务院决定从 1994 年 1 月 1 日起改革当时的地方财政包干体制，实行分税制财政管理体制。旧的财政包干制弊端明显，诸如：税收调节功能弱化，影响统一市场的形成和产业结构优化；国家财力偏于分散，制约财政收入合理增长，特别是中央财政收入比重不断下降，影响中央政府的宏观调控能力。可见，对财政体制的改革已刻不容缓，"分税制"改革正是在这个背景下出台的。

"分税制"财政体制的改革目标主要表现在：提高中央财政收入占全国财政收入的比重成为分税财政体制改革的首要目标；实现政府间财政分配关系的规范化是分税体制改革的另一个重要目标；通过调节地区间分配格局，促进地区经济和社会均衡发展，实现基本公共服务水平均等化，实现横向财政公平是政府的重要施政目标，也是分税体制的预想目标之一，但这一目标未能实现。

"分税制"的主要内容体现在：分税，即税收收入在中央与地方之间的划分，一般是按税种或税源将全部税收划分为中央和地方两套税收体系，这是"分税制"的核心问题；分权，即税收的管理权限在中央与地方之间的划分，包括税收的立法权、税法的解释权、征管权、调整权及减免权等；分征，即分别建立中央税与地方税各自独立的征收系统，中央政府设置国家税务局，负责征收中央税和共享税，地方政府设置地方税务局，负责地方税的征收；分管，即中央政府与地方政府之间建立分级预算，分别管理各自的收入。

1994年以来的实践证明，"分税制"改革在实现财政职能等方面都取得了显著成效。从资源配置的角度（效率目标）来看，实行"分税制"打破了财政包干体制形成的"诸侯经济"。从收入分配的角度（公平目标）来看，实行"分税制"遏制了财政收入占GDP比重下降的态势。从宏观调控的角度（稳定目标）来看，实行"分税制"增强了中央财政与地方财政的独立性。从资本积累角度（发展目标）来看，实行"分税制"极大地调动了中央和地方组织收入、防止收入流失的积极性。

1994年财税体制改革所覆盖的部分，说到底，还只是体制内的政府收支；游离于体制外的政府收支，尚没有被覆盖。而且，1994年财税体制改革所着眼的也主要是以税收为代表的财政收入一翼的制度变革。财政支出一翼的调整，虽有牵涉，但并未作为重点同步进行。随着1994年财税体制改革成效的逐步释放，游离于体制外的政府收支以及财政支出的各种矛盾，便日益显露出来，并演化为困扰国民收入分配和政府收支运行过程的"瓶颈"。于是，在20世纪90年代后期，以规范政府收支行为及其机制为主旨的"税费改革"，以及财政支出管理制度改革，先后进入财税体制改革的重心地带，通过构建公共财政的体制框架，推动财政日益显现出"公共性"的本质特征。

正如社会主义市场经济体制要经历一个由构建到完善的过程一样，伴随着以构建公共财政基本框架为核心的各项财税体制改革的稳步推进，伴随着"分税制"财税体制改革也逐渐步入"深水区"，面临着进一步完善的任务。2003年10月，中共十六届三中全会通过了《中共中央关于完善社会主义市场经济体制若干问题的决定》，对公共财政体制提出了新的要求，提出了进一步健全和完善公共财政体制的战略目标。"健全公共财政体制，明确各级政府的财政支出责任……深化部门预算、国库集中收付、政府采购和收支两条线管理改革。清理和规范行政事业性收费，凡纳入预算的都要纳入预算管理。改革预算编制制度，完善预算编制、执行的制衡机制，加强审计监督。建立预算绩效评价体系。实行全口径预算管理和对或有负债的有效监控。加强各级人民代表大会对本级政府预算的审查和监督。"认识到完善的公共财政体制是完善的社会主义市场经济体制的一个重要组成部分，将完善公共财政体制放入完善社会主义市场经济体制的整体，从而在两者的密切联系中谋划进一步推进公共财政建设的方案，也就成了题中应有之义。中国财政预算体制旨在进一步完善公共财政的目标。

5. 2012年至今：适应新时代的财政预算体制建立时期

2012年11月，中国共产党第十八次全国代表大会开幕，这也是新中国财政的重大历史变革时期。大会的主题是：高举中国特色社会主义伟大旗帜，以邓小平理论、"三个代表"重要思想、科学发展观为指导，解放思想，改革开放，凝聚力量，攻坚克难，坚定不移沿着中国特色社会主义道路前进，为全面建成小康社会而奋斗。党的十八大以来，习近平总书记对财政做出了一系列重大判断和权威论述：从党的十八届三中全会做出"财政是国家治理的基础和重要支柱"的重大判断,到党的十九大对"加快建立现代财政制度"进行全面部署,再到党的十九届四中全会提出"健全充分发挥中央和地方两个积极性体制机制",以及党的十九届五中全会提出"建立现代财税金融体制",党的二十大提出"加强财政政策和货币政策协调配合……健全现代预算制度,优化税制结构,完善财政转移支付体系",对中国特色社会主义财政建设的本质特征、制度形态、体制机制、功能发挥等做出了全面、系统的规划和部署,从党和国家战略全局出发看待财政的本质及制度特征。

随着中国特色社会主义进入新时代,社会主要矛盾由"人民日益增长的物质文化需要同落后的社会生产之间的矛盾"转化为"人民日益增长的美好生活需要和不平衡不充分的发展之间的矛盾",经济发展由高速增长阶段转向高质量发展阶段,改革开放由以经济体制改革为主到全面深化经济、政治、文化、社会、生态文明体制改革,财政也被纳入现代国家治理总体布局并摆在基础和重要支柱位置。财政不仅要作为政府活动的经济基础而发挥作用,而且要进入国家治理的全过程和各领域。于是,在初步实现公共财政体制的基础上,聚焦于实现国家治理现代化,以建立与国家治理现代化相匹配的现代财政制度为目标取向,新中国财政开启了一系列适应新时代的变革。例如,2018年2月,中国共产党第十九届中央委员会第三次全体会议通过了《深化党和国家机构改革方案》。该方案明确指出:将省级和省级以下国税地税机构合并,具体承担所辖区域内各项税收、非税收入征管等职责。国税地税机构合并后,实行以国家税务总局为主与省(自治区、直辖市)政府双重领导管理体制。

财政的制度安排及其实践运行深刻内嵌于社会主义现代化国家建设的整个过程。财政是国家治理的基础和重要支柱,必须服从和服务于党和国家的战略大局,服从和服务于社会主义现代化强国建设。相关研究表明[①],财政承担着开启市场化改革、为改革提供动力和规范市场运行等重要功能,即财政改革为中国式现代化提供了改革动力。财政对于改革进程的保障与推进,从体制层面上促成了中国式现代化道路的形成。财政正是在保障"物"的发展和推动"人"的发展的路径上,不断丰富着中国式现代化道路的独有内涵。财政制度变革、财政政策选择以及财政政策评价在中国式现代化实现过程中扮演着极其核心的角色与作用。

三、我国公共预算管理体制领域的改革实践

1. 实行部门预算

部门预算改革按照"坚定目标、积极稳妥、充分试点、分步实施"的指导思想正在逐步推进。部门预算的编制在编制时间上进一步提前,在内容上也进一步细化,并选择了部分单位进行了试点。部门预算不仅在形式上实现了"一个部门一本预算",而且在编制内容和方法上初步打破了基数的概念,在行政管理费、公检法支出等科目和实施公务员管理

[①] 吕炜,靳继东. 从财政视角看中国式现代化道路[J]. 中国社会科学,2022(11):165-184,208.

的事业单位，全面推行基本支出按定额核定，项目支出在进行评估的基础上，按轻重缓急排序，根据财力可能安排，从而进一步细化了预算编制工作。

2. 实行国库集中支付制度

改革财政资金拨付方式，实行国库集中支付制度的目的，是使每笔财政资金的使用都处于有效的监督管理之下，实行这一办法必须做到既要使库款集中到国库，又不影响预算单位用款。实行国库集中支付制度改革，基本上解决了过去财政资金层层拨付、流转环节多等问题，防止了资金挤占、转移、挪用，提高了预算单位加强财务管理的意识和水平，有利于库款统一调度，降低财政资金运行成本，提高资金使用效率，有助于强化财政预算执行，有效地防止了单位挤占、挪用和截留财政资金，减轻了财务人员的劳动强度，规范了预算资金的管理，强化了预算执行和监督。

3. 深化预算外收支两条线制度

为切实减轻人民负担，从制度上和源头上治理腐败，加强党风、政风建设，中央决定将"收支两条线"管理改革作为预算管理制度改革的重点，并成立专门机构，对纳入"收支两条线"管理改革试点的部门进行了分类组织实施：对一部分单位实行预算外收入全部上缴国库，并实行综合预算管理；对另一部分单位执行预算外资金收支脱钩的管理办法，做到收支透明，并选择其中的一部分单位作为试点，实行预算外收缴分离办法。通过分类实施，探索了综合预算管理的思路，进一步深化了"收支两条线"改革，收到了很好的成效。

4. 推进政府采购工作

自 1996 年我国政府采购开始试点发展至今，政府采购制度框架已经在不断推进的改革中初步形成。随后，地方各级人民政府也在财政部门相继设立或明确了政府采购管理机构，负责制定政府采购政策，监督管理政府采购活动。到目前为止，各地政府采购机构建设已基本完成，绝大多数地方政府设立了政府采购管理机构和执行机构。这就为我国政府采购工作提供了组织保证。我国政府采购工作虽然开展时间不长，但成绩显著，其优越性也在几年的实践中充分显示出来：一是节约了财政资金，节约率显著提高；二是促进了廉政建设，有效地抑制了暗箱操作等不规范行为；三是支持了国内优势企业，扩大了国内优势企业的市场。

总之，实行公共财政导向下的预算管理改革，对于发展社会主义市场经济具有重要意义。第一，它规范了政府行为，将有力地推进依法治国在理财系统中的贯彻落实；第二，它提高了政府资金的管理使用效率；第三，在反腐倡廉方面，依靠制度的建立，能减少腐败的滋生，使政府和财税工作人员真正归位到为人民服务的宗旨上，从而减少权钱交易、舞弊等违法乱纪行为的空间；第四，它可以促进民主化进程，以理财的民主化推动整个社会的民主化；第五，它是一个显著促进社会经济发展和现代化进程的配套改革的组成部分。

第三节　公共预算的编制、执行、调整与决算

公共预算的编制、执行、调整与决算是一个完整的预算程序。预算程序是指预算的周期过程，它起于一个财政年度开始以前，而止于一个财政年度结束之后。

一、公共预算的编制

公共预算的编制是对未来一段时间内公共部门收支进行预算和计划的活动，它是整个预算工作程序的开始。编制公共预算的程序大体分为前期准备、正式编制和审批三个阶段。整个流程实行"自上而下"与"自下而上"相结合的方式。

（1）编制公共预算的前期准备。一般而言，中央政府每年在第三季度向各地方政府和各部门发出编制下年度预算的指示，提出编制预算的原则要求，国家财政部根据国务院的指示，拟定编制预算的具体规定和预算的控制指标——国家概算，并向中央各部门和各省、自治区、直辖市财政部门下达。

（2）公共预算的正式编制。公共预算的正式编制采取自下而上、自上而下、上下结合，逐级审查汇总的方式。以我国为例，大体经过以下步骤：①制定公共预算收支指标；②中央各部门和地区各省、自治区、直辖市根据国家下达的预算收支控制指标，结合本地部门、本地区的经济状况，参照所属单位和地区的预算收支建议数，经过认真测算分析，拟定预算收支指标和财务指标，逐级下达；③中央各部门所属的企事业单位根据上级下达的指标，自下而上地编制单位经费预算草案和财务收支计划草案，经主管部门审查后，报送财政部；④各省、自治区、直辖市所属各单位和各市县根据省、自治区、直辖市下达的指标，自下而上地逐级汇编单位预算草案和总预算草案，经省、自治区、直辖市审查汇编，再报送财政部；⑤由财政部对中央各部门报送的单位预算草案和各省、自治区、直辖市报送的总预算草案进行审查汇编，再报国务院审定通过，就成为公共预算草案。

（3）公共预算的审批。公共预算草案经国务院审定同意后，提交国家权力机关审议批准。国家权力机关审议批准后，便成为具有法律效力的公共预算。

目前，世界各国通行的公共预算编制方法主要有两种，即单式预算和复式预算。二者的区别表现在：首先，从编制方法来看，单式预算将全部财政收入和支出汇集编入同一个总预算表内，结构比较简单，可以明了地反映财政收支全貌，但缺点在于不能明确地反映出各项财政收支的性质、财政赤字形成的原因以及解决财政赤字的资金来源。而复式预算则把全部财政收入和支出按其经济性质分别编入两个或两个以上的预算表中，各项收支之间建立明确的对应关系，可以促进公共组织更加科学合理地使用资金，准确地反映财政收支平衡状况和财政赤字的形成原因，有利于国家对经济活动进行深入分析和控制调节。其次，从反映财政赤字的口径来看，采用单式预算，大多把债务收入列为正常收入项目，使债务收入掩盖了一部分赤字数额。采用复式预算则一般把债务收入作为建设性预算的收入

项目，或把债务收支单独编入融资预算之中，从而比较清楚地反映国家财政的实际情况，便于合理安排财政收支规模。最后，从预算的编制要求来看，单式预算结构简单，编制比较省时省力；而复式预算结构复杂，要求编制者具有较高的技术水平。

新中国成立以来，我国的公共预算一直采取单式预算编制方法，即把全部财政收支汇编在一个统一的预算表中。1978年以来，随着经济体制改革的深入发展，我国国民收入的分配格局发生了很大的变化，投资体制呈现出多元化的局面。在此情况下，单式预算编制方法已不能全面反映国家用于生产建设性的投入及其资金来源，也不能如实地反映赤字形成的原因和债务收入用途，更不便于对财政收支进行科学的分析和管理。因此，国务院决定从1992年起，采用复式预算编制方法。

我国的复式预算按其不同的收支来源和资金性质，划分为经常性预算和建设性预算两部分。其中，国家以管理者和资产所有者的身份取得的一般收入和用于维持政府活动的经济费用、保障国家安全稳定、发展教育科学卫生等各项事业以及用于人民生活方面的支出，列为经常性预算；国家特定用于建设方面的某些收入和直接用于国家建设方面的支出，列为建设性预算。

二、公共预算的执行

公共预算的执行是指预算计划付诸实施的过程。

预算执行是整个预算工作程序的重要环节。收入入库、支出拨付以及预算调整都必须按照法律和有关规定的程序进行。各级预算由本级政府组织执行，具体工作由本级财政部门负责。预算收入征收部门必须依法、及时、足额地征收应收的预算收入。有预算收入上缴任务的部门和单位，必须依照法律、行政法规的规定，将应上缴的收入及时、足额地上缴国库。各级财政部门必须依照法律和规定及时、足额地拨付预算资金，并加强管理和监督。

1. 预算执行机构及职责

《中华人民共和国预算法》规定，各级预算由本级政府组织执行。即国务院和地方各级人民政府是政府预算的组织领导机构，国务院作为国家最高行政机关，负责组织全国预算和中央预算的执行；地方各级人民政府负责组织本级政府预算的执行，并负责对本级各部门和所属下级政府预算执行情况进行检查和监督。

国务院领导执行政府预算，具体职责有：执行政府预算的法律法规；核定政府预算、决算草案；组织领导政府预算；颁发全国性重要的财政预算规章制度；审查批准中央预算预备费的动支。

各级地方政府领导执行地方预算，具体职责有：颁发本级预算执行的规定和办法；批准本级预备费和机动财力的动支；按规定执行预算调剂权；按规定安排使用本级预算结余；审查本级预算执行情况和决算。

2. 政府预算执行的具体负责机构及职责

《中华人民共和国预算法》规定，政府预算执行的具体负责机构是本级政府财政部门。具体来说，财政部对国务院负责，在国务院的领导下，具体负责中央预算的执行，指导地方预算的执行，并定期向国务院报告预算执行情况；地方各级财政部门对地方各级人民政府负责，在其领导下，具体负责组织本级预算的执行，并监督和领导所属下一级预算的执行，定期向同级人民政府和上一级财政部门报告预算执行情况。

财政部门是政府预算的具体执行机关。它在预算执行中的具体职责有：研究落实财政税收政策的措施；制定组织预算收入和管理预算支出的制度和办法；监督各预算收入征收部门和各预算缴款单位按时完成预算收入缴纳任务；根据年度支出预算和季度用款计划，合理调度拨付预算资金，监督检查各部门、各单位管好用好资金；指导和监督各部门、各单位建立健全财务制度和会计核算体系，按照规定使用预算资金；编报、汇总分期的预算收支执行数字，分析预算收支执行情况，定期向本级政府和上一级政府财政部门报告预算执行情况，并提出增收节支的建议；协调预算收入征收部门、国库和其他部门的业务工作。

3. 政府预算执行的专门负责机构及职责

政府预算执行工作由财政部门统一负责组织，但针对预算收支性质和具体管理的需要，还设立了专门管理机构，负责参与预算执行的工作。

组织预算收入执行的机关主要有税务机关、海关及财政机关；参与组织预算支出的机关主要有中国开发银行、中国农业发展银行和有关国有商业银行等，中国人民银行（代理国家金库）担负着政府预算执行的重要任务。

（1）税务机关。税务机关主要负责工商税收的管理，另外，还负责国家交办的其他预算收入的征收管理工作等。

（2）海关。海关主要负责关税的征收管理，并代理税务机关征收进出口货物的增值税、消费税和其他有关税收等。

（3）各类银行。中国建设银行主要负责办理基本建设的拨款、贷款、结算业务和监督工作、办理企业挖潜改造资金和地质勘探费的拨付业务等；中国农业银行主要负责政府预算中支援农业生产等的拨款、贷款、结算业务和监督等；国家开发银行主要负责办理国家政策性重点建设拨贷款及贴息业务；中国农业发展银行主要负责国家粮棉油储备和农副产品合同收购、农业开发等业务中的政策性贷款等；中国人民银行代理国家金库业务、办理中央级行政事业经费的限额拨款等。

（4）各预算部门、单位。各预算部门、单位主要负责按政策执行预算，缴纳预算收入，按支出预算和规章制度规定办理预算支出，对单位的各项经济业务进行会计核算，并编制会计报表，定期向上级部门和财政部门报告预算执行情况。

4. 政府预算执行组织机构的共同任务

在政府预算执行中，各级财政部门与其他一切参与政府预算执行的机关组成了一个完整的体系。虽然各机关在预算执行中各有其职责，但为了全面完成预算执行工作，实现政府职能服务，它们在政府预算执行中仍有着共同任务。例如，按照政府预算确定的收入任务，积极组织预算收入；按照政府预算支出计划，及时合理拨付预算资金；根据预算收支发展变化情况，不断组织预算执行中的收支平衡；加强政府预算执行中的监督，防止和纠正各种偏差；维护财经纪律，保证政府预算的顺利执行；等等。

预算执行与预算编制相比，涉及的利益相关者和参与者更多、更复杂，面临纷纭多变的宏观经济形势，保证执行与预算目标的一致性具有极端重要的意义。为此，亚洲开发银行专家认为，预算执行管理应遵循以下基本原则：确保按照法律授权权限实施预算，这种授权既包括财务授权，也包括政策授权；根据宏观经济环境发生的重大变化对预算进行调整；解决预算实施过程中出现的各种问题；有效管理资源的购置和使用。

三、公共预算的调整

预算调整是指由各级政府在执行过程中通过改变预算收入来源、支出用途以及规模等方法组织新的预算平衡，以适应经济形势变化的需要。按照目前的相关法规，各级政府预算调整均需取得本级人民代表大会的批准。公共预算在执行过程中，由于客观情况的变化，常常会使预算某些部分的收支与实际脱离。为了使年度预算符合客观实际，保证政府预算在执行过程中的平衡，除编制季度收支计划外，还有必要根据实际情况的变化对预算进行调整，以更好地完成预算任务。

1. 公共预算调整的概念

公共预算调整是指经全国人民代表大会批准的中央预算和经地方各级人民代表大会批准的本级预算，在执行中因特殊情况需要增加支出或者减少收入，使原批准的收支平衡预算总支出超过总收入，或者使原批准的预算中举借债务的数额增加的部分变更。在公共预算执行过程中，只要各级预算总收入和总支出发生变化，打破原有预算平衡，扩大预算收支逆差或原批准的债务增加，都属于预算调整；因上级政府返还或补助而引起的预算收支变化，不属于预算调整。根据《中华人民共和国预算法》（2018 年修正）规定，经全国人民代表大会批准的中央预算和经地方各级人民代表大会批准的地方各级预算，在执行中出现下列情况之一的，应当进行预算调整：需要增加或者减少预算总支出的；需要调入预算稳定调节基金的；需要调减预算安排的重点支出数额的；需要增加举借债务数额的。

2. 公共预算调整的方法

在公共预算执行过程中，公共预算调整的方法因调整幅度不同而有所不同，分为全面调整和局部调整。

全面调整是指在某些特殊情况下，例如遭遇特大自然灾害、战争等，或者国民经济发展过"热"、过"冷"时，国家需要对原定国民经济和社会发展计划做出较大调整时，政府预算也相应进行全面调整。这种调整并不是经常发生的，其特点是涉及面广、工作量大，实际上等于重新编制一次政府预算，因此在公共预算执行过程中要慎重考虑。

局部调整是指在公共预算执行过程中，为了适应客观情况的变化，这种变动是经常发生的。局部调整的方法主要有以下几种。

(1) 动用预备费。各级总预算的预备费一般是为了解决预算执行中某些临时急需和事先难以预料的重大开支而设置的备用资金。当发生重大自然灾害和重大经济变革时，就可动用预备费应急。动用各级预备费必须从严掌握，一般控制在下半年使用，并应经过一定的批准程序。中央预备费的动用应经过国务院批准，地方预备费的动用应经过同级人民政府批准。

(2) 经费流用。预算科目之间经费的调入、调出，即在保证完成各项建设事业计划，又不超过原定预算支出总额的情况下，由于预算科目之间调入、调出和改变资金使用用途而形成的预算资金再分配。在公共预算执行过程中，各预算科目的执行结果不同会产生不同的资金余缺情况，在一些科目之间进行调整可以达到预算资金以多补少、调节余缺的目的。由于不同预算科目的资金各有用途，因此在相互调剂时要遵循一定的原则，包括：不影响国家预算总规模和收支平衡以及各项建设事业的完成；严格遵守国家规定的流用范围，做到基本建设资金不与流动资金相互流用、人员经费不与公用经费相互流用、各项专款不与一般经费相互流用等。

(3) 预算的追加、追减。在原核定的预算总额以外增加预算收入或支出数额，称为追加预算；减少预算收入或支出数额称为追减预算。各部门、各单位由于国家政策、计划、制度发生重大变化，以及事先难以预料的特殊原因而需要追加、追减收支预算时，均应按照规定要求编制追加、追减预算，并经各级人大常委会审查批准。

(4) 预算划转。预算划转是指由于行政区划或企事业单位隶属关系改变而使其预算的隶属关系发生改变，从而将全部资金划归新的领导部门或接管单位的调整方法。预算划转一律按照预算年度划转全年预算，已经缴入国库的收入和已经实现的支出也要同时划转，由划出和划入的双方进行结算。一般来说，预算划转在中央预算与地方预算之间、地方之间以及部门之间进行。

从严格意义上讲，预算的追加、追减和预算划转打破了原有预算平衡，而动用预备费和经费流用并没有改变原预算总额。

3. 公共预算调整的审查监督

公共预算是经法定程序批准的具有法律效力的文件，非经法定程序不得改变。但长期以来，由于有些部门、地方法制观念淡薄，又缺乏严格的责任制，预算约束软化，调整过于频繁，出现政府预算乱批条子、乱开口子的现象；完不成预算收入任务，或者支出超过预算，有关单位和主管部门也不承担任何责任；加上预算法对预算调整的概念界定不科学和有关规定不合理，造成政府多收可以多支，实际上使预算调整脱离人大监督范围，这也给预算审查监督增加了难度。为了规范政府的预算调整行为，加强人大常委会对政府预算调整的审查监督，《中华人民共和国预算法》（2018年修正）预算调整部分明确预算调整的具体幅度、范围和程序等。

四、公共决算

公共财政预算的决算是国家决算的一个重要组成部分。公共决算，是指经过法定程序批准的会计报告，是对年度预算执行结果的总结，是国家经济与社会事业活动在财政上的集中反映。所有参加组织预算执行的机构，都要编制年报或决算报告。参加预算执行的有关机关、部门、单位的各种年报或决算，是各级决算和国家决算的组成部分。公共决算的编制，将有利于国家掌握预算执行的结果，便于总结国家预算管理经验，也有利于积累国家预算统计资料，为国家宏观调控提供极为重要的参考依据。

公共决算是对公共预算执行情况的总结和评价，它与公共预算首尾呼应，既可反映预算活动的实施程度和管理绩效，又可为新的预算方案的编制提供参考依据和经验教训。我国的公共决算过程大体包括以下四个阶段。

（1）准备阶段。每年第四季度，各级财政部门分别下达编制本级政府决算草案的原则、要求、方法和报送期限，并组织年终清理结算。

（2）编制阶段。各支出部门按照有关要求编制本部门决算草案，并逐级上报汇总。

（3）审查阶段。各级财政部门对同级政府收支总决算进行审查。

（4）审批阶段。经各级财政部门审查后的总决算草案，报经本级人民政府审核通过，并提请同级人民代表大会批准。

值得注意的是，在我国，一般情况下，公共决算的审查、批准和下一年公共预算的编制、审批往往同时进行。经过决算，公共预算过程告一段落，新一轮公共预算过程随即展开。

 理论探索

要对公共预算的内容作更深入的了解，可阅读张馨的《公共财政论纲》（商务印书馆，2022年版）、阿伦·威尔达夫斯基（Aaron Wildavsky）和内奥米·凯顿（Naomi Caiden）共同撰写的《预算过程中的新政治学》（邓淑莲、魏陆译，上海财经大学出版社，2006年版）关于公共财政以及预算体制的论述。

思维拓展

1. "公共预算制度萌芽于13世纪，英国是最早形成完整预算制度的现代国家。预算制度是在立法权力与行政权力相互斗争中产生和发展的。"结合相关预算的历史知识，谈谈你对这句话的理解与认识，并说明预算制度与民主体制的关系。

2. "1994年的'分税制'财税体制改革，使中国的财税体制走上了重大财政制度创新之路。""2018年2月，中国共产党第十九届中央委员会第三次全体会议通过了《深化党和国家机构改革方案》。该方案明确指出：将省级和省级以下国税地税机构合并，具体承担所辖区域内的各项税收、非税收入征管等职责。"结合相关经济发展历史，谈谈你对这两次税收管理体制改革的认识与理解。

 制度实践

以"微实事"创新社区参与式预算改革

为贯彻落实习近平总书记"4·13"重要讲话精神和《中共中央 国务院关于支持海南全面深化改革开放的指导意见》关于加强和创新社会治理的要求，统筹推进基层群众自治，促进乡镇（街道）治理和城乡社区治理有效衔接，海口市美兰区践行以人民为中心的理念，通过社区参与式预算改革，问需于民，问计于民，将有限的财政资金用于解决群众"危急难"民生公共服务项目，实现从"政府配菜"向"百姓点单"、从"为民做主"向"由民做主"、从"单一供给"向"多元参与"三个根本性的转变，使人民的获得感、幸福感、安全感更加充实、更有保障、更可持续。

一、主要做法

一是将财政权下沉到社区。海口市美兰区把对民众开放的社区公共服务（主要指公共设施建设与教育、科技、文化、卫生、体育等公共事业服务）预算编入年度预算计划，每年由区财政进行专项投入，先后选取海甸、人民路、白龙、和平南、白沙、新埠6个街道4个镇37个村（居）作为试点单位，按照每个街道120万元、每个社区30万元标准将财政预算权下沉到社区，充分调动基层社区的积极性、自主性、能动性。

二是将决策权下放到居民。在财政权下移的基础上，海口市美兰区进一步将公共服务项目用途的决策权下放，由居民民主协商自定，并形成公共服务项目用途自主决策制度体系。该体系共分为9个环节：项目启动、项目提议、项目认捐、项目筛选、项目投票、项目公示、集中回复、项目实施、项目评价，形成了基层自主"提议+协商+投票"的民众自定的完整闭环。

三是将政府定位到引导。政府辅助引导，设定可行性标准。通过财政权与决策权的双下放，改变了过去以政府为主导的固定资产投资管理方式开展公共服务项目建设模式。在此过程中，政府尽量避免直接干预，依据公共服务项目可行性设定标准，对项目决策发挥引导作用，辅助社区群众在提议阶段剔除存在瑕疵的项目，充分发挥并利用好社会行政资源，最大限度地做好风险管控。

四是将宣传覆盖到全民。综合利用各类媒介、座谈会、村（居）干部、网格员、志愿者进行广泛宣传，包括动员试点社区内的中学年满15周岁的学生和教职工近2万人积极参与，引导师生关注社会发展，不断提升群众参与度。与此同时，一方面，在便民服务中心、小区物业管理处和群众活动密集的场所设置168个固定提议点和715个流动提议箱，安排专人引导，协助村（居）民提议；另一方面，开发并更新升级"微实事"微信公众号，方便村（居）民线上提议、投票。

二、实践效果

一是创新"共建共治共享"治理格局。"纳四方之力"共建，形成"政府+社会各类力量"共建的良好格局。已完成政府财政资金投入 4050 万元,社会爱心企业和热心市民志愿认领的项目达到 11 个,推动政府资本撬动社会资本共同参与公共服务的突破,使城乡社区治理的原动力和内聚力不断增强。"聚四方之才"共治,一是通过各类媒介进行广泛宣传征集项目提议,有效提议率达到 51.16%。二是通过召开圆桌小组讨论、线下举手表决和线上公众号公开投票等方式确保项目决策的民主性和参与度,村委会投票率69.64%。主体涵盖辖区内 15 岁以上工作、生活和学习的所有群众。"容四方之民"共享,由民众自主提议的 543 个公共服务项目,包括工程建设类 266 个、设备采购类 123 个、公共服务采购类 154 个,受益群众达 35.6 万人,满足了群众需求,进一步改善了民生环境。

二是优化社区服务"供给侧"改革。多年来,政府在社区"供给"体系中始终处于主导地位,传统的社区公共服务工作存在"高投入、低效能"的发展困局。"微实事"以政府投入是否高效、村(居)民对政府供给是否满意为出发点,调整角色,良性互动,以实际需求促进"供给侧"改革,有效体现了社区高效治理和多元化服务的有机结合。

三是在国内外形成良好示范效应。本案例不仅在国内被中央改革类时政刊物《中国改革》评论为"国内最为完整,参与度最高的一次参与式预算改革",还在国外被《华尔街日报》报道。案例被江西省南昌市西湖区、江苏省苏州市吴中高新区分别以"幸福微实事""和谐微实事"等模式进行了复制推广。

资料来源:海南省委自贸办. 以"微实事"创新社区参与式预算改革[EB/OL]. [2020-01-03]. https://www.hnftp.gov.cn/zdcx/cxal/202001/t20200103_3024280.html.

第九章 公共规制

规制的本质是权力对市场进行干预,从市场开始配置资源时,这种干预就一直存在。公共规制是指具有法律地位的、相对独立的公共部门,为了实现特定的目标,依照法律法规对企业、个人或其他相关利益主体所采取的一系列行政管理与监督行为,其规制的方式包括法律限制、经济策略甚至价值引导等多种形式。无论公共规制是采取直接的手段,还是间接的调控,其目的都在于弥补市场的缺陷,在于为市场制定和补充市场规则,使之更好地运行。规制活动能够对全社会的资源配置和收入分配产生深远的影响,公共规制在公共经济中的地位也越来越重要。

第一节 公共规制概述

一、公共规制的定义

"规制"一词源于英文"regulation",在国内被译作"管制"或"监管"。按照《韦氏英文大辞典》的释义,"规制"指由权威机构制定,尤其指规制某种行为的法律、规则或命令。在公共部门经济学领域,公共规制(public regulation)是一个具有争议的概念,国内外学者给出了不同的解释和界定。

美国经济学家 A. E. 卡恩(Alfred E. Kahn)在《规制经济学:原理与制度》(*The Economics of Regulation: Principles and Institutions*)中指出,公共规制是对该种产业的结构及其经济绩效的主要方面的直接的政府规定,如进入控制、价格决定、服务条件及质量的规定,以及在合理条件下服务于所有客户时应尽义务的规定。

美国管制经济学家丹尼尔·F. 史普博(Daniel F. Spulber)在《管制与市场》(*Regulation and Markets*)一书中提出,公共规制是由行政机构制定并执行的直接干预市场机制或间接改变企业和消费者供需决策的一般规则或特殊行为。

1982 年诺贝尔经济学奖获得者乔治·斯蒂格勒(George Joseph Stigler)在 1971 年发表的《经济规制理论》(*The Theory of Economic Regulation*)中指出,公共规制是产业所需要的,并为其利益所设计和主要操作的,主要有税收优惠和直接的货币补贴、对新进入产业的控制、对产业辅助品生产的鼓励及替代品生产的压制、价格控制等规制手段。在后来的理论研究中,斯蒂格勒又将公共规制的范围扩展到所有公共—私人关系中,不仅包括传统的公用事业和反托拉斯政策,而且包括对要素市场的公共干预、举债和投资,以及对商品和服务的生产、销售或交易的公共干预。

日本学者金泽良雄认为,公共规制是政府以矫正、改善市场机制内在问题为目的,属于政府干预和干涉经济主体活动的行为。

我国一些学者也对公共规制提出了大同小异的解释，如部分学者认为，公共规制是政府根据一定的规则对微观经济主体的活动进行限制和规范的行为；公共规制是为了更好地维护经济秩序、增加社会公共利益，以政府为主的具有规制权的各类规制主体，依据法律、法规对各种社会经济活动所实施的限制、约束和激励等一系列行政行为与监督行为。

综合国内外学者对公共规制的不同观点，我们对公共规制做如下定义：公共规制一般是指具有法律地位的公共部门，为了弥补市场经济的缺陷，实现市场的效率和公平，促进经济的良性运行，依照法律法规对公共经济相关的个体或群体实施的一系列公共管理行为与监督行为。

具体而言，从公共规制的主体看，公共规制的主体（规制者）包括政府行政机关、国际组织、区域性组织和行业自律性机构；公共规制的客体（被规制者）是各种微观经济主体，主要是企业；公共规制的手段主要通过直接干预或间接调控来影响市场资源的配置，或者影响消费者的行为选择，或者引导企业的决策来实现预设的市场均衡；公共规制的主要依据是各种法律规范；公共规制的目标一般是公共目标，即为了更好地实现社会公共经济利益。

二、公共规制的原因

公共规制活动的产生，一方面源于伴随着古典自由经济理论所带来的市场问题，另一方面源于对政府管制活动效果的认可。随着市场经济的发展和垄断市场的形成，以及"市场失灵"所带来的经济危机，各国政府逐渐意识到依靠单纯的市场手段难以有效地对社会资源进行充分配置，市场不是万能的，单靠市场机制本身的规则难以保证市场运行的效率和公平。因此，除政府的公共收支活动外，还需要政府设定新的游戏规则来对市场本身的缺陷进行修补，这便产生了公共规制。"市场失灵"是进行公共规制的前提，没有"市场失灵"，就没有公共规制的必要。

一般而言，导致公共规制的原因主要有以下三个方面。

1. 自然垄断与公共规制

自然垄断，是指单位产品或者服务的平均成本随着产量的提高而下降，因此为缩小平均成本，企业都努力追求规模经济，但在追求规模经济的过程中常常会出现垄断，从而导致该行业最后只由一个企业进行生产。自然垄断性企业所具有的规模经济性、范围经济性及成本的次可加性，虽然能够使单独一家企业独占市场，且比数家企业分享该市场取得较低的平均成本，从而使社会总成本减小，但是，自然垄断的存在，可能会导致企业为追求垄断利润而提高市场销售价格，从而损害消费者的利益。基于此，威廉·杰克·鲍莫尔（William Jack Baumol）等人提出，在市场经济体制下，为保护消费者的利益，以矫正和改善市场机制的内在问题为目的，政府应该干预和干涉私营经济主体的活动和行为，保护消费者的权益，从而实现维护正常的市场经济秩序、提高资源配置效率、提升社会福利水平的目标。因此，公共规制的实质是国家干预经济，以弥补市场调节的缺陷和不足。

2. 外部性与公共规制

外部性是指由私人的经济行为引起的具有货币性质的后果或副效应，导致其他人因其获益时无须付费，或者因其受损时没有补偿。外部性可以分为正外部性和负外部性。正外部性是指私人的经济行为给外部带来的积极影响，使他人的收益大于付出的成本；负外部性是指私人的经济行为给外部造成的消极影响，使他人的经济成本大于获取的收益。在存在外部性的情况下，社会成本不仅包括私人成本，而且包括因私人的生产或消费行为对外部的影响而形成的社会成本；社会收益不仅包括经济主体在市场上因支付费用而得到的私人收益，而且包括经济主体在市场上不支付费用而得到的社会收益。由于外部性的存在，使得某些利益主体在进行交易时，所承担的实际成本要小于社会所承担的成本，因此这种交易会对社会产生负的外部性，此时，公共部门的干预可以使其承担相应的社会成本。外部性，尤其是负的外部性的存在为公共规制的存在提供了重要的理由。外部性使市场机制失灵，使得市场机制不能有效地实现公共资源的配置。在市场经济活动中，政府根据市场失灵的情况，从公共利益出发，提供最优的公共规制政策，如环境规制、安全规制等，从而增进社会的福利。

3. 信息不对称与公共规制

信息不对称问题始终是公共规制过程中一个关键而又棘手的问题，同时是导致公共规制产生的重要原因。当存在信息不对称时，个体在拥有不完全信息的前提下所做出的决策肯定不是社会的最优决策，从而导致了市场对资源的配置不是最优的。因此，信息不对称的存在使得市场机制不能达到有效的资源分配。信息不对称带来的另一个问题是社会交易成本的增加。交易成本是伴随市场运行本身产生的，因此交易成本问题是市场自身不能解决的。市场对资源配置的高效是在一种无摩擦的零交易成本条件下成立的。在实际生活环境中，交易成本为零的情况肯定不存在。无论是市场信息的获取，还是交易对象的选择，无论是交易的谈判过程，还是交易的执行和监督，都需要耗费大量的资源。正是基于此，公共规制才作为一种政府干预的手段被建立起来。公共规制的一项重要任务就是要尽力消除信息壁垒。它应在促使信息的充分交流方面进行努力。消除信息不对称的另一个措施就是通过规制来规范自然垄断企业的信息垄断行为，以及通过某种规制程序和规则来促进信息交流、建立信息公开制度和提高信息流通过程中的透明度。规制者可以强制要求被规制企业定期公布信息，而规制者和消费群体则可以从这类公开的信息中获益。例如，政府要求上市公司定期公布公司的经营情况以保护股民利益，要求相关部门公布药物的疗效、航班的信息以让公众了解更多的相关信息。

三、公共规制的分类

随着公共规制活动的产生和发展，其活动领域已经遍布许多产业和部门。根据其活动领域的不同和规制方式的不同，公共规制可以进行如下分类。

1. 经济性规制与社会性规制

根据其活动或作用领域的不同，公共规制可以分为经济性规制与社会性规制。经济性规制是指公共部门通过价格、数量、质量、进入、退出等方面的规定，对私人经济主体的决策所实施的各种强制性约束。其主要作用的领域是自然垄断产业和存在明显的信息不对称的部门（如金融、保险）的企业数量。社会性规制是以保障劳动者和消费者的安全、健康、卫生、环境保护等，以增进社会福利为目的，对产品和服务的质量与伴随着提供它们而产生的各种活动来制定一定的标准，并制定限制企业一定行为的规制。

2. 内生规制与外生规制

根据被规制对象的产权归属不同，可将其分为内生规制和外生规制。以国有企业为例，内生规制是被规制部门国有化条件下的规制模式；外生规制是被规制部门私有化条件下的规制模式。对于政府拥有大部分资产的公用事业部门，政府对其实施的各种规制（政府对公有企业或国有企业的规制）可称为内生规制。自然垄断部门的资产主要由非国有主体占有，政府和规制机构对其实施的规制（政府对私有企业的规制）可称为外生规制。

四、公共规制的理论

公共规制理论源于经济实践对规制的需要和规制思想的积累，其产生和演进先后经历了"无规制—规制—放松规制"的理论发展与实践历程。围绕规制代表谁的利益、为何会发生规制、如何规制等核心问题，先后形成了公共利益理论、规制俘获理论、规制经济理论和激励性规制理论。

1. 公共利益理论

公共利益理论产生的直接基础是市场失灵和外部性的存在，它假设规制产生的目的在于校正市场失灵造成的资源配置的非效率，进而提高资源配置效率，增进社会福利。该理论认为，由于自然垄断、外部性、信息不对称、公共产品、劣值品等的存在，从而导致市场失灵，而市场本身不具备消除市场失灵的功能，因此，需要政府对微观经济主体的行为进行规制，从而达到校正市场失灵、提高资源配置效率、保护公众利益的目的。

公共利益理论侧重于从校正市场失灵的角度阐述规制，并假设规制机构能够为社会谋福利而没有自己的私利，这本身就存在一些缺陷，主要表现为：一是规制公共利益理论规范分析的假定前提是对潜在社会净福利的追求，却没有说明对社会净福利的潜在追求是怎样进行的，因此对规制产生的机制缺乏充分有效的说明，难以解释诸如被规制的产业积极支持，甚至要求对其进行价格规制或对进入进行规制等现象，并且对既非自然垄断，也不存在外部性的产业为什么要进行规制，难以给出令人信服的解释。二是规制并不必然与外部经济、外部不经济的出现或垄断市场结构相关。许多既非自然垄断，也非外部性的产业一直存在价格规制与进入规制。另外，在现实中更多的情况是企业支持和促使外部性活动来要求规制，因为通过规制可以减少市场上的其余竞争者，他们希望通过规制提供稳定的、在正常利润水平之上的垄断利润。三是有学者认为，公共利益理论仅以市场失灵和福利经济学为基础是不够的，除纠正市场失灵之外，政府还有许多其他微观经济目标，在许多市场中政府期望规制介入，可能与市场失灵关系不大。正是基于这些原因，公共利益理论受到了理论界的批评。例如，"食盐加碘"政策的出发点就是基于公众健康的公共利益价值取向，但社会上也出现了不同的声音。

2. 规制俘获理论

在现实中，公共规制并不总是为了校正市场失灵，而且公共规制的结果并不总是为了公众利益，而是为了生产者的利益，并且往往是在生产者的要求下产生的，这为规制俘获理论的发展奠定了现实的基础。规制俘获理论认为，公共规制与其说是为了符合公共利益，不如说是为了符合生产者的利益，也就是说，公共规制是立法者和规制机构被产业所俘获的结果，而不是为了满足公众的利益。因此，规制俘获理论的基本观点是：无论规制方案如何设计，规制机构对某个产业的规制都是被这个产业"俘获"，其含义是规制提高了产业利润，而不是社会福利。

但是，规制俘获理论也同样受到了来自理论界的批评，如没有坚实的理论基础、忽视了立法是一个复杂的过程、忽视了司法的作用等。同时，它也受到了规制实践的质疑。例如，对于石油、天然气等产业的价格规制和关于环境保护、产品安全、工人安全等社会性规制，并不是有利于产业的发展，事实上，的确在一定程度上保护了消费者的利益。

3. 规制经济理论

斯蒂格勒在1971年发表了《经济规制理论》，运用经济学的基本范畴和标准分析方法来分析公共规制的产生，从而开创了规制经济理论。它从一套假设前提出发来论述假设符合逻辑推理，解释了规制活动的实践过程。

根据斯蒂格勒所开创的规制经济理论方法可得出四个主要结论，这些结论可预言规制采取何种形式以及被规制产业的类型。首先，公共规制设计倾向于牺牲规制偏好较小的相对较大的集团，而使相对较小的有强烈规制偏好的利益集团获益。在许多情况下，这种结论的意义在于规制会偏向生产者。其次，即使规制偏向生产者，因为消费者集团的影响，也不会为产业利润最大化而设置规制政策，价格将定于利润最大化水平之下。再次，规制更可能存在于相对竞争者或相对垄断的行业，因为这些产业的规制会对某些集团的福利产生最大的影响。最后，市场失灵的存在使得规制具有一定的意义和价值，因为某些利益集团的收益相对于其他利益集团的损失而言较大，如其他情形不变，前者对立法程序具有更大的影响力。

无论是规制的公共利益理论、规制俘获理论，还是规制经济理论，它们都是假定政府规制机构与被规制企业在规制方案的制定和实施过程中具有同样多的信息，双方是一种对称信息博弈。但是，这在事实上和现实中都是不成立的，后来的激励性规制理论在很大程度上弥补了这一缺陷。

4. 激励性规制理论

激励性规制理论产生于 20 世纪 70 年代末 80 年代初，它建立在信息不对称的前提下，必然会产生规制者与被规制者之间的委托—代理问题（逆向选择与道德风险问题）。西方激励性规制理论主要围绕如何最大限度地避免委托—代理问题展开，如信息不对称下的洛伯和马盖特规制模型、存在逆向选择情况下的规制模型、存在道德风险情况下的规制模型等。

激励性规制理论着重研究如何在存在信息不对称问题的情况下，规制者与被规制者之间进行激励机制框架的设计。激励性规制理论假设规制机构与被规制企业之间存在着信息不对称，即规制机构缺乏企业生产成本、服务质量、技术水平、努力水平等方面的完全信息。因此，选择一个能促使企业技术创新、减少生产或经营成本并提供优质产品或服务的规制方案十分困难，而且在委托—代理制下，由于信息不对称，会产生逆向选择、道德风险和寻租等问题。因此，激励性规制理论的目的在于设计一种框架，在这种框架内，可以通过给予企业一定的自由裁量权来减少由于信息不对称所带来的道德风险等问题，进而促进企业降低成本、提高质量、改善服务，诱导企业逐步接近社会福利最大化。

第二节　经济性规制

为了防止资源低效配置和确保服务供给的公平性，政府要针对具有自然垄断性、信息不对称等特征的行业，在进入与退出、价格规制等方面发挥作用，对经济主体进行经济规制。

一、经济性规制的含义

经济性规制是指政府在进入或退出、价格、产量等方面对企业决策所实施的各种强制性制约。具体地说，经济性规制是指在自然垄断和存在信息不对称的领域，为了防止发生低效率的资源配置和确保社会总福利的增加，进而实现某些社会经济目标而对经济主体做出的各种直接的具有法律约束力的限制、规范，以及由此引出的政府为督促经济主体行为符合这些限制、约束、规范而采取的行动和措施。例如，规制机关利用法律权限，通过许可、收费和认可等手段，对企业的进入或退出、价格、服务的数量和质量、投资、财务、会计等方面的活动所进行的规制。

实行经济性规制的领域主要是自然垄断和信息不对称的领域。自然垄断领域是指由于生产和配送方面的规模经济效益、资源稀缺性等原因，使该领域仅被限定为一家或极少数几家的产业。在实际生产中，具有显著规模经济效益的产业都属于自然垄断产业，在该领域由一家或极少数几家企业提供产品或服务，通常比多家企业提供相同数量的产品或服务，能以最小的平均成本实现最大的生产效率。相反，如果在自然垄断产业实行自由竞争，则既会导致资源配置的低效率和生产成本上升，又容易导致重复投资和重复建设与稀缺性公共资源的浪费，而且过多的企业存在也会在恶性竞争中导致行业的技术标准不统一，结果是损害社会福利。因此在这些领域中进行公共规制，限制进入和维护垄断是非常必要的。同时，在自然垄断领域的经营企业，具有相当大的市场垄断力量，存在企业和消费者之间的信息不对称，如果政府不对这些企业进行规制，它们就会利用其垄断力量和垄断地位，通过制定垄断高价谋取超额垄断利润，损害用户和消费者的利益，从而扭曲社会分配效率和损害社会福利。

信息不对称首先表现在卖方和买方掌握的信息是不对称的，卖方往往是信息的发出者和操纵者，而买方只是信息的被动接受者，这就使买方不能拥有充分的信息在多种商品、服务及其价格中进行最佳选择。而且卖方为了实现利润最大化，有可能通过信息误导来欺诈消费者。但在有些市场中，买方掌握的信息可能会多于卖方，如在保险市场，买方对投保对象的了解程度一般会高于卖方。买方和卖方的信息不对称会引起社会总福利的损失。因此，政府必须对存在信息不对称的产业，如银行、保险、证券、航空运输等进行规制。

二、经济性规制的方式

经济性规制的方式是指为实现经济规制目的所采取的具体措施，一般包括进入或退出规制、价格规制、质量（标准）规制、信息规制等方面。其中，进入或退出机制、价格规制是最基本和最重要的。

1. 进入或退出规制

进入或退出规制是指规制部门为了维持行业供给的稳定性，针对经济发展所需产品的行业结构以及进入该市场的经营情况，限制某些新企业进入该种行业或现有企业任意退出的行为。其中，进入规制是指政府对企业进入某一产业的规制，它通过对申请进入者的资格进行审批，以严格控制在特定产业拥有执业权的数量，从而达到限制过度竞争的目的。进入规制的主要手段是对申请者进行资格审查，合格者由政府颁发许可证和工商营业执照，也包括对某些特殊行业（如自然垄断领域）实行申请审批制度或特许经营制度，即在一些行业中，企业需履行特殊报批手续，经政府有关部门赋予特许经营的权利后，才能进入这些行业开展经营活动。退出规制适用的领域主要是关系国计民生方面的，如电力、煤气、自来水、邮政等基础性行业。在这些行业中，政府为了保障公共产品与服务的稳定供应，制定了不允许自然垄断产业的经营者随意撤出原生产与服务领域的直接规制，从而保证该行业的商品和服务的有效供应。

2. 价格规制

一般来说，大多数商品、服务和生产要素的价格是在市场竞争中形成的。但是，在某些产业部门，特别是垄断企业的商品或劳务价格形成过程中，竞争机制、供求关系是难以发挥作用，或者发挥作用是有限的，即存在市场失灵。市场失灵为价格规制提供了必要性。价格规制是在行业垄断的领域，政府为了保证资源的有效配置和社会福利的增加，对价格水平和价格结构进行规制，以限制垄断企业制定垄断价格来获取高额利润。价格规制的具体方式有最高限价、最低限价、边际成本定价、两部定价、高峰负荷定价、拉姆齐定价（平均成本定价）等，其中最常见的是两部定价、高峰负荷定价和拉姆齐定价。

（1）两部定价。两部定价是指价格结构由与消费量无关的"基本费"和按消费量收取的"从量费"两部分组成，是定额价格和从量价格合一的价格结构。该种定价方法适用于成本递减行业，如电信、煤气、供暖等垄断行业。

（2）高峰负荷定价。企业的生产能力是按高峰时期的需求设计的，在非高峰时期或需求淡季必然会发生闲置。因此，企业对高峰需求制定高价，以抑制消费；对非高峰需求制定低价，以鼓励消费。通过这种价格差异，调节和熨平消费高峰和消费低谷的落差，提高负荷率，进而提高固定资产的利用率和资源的配置效率，最典型的就是在许多城市实施的峰谷电措施。

（3）拉姆齐定价。拉姆齐定价是一系列高于边际成本的最优定价，它能资助商品和服务的提供，当某一商品或服务的价格提升所产生的净损失小于运用额外收入所产生的净收益时，经济效率就提高了。在自然垄断产业，如果按边际成本定价，企业将会亏损，为了实现企业的收支平衡，实际定价必须要偏离边际成本。而实际定价与边际成本的偏离程度应该与消费者的需求弹性成反比，即：对于需求弹性高的消费者，实际定价不应高于边际成本太多；对于需求弹性低的消费者，实际定价可较多地高于边际成本。拉姆齐定价能实现经济福利的最大化。

3. 质量（标准）规制

质量（标准）规制是为了防止因自然垄断而带来的竞争不充分或信息不对称等问题，因为这些问题会引发产品或服务质量的潜在下降趋势，故而建立有关产品或服务的质量标准体系，以避免消费者的正当权益受损。基于此，针对自然垄断产业的产品或服务的质量建立公开的质量标准体系和质量规范制度，规定有关产品或服务所必须达到的最低限度的质量标准，以维护消费者的利益。公共规制的质量（标准）主要包括商品的性能、结构、原料、质量等方面的标准，采取的手段是建立有关产业的产品或服务质量的定期检查、监督和消费者投诉制度，并经过一定的程序，定期颁布准许生产的有关产品和服务的目录，对达不到质量标准的企业实施责任追究和必要的处罚，甚至取消其执业资格，以防止有关产品或服务的质量出现下降，或防止不合格的产品或服务进入市场，如对药品制定国家标准。

4. 信息规制

信息规制是指规制主体公布信息或者规定信息处于强势地位的一方应向信息处于弱势地位的一方提供商品或服务的详细、准确的信息，以减少信息不对称带来的负面影响的规制方式。

第三节　社会性规制

社会性规制是和经济性规制相对应的一种规制。随着社会经济的发展，政府对经济主体的规制，不仅仅停留在对市场竞争的规制上，为了保障国民生命财产的安全、公民的健康和增进社会福利，逐渐转向了对经济主体活动产品本身上。

一、社会性规制的含义

社会性规制是以保障劳动者和消费者的安全、健康、卫生以及促进环境保护和防止社会灾害为目的，对物品、服务的质量和伴随着提供它们而产生的各种活动制定一定标准，并禁止、限制特定行为的规制，包括对制药业、工作安全、产业安全、污染的排放控制、就业机会、公共教育等的规制。社会性规制主要在于减少信息不对称和外部性造成的市场失灵带来的社会损害。

与经济性规制相比，社会性规制的一个重大特征是它的横向制约功能，具体地说，社会性规制不是针对某一特定的产业行为，而是针对所有可能产生外部不经济或内部不经济的企业行为，任何一个产业内任何企业的行为，如果不利于增进社会或个人的健康、安全，不利于提高环境质量，都要受到相应的公共规制。

与经济性规制相比，社会性规制是一个较新的研究领域，对社会性规制的专门研究出现较晚，始于20世纪70年代。但在过去的几十年中，随着社会对健康、安全和环境保护越来越重视，导致社会规制中涉及卫生、安全和环境等方面的新规制出现了史无前例的高涨，并且卫生、安全和环境规制也逐渐成为社会性规制的主要内容。

二、社会性规制的类型

社会性规制主要包括健康卫生规制和工作场所安全规制、产品质量规制和环境规制。

1. 健康卫生规制和工作场所安全规制

健康卫生规制和工作场所安全规制作为一种社会规制的形式，是在20世纪60年代晚期逐渐兴起的。在这一时期，公共规制已经开始把注意力集中在社会规制上，以人的安全、健康、平等、经济秩序、环境污染、生态平衡等为监管的主要内容，以提高整个社会的总福利。健康卫生规制和工作场所安全规制主要是对工作场所的卫生条件以及安全规则所进行的规制。要保证消费者的健康和卫生，一般通过制定和实施药品法、医疗法、食品卫生法等进行规制；为了保证生产者劳动安全，一般通过制定和实施劳动安全法、公路交通法、建设标准法、消防法、消费者权益保障法、产品质量法等进行规制，还有对煤矿、石油、化工、烟花爆竹等行业进行安全生产的监管；为了确保产品的安全性以及机械设备的安全运转和操作，对其结构、强度、爆炸性、可燃性等规定安全标准，并注明符合安全标准的产品或设备才能对外销售；没有经过鉴定的产品、不符合安全标准的产品以及没有注明符合安全标准的产品，则禁止其销售和使用；标准、认证制度包括生活消费品安全、工业标准化等各种制度。

2. 产品质量规制

产品质量规制主要是为了保护消费者利益而进行的规制，一般是指为了提高商品、服务的总体质量水平，提高资源配置的效率。如对生产工艺、设备生产者资格采取检查、认证的制度；对出厂产品的质量制定国家或行业标准，保证其基本品质；对全行业产品的质量进行动态实时监控，并随时采取紧急应对措施。

3. 环境规制

环境规制作为社会规制的一项重要内容，是指由于环境污染具有外部不经济，政府通过制定相应政策与措施对企业的经济活动进行调节，以达到保护环境和经济发展相协调的目标，具体包括工业污染防治和城市环境保护。通过收费补偿制度对各种外部不经济行为进行规制，以尽量减少对环境和资源的破坏。具体措施有：对资源环境进行合理定价，将环境污染的外部成本内部化，促进环境资源的合理配置。例如，对不超过法定排放标准排放污染物的单位，征收排污费；对超标准排污的单位，加收超标准排污费；对开采矿产资源者，征收矿产资源补偿费；等等。

第四节 公共规制改革

在一定程度上，公共规制是为了应对市场失灵和市场缺陷而存在的，但随着公共规制实践的深入展开，人们发现正如市场会失灵一样，政府同样也会失灵，即存在所谓的"规制失灵"。以斯蒂格勒、布坎南为代表的经济学家发现公共规制在实践中并没有达到预期的效果，反而引发了大量的社会浪费。因此，放松规制成为公共规制改革的主流。但经济学家主张的主要是放松经济性规制，而对社会性规制却强调要加强。此外，激励性规制等市场性规制手段的引用在逐步推进。

一、公共规制放松

1. 公共规制放松的内涵

公共规制放松，是指政府取消或放松对自然垄断或其他产业的进入或退出、价格、质量等方面的直接监管，是对政府规制失灵的一种矫正。公共规制放松有两个方面的含义：一是完全撤销对受规制产业的各种价格、进入或退出、投资、服务等方面的限制，使企业处于完全自由的竞争状态；二是部分地取消公共规制，即有些方面的限制性规定被取消，而有些规定继续保留，或者原来较为严格、烦琐、苛刻的规制条款变得较为宽松、开明，如在某些领域中，把原来的审批制改为登记制，就是一种比较典型的进入规制放松。

2. 公共规制放松的逻辑基础

政府失灵指的是公共规制者同样也是"理性经济人"，同样具备自己的私利，从事公共规制的人与从事经济活动的个人或企业一样，都是利己的、理性地追求效用最大化，其中最典型的就是利益集团理论和寻租理论。在利益集团理论的视野里，公共规制政策的制定不是某一层级政府或单个企业所促成的，而是利益集团之间博弈的结果。基于此，公共规制的制定目的往往不是促进社会效率最高或最能促进社会福利的。而且，由于寻租问题的存在，加上行政成本居高不下，政府失灵越来越突出，以美国为首的西方国家发起了放松公共规制改革运动，以此提高企业或产业的灵活性或效率。

但放松公共规制之后，市场失灵的问题仍然存在。因此，"市场的失败"与"公共规制的失败"哪个代价大，即市场机制下的效率与政府对市场实行公共规制下的效率究竟哪个更高，成了经济学家探讨公共规制的边界在哪儿的基本立足点。

二、社会性规制加强

根据经济与社会发展需要，在全世界范围内呈现出经济性规制放松、社会性规制加强的趋势。这主要是因为近年来，随着社会经济发展水平的提高，人们对生活质量、食品健康、环境保护、社会福利等问题的关注日益加强，各国政府也将目光更多地投向了社会性规制领域。政府对社会性规制的关注在某种程度上也是社会进步、生活质量提高的反映，更直接体现了消费者权益的保护与对社会可持续发展问题的关注。因此，社会发展程度越高，社会性规制的关注度就会越高，社会性规制在公共规制中的地位和作用也会逐步提高，规制的领域也会不断扩展，规制的方法和手段也会不断改进。

近年来，我国也在社会性规制领域不断加强立法和制度的建设。在环境保护方面，一些地区已建立起各种集规划权与调控权于一体的区域环境规制机构，来处理单一地方政府无力规制的跨行政区环境污染问题。这些跨行政区的规制合作机构通过制定跨行政区的共同政策与规章来限制与协调大区内的各地方政府的重点与方向，传达国家环保部的指示与有关精神，同时向国家环保部反映跨行政区环境规制合作的情况。在食品安全方面，对食品、食品添加剂和食品原材料的采购，食品生产、流通、销售及食品消费等过程都进行了严格的制度管理，如严格审验供货商（包括销售商或者直接供货的生产者）的许可证和食品合格的证明文件，标注通过有关质量认证食品的质量认证证书、进口食品的有效商检证明、国家规定应当经过检验检疫食品的检验检疫合格证明等。

三、激励性规制

1. 激励性规制的概念

激励性规制是指在市场经济体制条件下，政府以治理市场失灵为目的，根据有关法律、规章和制度，干预经济主体（特别是企业）活动的行为。日本著名的规制经济学家植草益认为，激励性规制就是在保持原有规制结构的条件下，通过给予企业一定的自由裁量权来减少道德风险、竞争不足及寻租问题，激励受规制企业提高内部效率，给予受规制企业以竞争压力和提高生产或经营效率的正面诱因。激励性规制给予受规制企业一定的价格制定权，让其利用信息优势和利润最大化动机，主动提高内部效率、降低成本，并获取由此带来的利润增额。

2. 激励性规制的目标

激励性规制着重解决的是如何在信息不对称的情况下，既能促进社会公共福利，又能提高企业利润的问题。其目标通常是多重的，包括：实现生产的最优效率或成本最小化；确保销售价格合理；为消费者提供高质量的产品或服务；实现企业有效率的产出和投资水平；制定一种公平的、简单的、易于理解的规制政策来保护环境；等等。在具体的规制政策中，规制目标可能会着重偏向某一方面，但总的来说，这些目标都是重要的。在实际生活中，对规制者而言，实现其中任何一个单一的目标相对容易，而要同时实现多重目标是非常困难的。不同的规制目标可以通过不同的规制政策来实现，由于通常情况下单一的一个政策几乎不可能同时实现所有相关的目标，因此，一定程度的目标偏向是必不可少的。为了确定总目标的最优程度，政策制定者们需要对每个目标的重要性给予量化的指标，从而形成规制者制定政策时依据的一个明确的目标函数。

3. 激励性规制的主要措施

（1）价格上限规制。价格上限规制是在英国、美国应用最多、最为流行的一种价格规制。价格上限规制是指规制者与被规制者之间以合同的形式确定价格上限，被规制者可以在这一上限之下自由定价，进而逼近拉姆齐价格结构，也就是提供多产品的被规制者在努力实现社会福利最大化的同时，又保证不亏损的一组次优价格组合。价格上限规制通过赋予被规制者更多定价的自由决策权，可以更有效地促使被规制者考虑成本，提高效率，因此是目前应用最为广泛、效果最为明显的一种激励性规制。

（2）特许投标规制。特许投标规制是通过间接引入竞争，从而促进被规制者提高内部效率的激励性规制。特许投标规制最早是由德姆塞茨在《为什么要对公用事业进行规制》一文中提出的，规制者通过竞标方式将特许经营权赋予能以最低价格提供服务的企业，并将其作为对企业低成本、高效率经营的一种奖励。这样，既可以保证规模经济，又可以间接地引入竞争，实现帕累托改进。

（3）区域间竞争规制。区域间竞争规制是通过将受规制的全国垄断企业分为几个地区性企业，使特定地区的企业在其他地区企业的刺激下，努力提高自身内部效率的一种规制方式。不可否认的是，在具体的实施过程中，地区之间存在的差异使得规制者在确保及时获取有效运营成本的基础上，确定具体的规制价格，促进地区间企业开展间接竞争，仍然存在着较大困难。

（4）联合回报率规制。联合回报率规制是以投资回报率规制为基础的一种规制方式，规制者根据被规制者提出的要求提高投资回报率的申请，具体考察那些影响价格变化的因素，对企业提出的投资回报率水平作必要调整，最后确定一定的投资回报率范围，被规制者可以在这一范围内根据具体的经营目标自主确定投资回报率。

（5）利润分享规制。利润分享规制是指通过采取为将来购买提供价格折扣等形式，让消费者直接参与公用事业的超额利润分配或分担亏损。这样，不仅可以通过刺激消费，促使企业充分发挥规模经济效益，有效降低经营成本，还有助于实现企业与消费者之间的公平分配。

（6）菜单规制。菜单规制是将多种规制方案组合成一个菜单，以供被规制者选择的一种综合性规制方式。

（7）延期偿付率规制。延期偿付率规制就是允许消费者先消费商品或服务，在一定时期后再付费的规制方式。

4. 激励性规制的政策设计

激励性规制，在规制实践中，规制者与企业之间是信息不对称的。具体地说，存在两种形式的信息不对称，即事前的逆向选择和事后的道德风险。前者指相对于规制者而言，企业对产业环境具有更多的私人信息，如技术状况、成本信息、需求信息等；后者指在规制契约确定后，企业的努力程度、经营行为等不能完全为规制者所观测。激励性规制的政策设计就是在基于这两种信息不对称的前提条件下，寻找使规制者目标函数最大化的合约。在事前的逆向选择中，在规制合约签订之前，由于企业是直接组织生产和销售的载体，因此对于生产成本、市场需求等信息，企业与规制者相比具有明显的信息优势。但是，规制者可以通过向企业提供一个精心设计的政策菜单，让企业利用其信息优势自主选择其中一个规制政策来实现规制者的目标。在事后的道德风险规制中，由于规制者与企业签订规制合约后，无法直接观测到企业的一些影响规制目标的行为，规制者只能通过间接的方式激励企业按照其目标行事。这种间接的方式就是提供一种补偿机制，将企业的收益与规制者能够观测到的某个变量相挂钩，这个变量与企业的行为是相关的。

在具体的激励性规制操作中，有三个方面是值得注意的：一是激励性规制所用来实现的目标必须是界定清晰的；二是在激励性规制中，被规制的企业拥有一定的自主权，这个特性区别于传统的行政命令式的规制方式；三是在激励性规制下企业并没有拥有完全的自主权，规制者仍然会对企业的相关行为进行一定的审查和限制。

在实际操作中，在信息不对称的条件下，受规制产业的边界不断变化，使得信息的积累处在动态变化过程中，被规制者的信息优势地位往往会相应得以加强。因此，如何设计合适的、动态化的激励机制框架，使得被规制者及时降低成本、改进服务质量，从而提高社会总福利，成为激励的难题。

 理论探索

要对公共规制的内容作更深入地了解，可阅读美国经济学家丹尼尔·F. 史普博的《管制与市场》（余晖、何帆、钱家骏等译，格致出版社，上海三联书店，上海人民出版社，2017年版）一书中关于"管制与经济效率、管制与行政过程"的论述。

思维拓展

1. 依据本章所学知识，结合当前的城市公用事业领域的规制，如公用燃气、城市出租车、城市供水、烟草专卖等，谈谈你对规制的认知与理解。

2. 结合1976年诺贝尔经济学奖获得者弗里德曼的《自由选择》（Free to Choose: A Personal Statement）一书中对"规制"的相关描述，特别是对"正是由于华盛顿当局制定了过多的法律法规、实施了过多的政府管制、建立了过多的行政机构、花费了过多的财政预算，才使我们的自由和财富受到了侵蚀和削弱"这类描述，谈谈你对规制效率或效益的认识与理解。

制度实践

创新医疗和药品协同监管新模式

（1）医疗和药品协同监管。为切实加强海南博鳌乐城国际医疗旅游先行区医疗服务和药品安全监管，解决多头管理导致的衔接不畅问题，海南设立博鳌乐城国际医疗旅游先行区医疗药品监督管理局。

（2）创新联合领导机制。先行区医疗药品监督管理局为正处级行政机构，由省卫健委和省药监局联合派驻、联合领导。两家省直单位联合制定《海南博鳌乐城国际医疗旅游先行区医疗药品监督管理局管理工作制度》，建立联席会议制度，共同研究管理涉及先行区医疗和药品监管的重大业务事项，共同落实监管责任。

（3）创新监管业务运行机制。省卫健委和省药监局联合制定《海南博鳌乐城国际医疗旅游先行区医疗服务和药品监督管理办法（暂行）》，规范先行区医疗药品监督管理局履行医疗服务和药品、医疗器械安全监管职责。医疗监管业务由省卫健委主管，药品和医疗器械监管由省药监局主管，两个主管部门分别给先行区医疗药品监督管理局安排工作任务，重大复杂任务由联席会议下达。

（4）创新机构和人员管理方式。先行区医疗药品监督管理局设局长1名，副局长3名。领导班子由省卫健委、省药监局共同组建管理，班子的日常管理和年度考核等工作由省卫健委负责，省药监局配合。科级及以下干部由先行区医疗药品监督管理局任免，分别报省卫健委、省药监局审核并备案。

（5）提升卫生和药监协同监管效能。整合卫健和药监监管职能，设立"二合一"的医疗和药品监管局，使政府履行职能更加顺畅，减少了对监管对象的干扰。

省卫健委和省药监局已将临床急需进口药械的初审、审核和监管等事权下放先行区医疗药品监督管理局，实现临床急需进口药械申请的一站受理，审批时间压缩至7个工作日以内，进一步强化了与国际药械之间的同步。

（6）促进临床真实世界数据应用。利用临床急需进口药械政策开展临床真实世界数据应用试点工作，并探索将真实世界数据纳入药械进口注册数据，加快国外新药械进口注册速度、减少注册成本，为药品审评、审批制度改革探索新模式、新路径、新方法。

截至目前，首批试点的3个品种已完成临床数据的采集，并向国家药品监督管理部门提交了相关产品注册申请。2020年3月26日，国家药监局批准了试点产品之一的美国艾尔建公司"青光眼引流管"注册，成为我国首个使用境内真实世界数据获批上市的医疗器械产品。

（7）确保临床急需进口药械使用安全。先行区医疗药品监督管理局定期组织开展医疗机构日常监督检查，现场监督医疗机构特许药械使用，切实加强事中、事后监管。

截至2020年2月29日，先行区医疗机构已有24批6个品种临床急需药品获准进口，用于46名患者；已有38批49个品种1105套临床急需医疗器械获准进口，用于235名患者，临床效果明显，未发生一起进口药械流弊事件和药械安全事故。

资料来源：海南省委自贸办. 创新医疗和药品协同监管新模式[EB/OL]. [2020-04-28]. https://www.hnftp.gov.cn/zdcx/cxal/202004/t20200428_3024283.html.

第十章　公共经济政策

公共经济政策是一国政府为实现其经济和社会发展目标而制定的宏观经济政策。从理论上看，公共经济政策主要指财政政策，但实际经济调控中还要有货币政策、收入分配政策等政策的协调配合。财政政策和货币政策是政府为实现宏观经济目标对经济进行调控的重要手段。利用财政工具调控社会需求，促进经济稳定发展的思想源于凯恩斯的宏观经济理论。凯恩斯提倡的功能财政思想，真正将财政目标放在经济的稳定发展上，这使财政政策的经济调控功能得以充分彰显。鉴于财政政策和货币政策在经济调控中侧重点、作用时机、时效和强度及功能等方面的互补性，可将财政政策与货币政策搭配使用，使宏观经济的调控效果更好。财政政策和货币政策对于增进经济效率具有重要意义，但是公平和效率是一个问题的两个方面，只注重效率而不注重公平，必然使社会经济发展失去平衡，引致更大的效率损失。因此，需要收入分配政策来平衡各种社会经济关系，实现经济的稳定发展。

第一节　财政政策

财政政策是国家干预经济的重要政策之一，也是实现财政理论与财政实践相结合的重要环节。财政政策是指一国政府为实现一定的宏观经济目标，而调整财政收支规模和收支平衡的指导原则及其相应的措施，是由政府支出政策、税收政策、预算平衡政策、公债政策等构成的一个完整的政策体系。例如，2023年，各级财政部门坚持以习近平新时代中国特色社会主义思想为指导，按照党中央、国务院决策部署，加力提效实施积极的财政政策，完善税费支持政策，切实提高精准性和有效性，大力优化支出结构，着力提高资金使用效益，增强国家重大战略和重点民生保障，财政改革发展各项工作扎实推进。2023年上半年，全国一般公共预算收入 119 203 亿元，同比增长 13.3%，31 个省份收入同比均实现正增长。全国一般公共预算支出 133 893 亿元，同比增长 3.9%，支出结构不断优化，基本民生、乡村振兴、区域重大战略、教育、科技攻关等重点领域支出得到有力保障。

财政政策的两个效应分别是乘数效应与挤出效应。财政政策的乘数效应是指研究财政收支变化对国民经济的影响程度。财政政策的乘数包括财政支出乘数、税收乘数和平衡预算乘数。当政府投资或公共支出扩大、税收减少时，对国民收入有加倍扩大的作用，从而产生宏观经济的扩张效应；当政府投资或公共支出削减、税收增加时，对国民收入有加倍收缩的作用，从而产生宏观经济的紧缩效应。财政政策的挤出效应是指政府的支出增加引起利率、税收、物价、外贸等市场宏观环境的连锁变化，进而引起私人消费或投资降低的效果。在充分就业的经济中，政府支出增加会使私人投资出现抵消性减少，会对私人投资完全挤出；在非充分就业的经济中，政府推行增加支出的扩张性财政政策，同样对私人投资有"挤出效应",但不是完全挤出。

一、财政政策的目标

在市场经济条件下,政府宏观调控的目标是效率、公平和稳定,财政政策作为宏观经济政策的一个重要组成部分,其政策目标集中体现在五个方面:资源合理配置、收入分配公平、经济稳定增长、物价相对稳定以及劳动力充分就业。

1. 资源合理配置

资源配置有优化配置与合理配置之分。资源的优化配置更关注资源配置的效率,主要靠市场途径实现。资源的合理配置更关注整个社会的公平和稳定,主要靠政府的宏观调控来实现,它能够调控整个社会的供求总量平衡,能够缩小收入分配差距,实现收入分配公平,能够保证经济社会的稳定和可持续发展。资源的优化配置是以合理配置为前提的,没有政府在全社会范围内对社会资源配置的合理调控,微观层面上的资源配置必定出现盲目症状。

2. 收入分配公平

收入分配公平主要表现为收入分配的相对平等,即要求社会成员之间的收入差距不能悬殊,要求保证人们的基本生活需要。收入分配公平是社会主义分配原则的体现,它有助于协调人们之间的经济利益关系,实现经济发展、社会和谐。财政政策中的税收政策、转移支付政策等对调节社会收入分配具有重要作用。财政政策对收入分配的调节既有利于调动社会成员的积极性,又可以防止贫富悬殊。因此,财政政策的科学制定与合理实施对实现收入分配公平、促进社会发展具有重要意义。

3. 经济稳定增长

经济增长是指一个国家产品和劳务数量的增加,其源头在于劳动供给和资本存量的增长率和生产率。它始终是经济学研究的永恒主题,因为经济增长是诸多经济问题的基础。一国的经济政策若不能实现社会总产出的增加,不能让人们更加富裕和健康地生活,经济政策就是没有意义的政策。财政政策作为政府宏观调控的重要手段,对于引导经济适度增长,防止经济停滞和增长过快具有重要作用,这也是凯恩斯宏观经济理论的核心所在。

4. 物价相对稳定

物价稳定是指物价总水平的稳定。把物价水平的波动约束在经济稳定发展可容纳的空间,是财政政策的基本目标。但应注意,价格稳定不是指每种商品的价格都稳定,而是指价格指数的相对稳定,不出现严重的通胀或通缩。价格指数有消费者价格指数、批发物价指数和 GDP 平减指数三种,通过这三种指数可以衡量一个国家的通货膨胀水平。政府的支出政策、税收政策、公债政策等政策都会直接或间接地影响价格指数,因此,财政政策对于稳定物价具有重要作用。

5. 劳动力充分就业

充分就业（full employment）概念是凯恩斯提出的，是指在某一工资水平之下，所有愿意工作的人都获得了就业机会。充分就业并不等于劳动力全部就业或者完全就业，而是仍然存在一定的失业。无论是在理论上还是在事实上，充分就业都被认为是存在自然失业率的就业状态。自然失业率是长期均衡的失业率或充分就业的失业率。充分就业状态既满足了公众的需要，又满足了宏观层面的政府需要，是政府和公众理性预期目标的最佳耦合状态。因此，充分就业是当今世界各国普遍追求的最优发展状态。

二、财政政策的工具

1. 税收

在现代社会中，税收是国家公共收入最重要的形式，它是国家为实现其社会管理职能，按照法律规定的标准，强制性地、无偿地获得财政收入的一种手段。税收具有强制性、无偿性和固定性三个基本特征。税收是财政政策的有力工具之一，通过税收可以调节人与人之间的收入分配，可以促进收入分配公平，实现经济稳定发展。

税收的核心是税率，税率的大小及其变动方向对经济活动会产生重要影响。宏观税率是国际通用的衡量税收负担水平的指标，即税收收入总额占 GDP 的比重。由于大多数国家的税收收入占整个财政收入的 90% 以上，因而财政收入占 GDP 的比重可称为广义的宏观税率。根据拉弗定理，当宏观税率为零时，税收为零；随着宏观税率的提高，税收收入逐渐增加；当宏观税率超过一定数值时，将抑制经济主体的生产经营积极性，导致经济衰退，政府税收收入减少；当宏观税率达到百分之百时，将无人愿意从事任何生产经营活动，导致政府税收下降为零。可见，政府提高宏观税率，对社会经济产生收缩作用；降低宏观税率，则会对社会经济产生扩张作用。因此，选择合适的宏观税率对于保持经济活力和实现社会和谐有重要作用。

为了实现对经济的有效调控，政府经常采用减税、免税、宽限、加速折旧以及建立保税区等税收优惠办法刺激经济主体的经营行为，或者采用报复性关税、双重征税、税收加成、征收滞纳金等税收惩罚办法抑制经济主体的经济行为，以达到调控资源配置，促进经济增长的目的。

2. 国债

发行国债是政府获取财政收入的另一种重要方式。国债是由国家发行的债券，是中央政府为筹集财政资金而发行的一种政府债券，是中央政府向投资者出具的、承诺在一定时期支付利息和到期偿还本金的债权债务凭证。由于国债的发行主体是国家，所以它具有最高的信用度。国债有内债和外债之分。内债是向国内发行的债券，其债权人是本国企业和居民，使用本国货币；外债则是向国外发行的债券，其债权人为外国政府、企业和居民，使用外国货币。政府国债的发行，一方面，能够从分配领域调节社会供求结构，实现供求结构相互协调；另一方面，能够从流通领域调节货币流通量及商品供给量,实现供求均衡的总量目标。

国债的利率高低是以保证国债的顺利发行为基准,一般有三个影响因素:金融市场利率、政府的信用状况、社会资金的供求状况。国债的发行价格可平价发行(政府债券按票面值出售)、折价发行(政府债券低于票面值出售)、溢价发行(政府债券超过票面值出售)。国债的发行对经济发展会产生多方面的影响。

3. 公共支出

公共支出是政府为履行其职能而支付的一切费用的总和。公共支出按照不同的标准有多种分类结果,按照财政支出是否与商品和服务相交换,可分为购买性支出和转移性支出。

购买性支出,从最终用途看,行政管理支出、国防支出、文教科卫等财政支出是必不可少的社会公益性事业的开支,政府的投资能力和投资方向对社会经济结构的调整与经济的发展起着关键性的作用。转移性支出是政府进行宏观调控和管理,特别是调节社会总供求平衡的重要工具。例如,社会保障支出和财政补贴在现代社会里发挥着"安全阀"和"润滑剂"的作用,在经济萧条失业增加时,政府增加社会保障支出和财政补贴,增加社会购买力,有助于恢复供求平衡;反之,则减少相应这两种支出,以免需求过旺。例如,财政补贴是国家为了某种特定需要而向企业或居民个人提供的无偿补助。财政补贴是转移性支出的一种,经常以财政支出或冲减收入的形式表现出来。财政补贴会引起预算结余方向与数额的变动,实现对经济总量的调节;还会调节产业结构和产品结构,促进经济结构合理化。例如,政府对节能产品的补贴,对于鼓励节能产品生产企业的发展、调整产业结构、实现经济可持续发展有重要意义。

4. 政府投资

政府投资是指政府为了实现其职能,满足社会公共需要,实现经济和社会发展战略,投入资金用以转化为实物资产的行为和过程。政府投资的项目主要是那些具有自然垄断特征、外部效应大、产业关联度高、具有示范和诱导作用的公共设施,基础性产业,以及新兴的高科技主导产业。政府的投资能力与投资方向对经济结构的调整起关键性作用。政府投资是国家宏观经济调控的必要手段,在社会投资和资源配置中起重要宏观导向作用。政府投资可以弥补市场失灵,协调全社会的重大投资比例关系,进而推动经济发展和结构优化。

三、财政政策的类型

财政政策的类型多种多样,按照不同的标准有不同的分类结果。

1. 按照财政政策在调节社会总需求过程中发挥作用的方式划分

(1)自动稳定的财政政策。自动稳定的财政政策是一种能够根据经济波动情况逆经济风向而动的财政活动。当经济繁荣时自动抑制通货膨胀,当经济衰退时自动减轻萧条,无须政府采取任何行动。税收政策、转移支付政策和农产品价格维持制度都属于具有自动稳定功能的财政政策。

①税收的自动稳定功能。从财政收入来看,个人所得税(累进税率)在经济上升时将以比个人收入更快的速度增长,从而抑制个人消费和投资需求过快增长,并且减缓价格和工资的螺旋式上升速度,自动地抑制经济发展速度。反之亦然。其原因是:当经济繁荣时,人们收入增加,如果税率不变,税收会随人们收入的增加而自动增加。如果是累进税率,税率会自动进入高一级纳税档次,这样人们可支配收入的增加量会少一点,消费需求的增加量也会少一些,在一定程度上起到抑制通货膨胀的作用。当经济萧条时,失业率上升,收入减少,在税率不变的情况下,税收随人们收入的减少而减少。如果是累进税率,税率会根据人们收入的减少自动进入低一级的纳税档次,可支配收入的减少量会少一些,消费需求的减少量也会少一些,可防止经济进一步萧条。

②政府转移支付的自动稳定功能。当经济繁荣时,人们收入增加,失业率下降,符合转移支付条件的人减少,失业救济和其他社会福利支出也会自动减少,从而抑制可支配收入和消费的过快增长。当经济萧条时,人们收入减少,失业率上升,符合转移支付条件的人增多,失业救济和其他社会福利支出自动增加,从而防止可支配收入和消费的继续下降。

③农产品价格维持的自动稳定功能。当经济繁荣时,国民收入上升,农产品价格上升,政府通过减少农产品收购量,可抑制农产品价格继续上升,放缓农民收入增长的速度,减少社会总需求的增加量。当经济萧条时,国民收入下降,农产品价格下降,政府通过维持农产品收购价格,可防止农产品价格继续下降,放缓农民收入下降的速度,增加社会总需求的增加量。

(2)相机抉择的财政政策。相机抉择的财政政策是指政府审时度势,根据经济形势采用相应的财政措施,以消除通货膨胀缺口或通货紧缩缺口,是政府利用国家财力有意识干预经济运行的行为。当经济萧条时,政府主动增加公共支出,建造港口、公路、机场等公共工程,增加政府投资,降低税率,减少税收,增加投资豁免税额的数量,等等,有意识地刺激社会总需求增加,保持经济稳定。当经济繁荣时,政府主动减少公共支出,减少政府投资,增加税收,发行公债,等等,有意识地抑制社会总需求,防止经济过度繁荣,保持经济稳定。相机抉择的财政政策包括汲水政策(pump priming policy)和补偿政策(compensatory policy)。

汲水政策是指在经济萧条时付出一定数额的公共投资使经济自动恢复其活力的政策。汲水政策有以下四个特点。

①它以市场机制为前提,是一种诱导经济复苏的政策。

②它以扩大公共投资规模为手段,刺激社会投资。

③财政投资规模具有有限性,只要社会投资恢复活力,经济实现自主增长,政府投资就不再增加。

④它是一种针对经济萧条状况的短期财政政策,萧条状况一过,就不再实施。

补偿政策是指政府有意识地从当时经济状态的反方向上调节经济变动的财政政策,以实现经济的稳定发展为目的。在经济繁荣时期，政府通过增收减支等政策，抑制需求，防止经济过热；而在经济萧条时期，政府通过增支减收等政策来刺激社会需求，推动经济增长。

无论是汲水政策还是补偿政策，都是政府对经济干预的政策，基本操作都是反经济周期性波动的。但是，二者也有明显区别：①汲水政策只是借助公共投资医治经济萧条的处方；而补偿政策是一种全面的干预政策，无论是在经济繁荣时期还是在经济萧条时期都可以使用。②汲水政策的实现工具只有公共投资；而补偿政策的载体不仅包括公共投资，还包括税收、转移支付、财政补贴等。③汲水政策的公共投资是有限的，而补偿政策的财政收支可以超额增长。④汲水政策的调节对象是民间投资，而补偿政策的调节对象是全社会的有效需求。

2. 按照财政政策在调节国民经济总量时的效果划分

（1）扩张性财政政策。扩张性财政政策是指通过降低财政收入或增加财政支出的手段刺激社会总需求增长的政策。在经济衰退时期，增加财政支出和减少税收，刺激社会总需求增长，降低失业率，使经济尽快复苏，这种财政政策也叫作赤字性财政政策。

（2）紧缩性财政政策。紧缩性财政政策是指通过增加财政收入或减少财政支出以抑制社会总需求增长的政策。由于增收减支的结果集中表现为财政结余，因此，紧缩性财政政策也称为盈余性财政政策。它主要是通过增税、降低政府购买支出和转移支付抑制过旺的社会总需求增长，以消除通货膨胀缺口，达到供求平衡。

（3）中性财政政策。中性财政政策也称为收支平衡的财政政策，是指为实现财政收支平衡，财政分配活动对社会总需求的影响保持中性，财政收支活动不产生扩张和紧缩效应。中性财政政策在理论上成立，但在实际经济运行中往往具有扩张效果。

3. 按照财政政策调控的内容划分

（1）总量型财政政策。总量型财政政策是以调节社会供求总量，实现供求平衡为目的的财政政策。扩张性财政政策和紧缩性财政政策都属于总量型财政政策。

（2）结构型财政政策。结构型财政政策是通过调整财政分配变量，引起调节对象不同部分之间相对关系变动，实现结构合理化的财政政策。产业结构调整政策、分配结构调整政策、消费结构调整政策、社会经济结构调整政策等都属于结构型财政政策。

（3）社会型财政政策。社会型财政政策是通过调整财政变量，维护社会协调稳定发展的财政政策。它可以调节不同部门之间的比例关系和不同社会成员之间的分配关系。

四、财政政策的功能

财政政策作为政府经济管理的重要手段，主要有导向功能、协调功能、控制功能和稳定功能。

1. 导向功能

财政政策的导向功能是通过调整物质利益关系，对个人和企业的经济行为以及国民经济的发展方向发挥引导作用。其作用方式有两种：直接导向和间接导向。直接导向是财政政策对其调控对象直接发生作用，例如，个人所得税起征点的确定，对于人们的消费需求有直接影响。间接导向则是财政政策对非直接调节对象的影响。例如，政府投资增加不仅可以增加就业岗位，解决就业问题，还可以带动私人投资增加，影响其他企业的投资选择。

2. 协调功能

协调功能是对社会经济发展中某些失衡状态的制约、调节，协调地区间、行业间、部门间、阶层间的利益关系。财政政策本身就有协调功能，它通过财政收支调整收入分配状况和资源配置方向。例如，转移支付制度可以调节不同社会阶层之间的收入状况，实现公平分配。财政政策的协调功能之所以能够有效发挥作用，与财政政策的政策手段多样，彼此能够相互制约、相互影响有很大关系，这些政策手段可以从不同层次、不同方向协调人们之间的物质利益关系。

3. 控制功能

控制功能是通过财政政策制约人们的经济行为或宏观经济运行，实现对整个国民经济发展的调控。财政政策具有一定的规范性，可以规定人们应该做什么，不应该做什么，并通过利益机制的引导去规范人们的经济行为。例如，排污权交易就是以市场机制为基础的经济控制行为。

4. 稳定功能

稳定功能是通过调整总支出水平，使货币支出水平大体等于产出水平，实现国民经济稳定发展。例如，当经济繁荣时，通过减少政府支出，使总支出达到供求均衡的产出水平，可以防止经济过热；当经济萧条时，通过增加政府支出，使其与均衡产出水平相当，可以实现充分就业。稳定功能主要表现在两个方面：反周期性和补偿性。反周期性即逆经济风向而动，降低经济的周期性波动幅度，实现经济稳定发展。补偿性则表现在财政政策作为政府经济调控的手段，可以弥补市场在经济调节中的不足，与市场手段互为补充。

五、财政政策的传导机制和时滞

财政政策对宏观经济的调控是依靠政策传导机制实现的，正如多米诺骨牌的传导过程一样，财政政策工具只是政策效应的启动工具，政策效果如何，还要看传导过程和时机。

1. 财政政策传导机制

财政政策传导机制是指将政策意图传导给被调节者，使政策目标得以实现的方式和途径。财政政策传导有直接传导和间接传导之分。直接传导是能够在政策意图和政策目标之间建立直接联系的传导方式，它的精确度高、时滞短，但总体效果有限。通过财政收支影响社会总供求，或通过政府投资的增减影响社会投资，都属于直接传导。间接传导是需要中间环节的转换才能实现预定目标的传导方式。间接传导的精确度低、时滞长，但具有一定的放大效果。例如，财政收支政策借助各自的乘数效应，可以放大调节效果。投资乘数反映的就是初始投资对国民收入的放大作用。

一般来说，财政政策传导机制对政策的传导效应是通过四个环节完成的：①初始效应的传导，如财政税收减少或财政支出的增加直接导致经济产出的增加，一般也称之为直接的传导效应。②引致效应，即无论是税收还是支出，在对总收入影响的条件下，进一步在整个实物市场体系内引起的一系列内生性变化。③政策效应，即从实物市场向货币市场的传递，形成由于实物市场经济总量变化，而引起的货币市场利率的变化。④在一定货币政策条件下，由于利率的影响而形成的价格水平的变化（利率本身就是金融产品的价格），进而对实物市场产生影响。因此，财政政策的有效性实质上就是指财政政策工具变量向目标变量转化过程中，各转化环节是否畅通，以及是否强化或弱化了财政政策的政策设计以及政策的最终效果。近年来，我国财政政策的宏观调控效果表现出明显的时滞特点，政策效率受阻，显然，这与诸多影响财政政策有效传导的因素的变化不无关系。从我国的改革实践看，经济体制的变化、财政运行机制的变迁、经济环境的改变以及市场微观主体行为的变化等，都对我国财政政策的传导机制有效性有着很大的影响。

2. 财政政策时滞

财政政策时滞是指从认识经济问题到政府分析研究问题并展开政策调研，再到形成议案提交审核，并执行决策，看到实施效果的整个过程中所产生的时间差。时间差越大，说明财政政策时滞越大；反之亦然。财政政策时滞的存在为政策调控力度和时机的把握提出了更高的要求，从研究部门到决策部门再到执行部门，都要对未来的经济形势有一定的预见和把握，如此才能保证政策效果。

财政政策时滞包括内在时滞和外在时滞。

（1）内在时滞。内在时滞包括认识时滞和行动时滞。认识时滞是指从经济现象发生变化到决策者对这种变化有所认识所需要的时间。这段时间的长短，取决于政府部门对信息的搜集、分析、挖掘和预测的能力。行动时滞是指财政部门在决定采取政策措施之前对经济问题调查研究所耗费的时间。行动时滞的长短取决于财政部门调查研究能力以及自身的政治经济目的。

（2）外在时滞。外在时滞包括决策时滞、执行时滞和效果时滞。决策时滞是指财政部门将分析研究的结果提交立法机关审议并通过所耗费的时间。执行时滞是指政策议案在立法机构通过并交付有关单位付诸实施所经历的时间。效果时滞是指从政策正式实施到对经济产生影响所需要的时间。财政政策传导机制能否高效发挥作用，将决定效果时滞的长短。这三种时滞与政府决策部门都有直接关系，直接影响社会经济活动，称为外在时滞。由于经济主体行为的不确定性和经济结构的变动性，很难准确预测外在时滞的长短，通常可能会是很长时间。

内外时滞的存在使财政政策的执行效果与最初的预期会发生一定程度的偏离，甚至会导致时过境迁，对经济发展起反作用。如经济衰退时，政府采取扩张性财政政策，但政策的影响有一定的时间间隔，如果在这段时间内经济因自身的作用而恢复了，那么这时推行这项政策就将使经济发生通货膨胀。

六、从预算平衡论到功能财政论

经济学家们对财政预算准则的研究大致经历了三个阶段：年度预算平衡论、周期预算平衡论和功能财政论。

1. 年度预算平衡论

年度预算平衡论出现于1929—1933年资本主义世界经济大危机之前。当时的经济学家们主张自由市场经济，反对政府干预，反映在财政预算上就是主张实行严格的年度预算平衡。所谓年度预算平衡就是实现财政收支均衡，量入为出，不能有财政盈余或财政赤字。

年度预算平衡论是建立在一个假设基础上的理论，即政府只能扮演"守夜人"角色，不能对经济直接干预，认为政府对经济的干预会影响市场的资源配置效能。具体表现在：第一，政府财政预算盈余会挤占民间资本，降低民间投资积极性，降低社会财富积累速度。第二，政府财政预算赤字会增加社会经济负担，并产生巨大浪费，甚至会导致通货膨胀发生。因此，无论是财政赤字还是财政盈余都会给经济带来负面影响，只有实现年度预算平衡，才能最大限度地减少政府行为对经济的负面影响。

然而，当资本主义经济由自由竞争阶段进入垄断阶段后，这种预算思想面临着巨大的挑战。一方面，当经济衰退时，政府在财政上显得无能为力。因为政府不能干预经济，政府仍然要固守收支平衡的预算原则。另一方面，它进一步加剧了经济的周期性波动。因为当经济繁荣时，企业生产发展，人们收入增加，税收也自动增加，这时的政府支出相对于税收处于不变或下降状态，为了保持年度预算平衡，政府要么降低税率，要么增加支出，或者两者同时并举。显然，这三种措施都将使本已繁荣的经济更加炙手可热。相反，当经济衰退时，企业生产萎缩，人们收入减少，政府税收收入也自动下降，相比较于政府支出，此时的收入明显不足，为了保持年度预算平衡，可以采用提高税率、降低支出或两者并举的方法，然而这三种方法都将使本已衰退的经济更加雪上加霜。

2. 周期预算平衡论

经济危机的频繁爆发，使经济学家们对一直坚信的市场机制资源优化配置功能和自发的经济稳定功能产生了质疑，政府干预提上议事日程。反映在财政预算上，就是周期预算平衡思想的出现。周期预算平衡思想主张政府干预经济，发挥反周期的作用，同时实现周期预算平衡。具体观点如下。

（1）当经济繁荣时，为防止经济过热，政府应增收减支，实行盈余预算。因为预算盈余可以通过提高税率、减少开支等形式实现，这将使社会资金以税收的形式转移到政府手中，减少民间资金拥有量，可以直接减少私人投资需求和消费需求，并能够间接抑制私人投资需求和消费需求，从而降低整个社会的有效需求水平。

（2）当经济衰退时，为防止经济进一步萧条，政府应增支减收，实行赤字预算。赤字预算可以通过降低税率或增加政府支出的形式实现，这能够直接刺激私人投资需求和消费需求，并间接扩大私人投资需求和消费需求，从而提升整个社会的有效需求水平。

（3）周期平衡不是年度平衡，而是整个经济周期的平衡。从整个经济周期来看，繁荣时的财政盈余可以抵消衰退时的财政赤字，预算要在整个周期内保持平衡。

周期预算平衡思想在理论上很理想，但在现实中却面临着周期不确定性的挑战。每一个经济周期的波动幅度和持续时间长短都不一样，而且加上无法对其进行准确测量，决定了繁荣时的盈余并不能完全抵消衰退时的赤字。资本主义社会经济周期波动的规律是萧条时间比繁荣时间长，这样就导致了在萧条时期产生的赤字不能完全由繁荣时期的盈余来弥补，从整个经济周期来看，它是赤字财政，而不是周期平衡财政。

3. 功能财政论

周期平衡的财政预算思想虽然主张政府干预经济，发挥其反周期的作用，但终究无法摆脱预算平衡思想的束缚，刻意地追求周期内预算平衡可能事与愿违。为了使预算平衡思想与经济运行的实际情况更加接近，能够有效地发挥其理论指导功能，美国经济学家 A. P. 勒纳提出了功能财政的预算思想。

勒纳认为，财政政策的核心在于其对经济活动产生的效果，不应受制于预算平衡。无论是年度还是周期，预算平衡都只具有第二位的重要性，第一重要的是财政政策对经济调控的效果，对经济稳定的作用。政府预算的首要目的是实现经济平衡而不是预算平衡，不应为达到预算平衡而损害经济平衡。为了实现经济的稳定发展，政府财政政策必须符合经济发展需要，该赤字的时候赤字，该盈余的时候盈余。总之，按照功能财政思想，政府关心经济比关心预算平衡更重要，这种功能财政思想就是相机抉择财政政策的指导思想。

勒纳的功能财政思想已经完全跳出了预算平衡思想的束缚，抓住了财政预算的本质，即维持经济稳定，这为政府利用财政手段调控经济奠定了理论基础。

七、财政乘数

政府税收和支出对国民收入有重要影响，但是要知道其影响程度有多大，必须借助于宏观经济学中的乘数原理。乘数是指国民收入变动量与引起国民收入变动的初始要素变动量之间的比值。这里的初始要素包括税收、政府支出等。财政乘数包括税收乘数、政府支出乘数和平衡预算乘数等。

1. 税收乘数

在三部门国民收入核算中，假设初始投资 i 不变，税收 t 为定量税，政府购买支出为 g，国民收入为 y，消费函数为

$$c=a+by_d \quad (b \text{ 为边际消费倾向}, 0<b<1)$$

依据 $y=c+i+g$

$$c=a+by_d \quad (y_d=y-t)（y_d \text{ 为税后可支配收入}）$$

联立方程得

$$y = \frac{a+i+g-bt}{1-b} = \frac{a}{1-b} + \frac{1}{1-b}i + \frac{1}{1-b}g - \frac{b}{1-b}t$$

通过这一公式可以求出税收乘数和政府购买支出乘数。

税收乘数 $k_t = -\frac{b}{1-b}$，税收乘数反映了政府税收变动对国民收入变动的影响程度。它表示，每增加 1 元的税收，就会引致国民收入（或总需求）减少 $\frac{b}{1-b}$ 元。税收乘数为负，表明税收与国民收入是反向变动关系，并不反映税收乘数的大小。因此，税收增加必定会引起国民收入减少，但国民收入减少量必定大于最初的税收增加量。同理，税收减少必定会引起国民收入增加，但国民收入的增加量将大于税收的减少量。假设 k_t=5，说明国民收入变动量是税收变动量的 5 倍。如果初始税收增加量为 100 亿元，它能带来的国民收入减少量为 500 亿元（$\Delta y = 5 \times \Delta i$）。

假设消费者的边际消费倾向是 0.8，那么政府每增加 1 亿元税收，将会使消费者的可支配收入减少 1 亿元。由于消费者的可支配收入下降，其购买消费品的支出也将下降，消费者可支配收入的下降必然引起消费支出的减少。由于边际消费倾向为 0.8，消费者可支配收入每下降 1 亿元带来的消费支出减少到 0.8 亿元，那么生产消费品的企业生产者的收入减为 0.8 亿元，由于企业生产者的边际消费倾向也是 0.8，那么企业生产者的消费品可支配收入将减少为：0.8×0.8=0.64 亿元。生产者消费品可支配收入的减少必然使生产职工消费品的企业的可支配收入减少为 0.64 亿元，如果生产职工消费品的企业的边际消费倾向也是 0.8，则生产职工消费品的企业的可支配收入减少为：0.64×0.8=0.512 亿元。如此循环下去，国民收入减少额为

$$\Delta y = 0.8 + 0.64 + 0.512 + \cdots$$
$$= 1 \times 0.8 + 1 \times 0.8^2 + 1 \times 0.8^3 + \cdots$$
$$= 1 \times \frac{0.8}{1-0.8}$$
$$= 1 \times 4$$
$$= 4（亿元）$$

上述内容可用表 10.1 简单表示。

表 10.1 消费者的边际消费倾向变化与国民收入减少的关系

边际消费倾向 b=0.8

国民收入	收入—支出	
	支出减少/亿元	收入减少/亿元
第一轮	甲（0.8）	乙（0.8）
第二轮	乙（0.64）	丙（0.64）
第三轮	丙（0.512）	甲（0.512）
……	……	……

支出减少总额=收入减少总额=GDP 变动量=国民收入变动量=Δy

由此可知，政府税收对国民收入是一种收缩力量，增加税收必然导致国民收入减少，国民收入减少额的多少取决于税收乘数的大小。

2. 政府支出乘数

依据上述内容可知，政府支出乘数为 $k_g = \dfrac{1}{1-b}$。它反映了国民收入变动对政府支出变动的敏感程度。它表示每增减 1 元政府支出，会引致国民收入（或总需求）增减 $\dfrac{1}{1-b}$ 元。乘数值越大，国民收入变动对政府支出变动越敏感。政府支出乘数通常为正值，表明政府支出与国民收入之间呈同向变动关系。政府支出增加，国民收入也增加，并且国民收入增加量数倍于政府支出的增加量；反之亦然。政府支出乘数的大小同样取决于边际消费倾向 b：边际消费倾向越大，政府支出乘数就越大；边际消费倾向越小，政府支出乘数就越小。

假设所有消费者的边际消费倾向都是 0.8，那么政府支出增加 1 亿元，会带来国民收入多大程度的变化？1 亿元的政府支出先转化为生产者的收入，由于生产者的边际消费倾向为 0.8，1 亿元中的 80%将用于购买消费品，0.8 亿元转化为生产家庭消费品的企业职工的收入，由于生产家庭消费品企业职工的边际消费倾向也是 0.8，他们也将用可支配收入中的 0.64（0.8×0.8）亿元购买其他企业生产的消费品，0.64 亿元转化为其他企业职工的收入，在边际消费倾向统一为 0.8 的情况下，其他企业职工也将用其可支配收入的 80%购买消费品，即用 0.512（0.64×0.8）亿元购买消费品，如此循环下去，国民收入的增加额为

$$\Delta y = 1+0.8+0.64+0.512+\cdots$$
$$= 1+1\times 0.8+1\times 0.8^2+1\times 0.8^3+\cdots$$
$$= 1+1\times \dfrac{0.8}{1-0.8}$$
$$= 1+4$$
$$= 5（亿元）$$

上述内容可用表 10.2 简单表示。

表 10.2 政府支出乘数变化与国民收入增加的关系

边际消费倾向 b=0.8

国民收入	收入—支出	
	支出增加/亿元	收入增加/亿元
第一轮	甲（1）	乙（1）
第二轮	乙（0.8）	丙（0.8）
第三轮	丙（0.64）	丁（0.64）
……	……	……

$$\text{支出增加总额}=\text{收入增加总额}=\text{GDP 变动量}=\text{国民收入变动量}=\Delta y$$

由此可知，政府支出对国民收入是一种扩张力量，增加政府支出必然导致国民收入增加，国民收入增加多少取决于政府支出乘数的大小。

税收乘数小于政府支出乘数，说明税收政策对经济增长和经济稳定作用小于政府支出政策。政府支出和税收同样是增加 1 亿元，但政府支出乘数比税收乘数大 1。原因是政府最初支付的 1 亿元直接转化为人们的家庭收入，发挥了其扩大社会需求的作用。而政府税收的 1 亿元是先转移到政府手里，人们的可支配收入减少 1 亿元以后，再从税后的可支配收入中发挥其减少社会总需求的作用。

3. 平衡预算乘数

从前文内容可知，政府支出和税收是两种相反的力量，增加税收会带来国民收入的减少，增加政府支出会带来国民收入的增加。其实，无论是政府支出乘数还是税收乘数，都是假定另一方处于不变状态下的政策效应。但现实经济中往往是政府支出和税收都在变动，甚至可能出现两者同时等量变动的情况。这时的政府预算对国民收入又有怎样的影响呢？此时，需借助平衡预算乘数来解释国民收入的变动。

平衡预算乘数是指政府收入和支出同时以相等数量增加或减少时，国民收入变动与政府收支变动的比率。

当预算平衡时，收支相抵，税收变动量（Δt）=支出变动量（Δg）

三部门经济中 $\Delta y = \Delta c + \Delta t + \Delta g$

假设投资量不变，即 $\Delta i = 0$

因 Δc 为消费支出的变化量，它是可支配收入变动量 Δy_d 与边际消费倾向 b 的乘积，所以，$\Delta c = \Delta y_d \times b$

又因可支配收入变动量 Δy_d 等于国民收入变动量减去税收变动量，即

$$\Delta y_d = \Delta y - \Delta t$$

综合以上各式可得

$$\Delta y = \Delta c + \Delta i + \Delta g$$
$$= \Delta y_d \times b + 0 + \Delta g$$
$$= (\Delta y - \Delta t) \times b + \Delta g$$

移项可得
$$\Delta y - \Delta g = (\Delta y - \Delta t) \times b$$

因预算平衡时 $\Delta t = \Delta g$，则

$$\Delta y - \Delta g = \Delta y - \Delta t$$

因此，平衡预算乘数 $k_b = 1$

平衡预算乘数还可以用以下方法推算

$$k_b = k_t + k_g = -\frac{b}{1-b} + \frac{1}{1-b} = 1$$

平衡预算乘数为 1，表示国民收入变动量与政府税收和政府支出的变动量完全相等。当政府税收和政府支出同时等量增加 1 亿元时，国民收入增加 1 亿元，当政府税收和政府支出同时等量减少 1 亿元时，国民收入减少 1 亿元。可见，税收和支出同时等量增加或减

少，对国民收入仍然有扩张或缩减作用。

第二节 货币政策

货币政策是指中央银行通过控制货币供应量来调节利率，进而影响投资和整个经济以达到一定经济目标的经济政策。财政政策虽然能够调控经济运行，但能否更好地实现宏观经济目标，提高财政政策实施效果，还要看财政政策与货币政策的协调配合情况。

一、货币政策的目标

货币政策的目标包括货币政策的最终目标和中介目标。最终目标一般是一国宏观经济目标，如物价稳定、充分就业、经济增长和国际收支平衡；中介目标则是为实现最终目标而设置的可供观察调整的指标，如货币供应量、利率。

货币政策的四个最终目标要同时实现是非常困难的。在具体实施中，为了实现某一货币政策目标而采用的措施很可能与实现另一货币政策目标所应采取的措施相矛盾。具体表现在以下几个方面。

（1）物价稳定与经济增长的矛盾。从长期来看，物价稳定与经济增长之间具有一致性。稳定的物价，可以减少市场的不确定性，充分发挥市场功能，维持经济长期增长；而经济的持续增长又有利于生产充足的商品，保持物价稳定。从短期来看，对物价稳定与经济增长的关系，理论界有不同的看法。从政府行为来看，由于政府越来越关注经济的短期增长，所以不时地出现利用适度的通货膨胀来刺激经济增长的情况。因此，对于什么是合适的通货膨胀，如何控制通货膨胀"惯性"，仍是政府利用通货膨胀刺激经济增长的难解之题。

（2）物价稳定与国际收支平衡之间的矛盾。由于影响国内经济的因素与影响国际经济关系的因素各不相同，中央银行同时实现国内物价稳定和国际收支平衡很困难。内部均衡表明物价处于稳定状态。如果此时存在国际收支顺差，为了解决顺差采取紧缩政策，会造成经济的紧缩和物价下跌；如果此时存在国际收支逆差，平衡国际收支的政策会造成外汇储备的增加，起到扩张基础货币和货币供应量的作用，从而影响物价的稳定。另外，从物价对国际收支状况的影响来看，当本国出现通货膨胀时，本币对内贬值，与外币相比，外国的商品价格显得更为低廉，出现汇率高估现象，有利于外国商品的进口，而不利于本国商品的出口，结果出现逆差，导致国际收支失衡。

（3）经济增长与国际收支平衡的矛盾。在正常情况下，一国经济增长将有利于提高本国商品在世界市场上的竞争力，有利于提高本国商品的出口能力。但是，经济的增长也会提高本国人民的国民收入，会导致进口的增加。另外，为了促进经济增长，必须增加投资，不仅要动员国内的储蓄，而且要利用一切手段吸引外资，加强对外资的利用，结果可能带来资本项目的逆差。

（4）经济增长与充分就业的矛盾。根据奥肯定律[①]（Okun's law），失业意味着生产要素的非充分利用，失业率的上升会伴随实际 GDP 的下降，即失业率每增加 1%，则实际国民生产总值会减少 2%左右。奥肯定律说明了充分就业与经济增长之间的矛盾，要达到充分就业就不可能实现经济的稳定增长，其原因可能是，以内涵型扩大再生产所实现的高经济增长，不可能实现高就业。或者说，片面强调高就业，硬性分配劳动力到企业单位就业，会造成人浮于事，效益下降，产出减少，导致经济增长速度放慢，等等。正因为货币政策目标之间的矛盾性，要求在选择和实施货币政策时应权衡利弊得失，充分考虑它们之间的相互关系。

由于货币政策的实现过程比较长，为了了解政策工具的使用情况、把握政策目标的实现程度，需要借助一些可以被量化和操作的经济指标。这些经济指标就是具有经济传导性的金融变量，人们称其为货币政策的中介目标。作为中介目标应具备三个特点：第一，控制启动器。即能够通过自身的变化启动最终目标，并促成最终目标的实现。第二，传导指示器。即能够向社会及整个金融体系传导中央银行的货币政策意向，使各经济主体的经济决策符合中央银行货币政策的要求。第三，反馈显示器。即通过中介目标，中央银行能够判断货币政策的作用方向、作用强度和持续时间，以便及时进行反馈调节。中介目标之所以重要，一是人们长久以来认识到货币政策的作用机制具有滞后性和动态性，因而有必要借助一些能够较为迅速地反映经济状况变化的金融指标或非金融指标作为观察货币政策实施效果的信号；二是为避免货币政策制定者的机会主义行为，需要为货币当局设定一个名义锚，以便社会公众观察和判断货币当局的言行是否一致。

货币政策中介目标的选择应符合以下标准：第一，可测性。中央银行能够对货币政策的中介目标变量进行准确的跟踪统计和分析研究。第二，可控性。中央银行可以较有把握地将选定的中介目标控制在确定的或预期的范围内。第三，相关性。货币政策的中介目标变量与货币政策的最终目标有着紧密的关联性和互动性，能够启动最终目标的实现。货币政策的中介目标有远期和近期之分：远期中介目标主要有货币供应量、长期利率；近期中介目标有基础货币、短期利率。

二、货币政策的工具

货币政策工具是为实现货币政策目标而采取的政策措施。常用的货币政策工具有法定存款准备金率、再贴现率、公开市场业务。

1. 法定存款准备金率

存款准备金是指金融机构为保证客户提取存款和资金清算需要而准备的在中央银行的存款，中央银行要求的存款准备金占其存款总额的比例就是存款准备金率（deposit-reserve

---

[①] 奥肯定律（Okun's law）是由美国经济学家阿瑟·奥肯（Arthur M. Okun）提出的，用来近似地描述失业率和实际 GDP 之间的交替关系。这一定律认为，GDP 每增加 1%，就业率大约上升 0.5%，这种关系并不是十分严格的，它只是说明产量增加 1%时，就业人数上升达不到 1%。其原因可能是产量的增加是通过工人加班加点达到的，而不是由于增加就业人数；也可能是社会增加了第二职业人数，从而使就业量小于产量增加的百分比。

ratio)。存款准备金本来是为了保证支付的,但它带来了一个意想不到的"副产品",就是赋予了商业银行创造货币的职能,可以影响金融机构的信贷扩张能力,从而间接调控货币供应量,现已成为中央银行货币政策的重要工具。法定存款准备金率,是金融机构按规定向中央银行缴纳的存款准备金占其存款总额的比率。这一部分资金是一个风险准备金,是不能用于发放贷款的。这个比例越高,执行的紧缩政策力度越大。当中央银行提高法定存款准备金率时,商业银行可提供放款及创造信用的能力就下降。因为存款准备金率提高,货币乘数[①]就变小,从而降低了整个商业银行体系创造信用、扩大信用规模的能力,其结果是社会的银根偏紧,货币供应量减少,利息率提高,投资及社会支出都相应缩减;反之亦然。

存款准备金包括"存款准备金"和"超额准备金"两部分。除存款准备金外,金融机构在央行存款超过存款准备金存款的部分为超额准备金存款,超额准备金存款与金融机构自身保有的库存现金构成超额准备金(习惯上称为备付金)。超额准备金与存款总额的比例是超额准备金率(备付率)。金融机构缴存的"存款准备金",一般情况下是不准动用的。而超额准备金,金融机构可以自主动用,其保有金额也由金融机构自主决定。一般情况下,人们只研究存款准备金率的提高或降低,商业银行和其他金融机构的资产业务规模变化,进而对货币供给产生的影响。

法定存款准备金率政策存在三个缺陷:一是当中央银行调整法定存款准备金率时,存款货币银行可以变动其在中央银行的超额存款准备金,从反方向抵消法定存款准备金率政策的作用;二是法定存款准备金率对货币乘数的影响很大,作用力度很强,往往被当作一剂"猛药";三是调整法定存款准备金率对货币供应量和信贷量的影响,要通过存款货币银行的辗转存、贷,逐级递推而实现,成效较慢、时滞较长。因此,法定存款准备金政策往往作为货币政策的一种自动稳定机制,而不将其当作适时调整的经常性政策工具来使用。

2. 再贴现率

再贴现是相对于贴现而言的,商业银行在票据未到期以前将票据卖给中央银行,得到中央银行的贷款,称为再贴现。中央银行在对商业银行办理贴现贷款中所收取的利息率,称为再贴现率。再贴现意味着商业银行向中央银行贷款,从而增加了货币投放,直接增加货币供应量。

再贴现率的高低不仅直接决定再贴现额的高低,而且会间接影响商业银行的再贴现需求,从而整体影响再贴现规模。这是因为,一方面,再贴现率的高低直接决定再贴现成本,再贴现率提高,再贴现成本增加,影响再贴现需求,反之亦然;另一方面,再贴现率变动,在一定程度上反映了中央银行的政策意向,提高再贴现率,呈现紧缩意向,反之,呈现扩张意向,这对短期市场利率具有较强的导向作用。再贴现率具有调节灵活的优点,但也不宜频繁变动,否则给人以政策意向不明确的印象,使商业银行无所适从。此外,再贴现率的调节空间有限,且贴现行为的主动权掌握在商业银行手中,如果商业银行出于其他原因对再贴现

---

① 所谓货币乘数,也称为货币扩张系数或货币扩张乘数,是指在基础货币(高能货币)基础上,货币供给量通过商业银行的创造存款货币功能产生派生存款的作用产生的信用扩张倍数,是货币供给扩张的倍数。

率缺乏敏感性，再贴现率的调节作用则将大打折扣，甚至失效。因此，中央银行的再贴现政策是否能够获得预期效果，还取决于商业银行是否采取主动配合的态度。

作为中央银行抑制货币供应量的三大传统政策手段之一，再贴现率较法定存款准备金率、公开市场业务更易于操作。再贴现率引起的波动程度又远比法定存款准备金率小，因而各国中央银行一般都经常调整再贴现率来控制货币供应量。作为一国基准利率，再贴现率制约和影响着全国的利率水平，其变动决定或影响着其他利率的变动，是其他利率赖以调整或变动的基础。商业银行之所以要进行再贴现，一般是由于商业银行的资金发生短缺。再贴现率低，商业银行取得资金成本较低，市场利率就会降低；反之，表示中央银行的资金供给趋紧，市场利率可能上升。在商业银行业务中，票据贴现的比例很大，越是发达国家越是如此。

3. 公开市场业务

公开市场业务又称为公开市场操作，是指中央银行通过买进或卖出有价证券（如国库券、公债等），吞吐基础货币，调节货币供应量的活动。与一般金融机构所从事的证券买卖不同，中央银行买卖证券的目的不是为了盈利，而是为了调节货币供应量。根据经济形势的发展，当中央银行认为需要收缩银根时，便卖出证券，相应地收回一部分基础货币，减少金融机构可用资金的数量；相反，当中央银行认为需要放松银根时，便买进证券，扩大基础货币供应，直接增加金融机构可用资金的数量。

公开市场业务的作用主要有：第一，调节商业银行的准备金，影响其信用扩张的能力和信用紧缩的规模；第二，通过影响准备金的数量控制利率；第三，为政府债券买卖提供一个有组织的方便场所；第四，通过影响利率来控制汇率和国际黄金流动。因此，公开市场业务的操作主要通过购入或出售证券，放松或收缩银根，而使银行储备直接增加或减少，以实现相应的经济目标。

公开市场业务在三大货币政策工具中是唯一能够直接使银行储备发生变化的工具，具有主动性、灵活性和时效性等特点。中央银行在公开市场业务中有相当大的主动权，可以充分控制其规模；公开市场业务是灵活的，对货币供应既可以进行"微调"，也可以进行较大幅度的调整，具有较大的弹性；公开市场业务操作的时效性强，当中央银行发出购买或出售的意向时，交易立即可以执行，参加交易的金融机构的超额储备金相应发生变化；公开市场业务可以经常、连续地操作，必要时还可以逆向操作，由买入有价证券转为卖出有价证券，使该项政策工具不会对整个金融市场产生过大冲击。但公开市场业务也有其局限性，即中央银行只能在商业银行储备变化的方向上而不能在数量上准确地实现自己的目的。因为：第一，通过公开市场业务影响银行储备需要时间，不能立即生效，而要通过银行体系共同的一系列买卖活动才能实现。第二，公开市场业务发挥作用的先决条件是证券市场必须高度发达，并具有相当的深度、广度和弹性等特征。第三，中央银行必须拥有相当的库存证券。

三、货币政策的类型

货币政策有三种基本类型：一是紧缩性货币政策，指在通货膨胀情况下，中央银行采取提高存款准备金率、提高利率、减少信贷规模等方式减少货币供应量的政策；二是扩张性货币政策，指在经济萧条时，中央银行采取降低存款准备金率、降低利率、扩大信贷规模等手段增加货币供应量的政策；三是稳健（中性）货币政策，指在社会供给和总需求基本平衡、经济运行较为稳定的情况下，中央银行采取货币供给与经济发展相协调的一种政策，其主要目标是在保持经济稳定增长的前提下抑制通货膨胀，避免经济的大起大落，保持物价的稳定。

四、财政政策与货币政策的联系和区别

1. 财政政策与货币政策的联系

（1）两大政策的目标一致。实现物价稳定、经济增长、充分就业和国际收支平衡是两者的共同任务。

（2）两大政策对总需求的影响具有互补性。例如，通过实行增支减收积极财政政策，在刺激经济扩张的同时，也可能产生紧缩效应。紧缩效应表现在以下两个方面：一方面，政府扩大支出势必减少公共储蓄，由此造成货币需求紧张，迫使利率上升，从而减少私人部门的投资，这就是积极财政政策产生的对于私人部门投资需求的"挤出效应"。另一方面，财政扩张可能引起本币升值，将产生本币升值的压力，从而促使汇率上升，进而降低国外需求，导致出口的减少，对经济产生一定的紧缩效应。政府如果同时采取扩张性货币政策和财政政策，可以抑制因紧缩效应而导致的利率上升，扩大信贷规模，刺激投资，消除或减少扩张性财政政策产生的"挤出效应"。

（3）两大政策均是资金分配的渠道，都与货币流通密切联系。从社会总资金的运动来看，财政政策对资金运动的影响和货币政策对资金运动的影响之间有千丝万缕的联系。

2. 财政政策与货币政策的主要区别

（1）实施主体和具体手段不同。财政政策由国家的财政部制定和实施，而货币政策一般由中央银行制定和实施。财政政策的主要手段包括税种增减、税率升降、支出预算缩张、公债增减、补贴增减等，通过调整财政收支的数量、结构及平衡关系对国民经济产生影响。货币政策比财政政策复杂，它通过运用存款准备金、再贴现率、公开市场业务等手段，调节货币供应量和利率、增减信贷规模、增减社会现金供应等对国民经济产生影响。

（2）两者的作用对象和作用机制不同。财政政策的直接作用对象是总需求，货币政策的直接作用对象是货币供给。财政从收入和支出两个方向直接影响社会需求的形成；银行通过信贷规模的伸缩影响消费需求和投资需求的形成。

（3）两大政策对总需求的影响不同。财政政策直接影响总需求的规模，其作用的发生是没有通过任何中间变量的；货币政策通过利率的变动来对总需求产生影响，间接地发挥作用。财政政策在社会消费需求形成中起决定作用，对个人消费需求的形成有直接影响；银行主要通过对工资基金的管理以及对现金投放的控制，间接地影响个人消费需求，当然，也可以通过储蓄存款直接影响个人消费需求，但与财政政策相比，其影响力度要小很

多。财政政策在形成投资需求方面的作用主要是调整产业结构,促进国民经济结构的合理化;货币政策的作用主要在于调整货币供求总量。

(4) 两者扩张或紧缩所需求的机制不同。财政政策通常通过财政赤字或盈余来扩张或紧缩需求。但财政政策本身并没有直接创造需求(即创造货币)的能力,唯一能创造需求、创造货币的是中央银行。因此,财政政策的扩张和紧缩效应一定要通过货币政策机制的传导才能发生。例如,扩张性财政政策将会刺激社会总需求扩大,使银行资金供应紧张,最终导致利率上升,利率上升又会缩减信贷规模,抑制社会需求的扩大。由此可见,财政政策作用的发挥会受到货币政策的影响。而银行自身却可以直接通过信贷规模的扩张和收缩起到扩张和紧缩需求的作用。例如,中央银行可以通过增发货币的方法达到降低利率、刺激需求的目的,这个过程不会受到财政政策的干扰。从这个意义上说,中央银行的货币政策是扩张或紧缩需求的"总闸门"。

(5) 两者的作用强度、决策速度及执行阻力不同。财政政策中的政府支出和货币政策中的法定存款准备金率的作用较为猛烈,而财政政策中的税收政策和货币政策中的公开市场业务、贴现率政策的作用较温和。从决策速度上来看,财政政策中的政府支出政策、税收政策和货币政策中的法定存款准备金率决策较慢,而货币政策中的公开市场业务、贴现率决策较快。在执行阻力上,财政政策中的政府支出政策、税收政策阻力较大,而货币政策中的贴现率政策阻力较小,公开市场业务、法定存款准备金率阻力较小。政府在制定和实施财政政策和货币政策时,必须考虑上述特点,以使其协调配合,共同为经济政策目标服务。

五、财政政策与货币政策协调配合的必要性

1. 政策侧重点不同,为两者的相互配合提供了基本框架

财政政策与货币政策都是国家宏观经济调控政策的重要组成部分,是调控社会供需总量和社会经济结构不可或缺的工具。但两者在调控社会供求总量和社会经济结构方面的侧重点各有不同,这要求政府当局必须根据经济发展的需要,结合两种政策的特点来选择合适的调控政策。财政政策直接作用于社会经济结构,间接作用于供需总量平衡;而货币政策直接作用于供需总量平衡,间接对社会经济结构产生影响。

(1) 从财政政策调节来看。财政政策对总供给的调节,首先反映为对社会经济结构的调节,如财政运用必要的税收优惠政策、财政贴息政策、财政投资政策支持产业结构的调整,支持"瓶颈"产业的发展和短缺产品供给的有效增加。财政对总需求的调节主要通过扩大或缩小财政支出规模,以结构调节为前提,借以达到刺激和抑制社会总需求的目的。

(2) 从货币政策调节来看。货币政策对社会总需求的调节,主体是通过中央银行货币投放和再贷款等政策手段控制基础货币量,通过存款准备金率和再贴现率等手段控制货币乘数,从而有效地控制社会总需求,达到货币和物价稳定的目的。与此同时,中央银行在调控社会总需求的基础上,也会对社会经济结构产生一定的调节作用,如银行依照产业政策和市场盈利水平,选择贷款投放方向,包括产业间、地区间信贷规模的区别对待,客观

上起到调节社会经济的作用。可见，货币政策对社会供需总量的调节是直接的，而对社会经济结构的调节则是间接引导的。

2. 政策作用时机不同，为两者的协调配合提供了基本依据

凯恩斯主义认为，经济经常处于非充分就业状态，不时会出现膨胀性缺口或紧缩性缺口，只有采取权衡政策，才能使之接近物价稳定或充分就业水平。在通货膨胀和经济过热时期，财政政策的作用不明显，要通过紧缩性货币政策，如公开市场业务卖出债券、提高再贴现率或法定存款准备金率等来抑制投资，降低总需求，从而消除膨胀缺口；在严重的通货紧缩和经济衰退时，货币政策的作用不明显，要通过扩大支出、支持公共工程建设、降低税收等来拉动经济复苏。由此，我们可得出结论，财政政策和货币政策只有协调配合，才能扩大和强化宏观经济调控的作用。

3. 政策时效和强度不同，为两者的相互配合提供了充分条件

财政政策以快速、强力为特征，通过公债、补贴、贴息、税收政策等，有迅速启动投资、拉动经济增长的作用，但容易引起过度赤字、经济过热和通货膨胀，因而财政政策发挥的是经济增长的引擎作用，用以应对严重的经济衰退与较长时间的经济衰退，但只能作短期调整，不能长期使用。货币政策则以微调为主，在启动经济增长方面明显滞后，但在抑制经济过热、控制通货膨胀方面具有长期成效。因此，既要发挥财政政策见效快的特点，又要发挥货币政策作用力度大、持续时间长的特点，两者配合才能产生更大的乘数作用。

4. 政策功能不同，为两者的协调配合提供了必要条件

财政政策和货币政策在处理公平和效率的矛盾方面各有侧重。财政政策的公平分配功能要求政府运用税收和社会保障手段，限制收入分配过分集中，适当缩小个人之间、行业之间、地区之间的收入差距，防止两极分化，这是社会稳定的重要条件。而货币政策的效率优先功能则使商业银行偏重于从盈利目标考虑信贷投向，要求货币政策对信贷结构和利率的调节能大体反映市场供求变化，引导资源流向效益好的投资领域，促进生产效率的提高。财政政策和货币政策功能的协调配合体现在：第一，"稳健的货币政策"应以不违背商业银行的经营原则为前提，这样可以减少扩张性财政政策给商业银行带来的政策性贷款风险。第二，财政政策的投资范围不应与货币政策的投资范围完全重合。其中，基础性和公益性投资项目还是应该以财政投资为主，而竞争性投资项目则属于货币政策的范围。

六、财政政策与货币政策协调配合的方式

财政政策与货币政策的配合方式表现为扩张性、紧缩性和中性政策的不同组合。

1. 宽松的财政政策和宽松的货币政策，即"双松"政策

在社会总需求严重不足、生产能力和社会资源未能得到充分利用的情况下，利用这种政策组合可以刺激经济增长，扩大就业。尽管这种"双松"政策组合对经济的恢复具有

"高效"的作用,但在使用时也要严格限制。一般来说,经济衰退程度不太严重时,使用"双松"政策组合力度一定要小。即使经济处于严重衰退阶段,也不宜长时间实行"双松"政策,在经济出现好转的迹象后,政策组合方式应立即转为温和型政策组合,甚至在好转迹象尚不明显之际,就应该减小政策强度。否则,由于时滞的存在,滞后的政策可能在经济过热时刺激其发展,而在经济萧条时又抑制其发展。

2. 紧缩的财政政策与紧缩的货币政策,即"双紧"政策

当社会总需求极度膨胀、社会总供给严重不足和物价大幅攀升,抑制通货膨胀成为首要调控目标时,适宜采取"双紧"政策。这种政策组合可以有效地遏制需求膨胀与通货膨胀。值得注意的是,"双紧"政策的搭配方式同"双松"政策的搭配方式一样,都是一种强劲的政策组合,在实施过程中必须注意政策力度及持续的时间。如果政策力度的调整不及时,很可能会使经济迅速地陷入衰退,引起经济的大起大落。

3. 紧缩的财政政策和宽松的货币政策

当政府开支过大,物价基本稳定,经济结构合理,但企业投资并不十分旺盛,经济也非过度繁荣,促进经济较快增长成为经济运行的主要目标时,适宜采用此政策组合模式。这种政策组合可以有效地降低利率和减少"挤出效应",为私人提供良好的投资环境,推动经济的持续稳定发展。这种政策组合能够在控制通货膨胀的同时,使经济保持适度增长,因此,受到西方学者较多的赞赏。但是,这种"紧松"的政策组合持续地实施扩张性货币政策会引发通货膨胀,由于通货膨胀对于经济危害巨大,所以,这种政策组合的实施不宜持续时间太长。

4. 宽松的财政政策和紧缩的货币政策

当社会运行表现为通货膨胀与经济停滞并存,产业结构和产品结构失衡,社会总需求不足,货币流通中的数量较大,贷款较大幅度增长,经济存在较大通货膨胀压力时,适宜采用此政策配合模式。"松紧"政策的优点是在通过扩张性财政政策刺激经济的同时,有效地防范了因经济升温过快而导致的通货膨胀。但其缺陷也是显而易见的,利率水平会因为实施扩张性财政政策而被拉高,此时再搭配以紧缩性货币政策,利率水平会进一步上升,因此扩张性财政政策的"挤出效应"会被放大,对经济拉动的作用效果就会大大减弱。同时,良好的财政状况是长期实施该政策组合的前提条件。实施该政策组合的时间也不宜过长,因为持续的财政扩张必然会引发政府赤字,而财政赤字的规模应该控制在一定的限度内。

5. 稳定的政策组合

中性财政政策与中性货币政策协调搭配是稳定型政策组合的典型代表。从"适度从紧"的意义上来说,也可以将中性财政政策与紧缩货币政策的搭配以及紧缩性财政政策和中性货币政策的搭配归于稳定型政策组合。稳定型政策组合适用于整体经济形势运行良好、物价稳定、GDP等指标的增长速度比较合理的状况。这种政策搭配具有"微调"的意

义。由于强劲的政策组合使用不当可能引起经济的波动,所以,在经济状态良好时,采用稳定型政策组合是比较适当的。在某种意义上,中性的政策可以说是一种"双防"的政策组合,即既要防止经济过热增长,出现通货膨胀,又要防止出现经济增长乏力,出现通货紧缩的局面。对于政策的制定者来说,采用中性政策并不比采用其他类型政策的调控难度低,稳定型政策组合对经济的上下微调的力度要适中,调节时间要及时,否则达不到政策调控效果。

第三节 收入分配政策

市场是实现收入分配公平的最基本手段,但不能保证效率和公平的同时实现。无论是在经济发展水平比较高的西方国家,还是在像中国这样的发展中国家,收入分配领域都存在着大量的不公平现象。政府在实现公平收入分配过程中的作用是不能否定的,但这种作用不是压制市场,而是让市场更加充分地发挥作用。现代经济学理论不仅证明了竞争性市场可以实现效率,还证明了市场发挥作用的整体成就非常依赖于一个国家的政治和社会环境。政府构建合理的收入分配体系,发挥收入分配政策的积极作用,对于构建稳定的社会发展环境有重要意义。

一、收入分配的概念与原则

1. 收入分配的概念

收入分配,广义上是指一国在一定时期内经济活动成果在各经济主体之间的分配;狭义上是指国民收入在国民经济各部门、各生产单位和非生产单位以及居民中的分配过程。收入分配的主体包括国家、企业和个人。国家收入分配主要是通过税收形式来实现,还有一部分以所有者身份通过参与利润分配的形式实现。企业主要是以利润形式参与国民收入的分配。居民对国民收入的分配主要以劳动者报酬形式来实现,这是居民获得收入的主要形式。此外,居民还可以通过资本收入、要素分配以及财政的转移支付等其他形式来实现。

国民收入分配包括初次分配和再分配。初次分配是指国民收入在物质生产领域内部进行的分配。国民收入经过初次分配形成了国家、企业或集体、物质生产部门、劳动者的原始收入。初次分配主要由市场机制形成,生产要素价格由市场供求状况决定,政府通过税收杠杆和法律法规进行调节和规范,一般不直接干预初次分配。国民收入的再分配是国民收入在初次分配基础上的进一步分配,通过国民收入再分配,不直接参与物质生产的社会成员或集团从参与初次分配的社会成员或集团那里获得收入再分配,主要是由政府调控机制起作用,政府进行必要的宏观管理和收入调节,是保持社会稳定、维护社会公正的基本机制。

2. 收入分配的原则

1）以按劳分配为主体，多种分配方式并存的原则

按劳分配作为分配方式的主体，是市场经济最大限度发挥劳动者生产积极性的最佳形式，因为按劳分配为社会成员在参与社会产品分配的过程中提供了基本的原则和前提，更为提高经济活动的效益提供了内在动力。由于经济转型中多种所有制形式并存，个人分配在形式上也表现为多种分配方式并存，如按生产要素分配就是依据劳动、资本、技术和管理等生产要素的贡献参与分配。要素所有者按照投入的要素数量和质量及其对生产经营的贡献获取报酬，可以有效地调动各种要素所有者的生产积极性。由于分配激励的内在原因是一致的，因而以按劳分配为主体，多种分配方式并存的分配原则是一个重要的原则。

2）效率优先、兼顾公平的原则

效率不仅可以用经济活动中所耗费的劳动量与获得的劳动成果的比率来衡量，更应该用资源的节约量和社会净财富的增加量来衡量。在社会主义市场经济条件下，收入分配政策在国民收入初次分配环节应该以效率为先导，坚持效率标准，如此才能做到人尽其才、物尽其用，激励劳动者提高效率，促进生产力发展。

公平是效率的前提。社会收入分配差距过大，贫富悬殊，必然引起社会不稳定，国家动荡，在这样的社会中是没有经济效率可言的。因此，收入分配政策在国民收入再分配环节要促进公平，使收入分配差距保持在合理的范围内。只有这样才能为经济的持续发展创造一个和谐稳定的社会环境，从而实现经济增长的最终目标。收入分配政策要实现公平目标，必须把握公平的三个层面：第一，机会均等。这是指每个人都有同样的付出劳动的机会和发挥自己才干的机会。第二，规则平等。这是指劳动者在收入分配过程中遵守同样标准的规则，在规则面前人人平等。第三，差距适度、兼顾平等和兼容责任。在承认人的能力、才智、积极性的差距以及由此带来的劳动生产率差别的基础上，财产和收入可以有适度差异。

二、收入分配政策的目标

收入分配政策是国家为实现社会经济发展目标，在收入分配领域制定的一系列收入分配制度和方针。它是对国民收入进行宏观管理的经济政策，可以调节国民收入中的重大比例关系。国民收入分配政策的基本目标是通过初次分配和再分配，既能提高国民经济效率，又能促进社会公平。

1. 收入分配公平

关注收入分配公平是政府的责任。政府通过运用税收、社会保障、转移支付等政策工具，调节收入在各个社会阶层和利益群体之间的分配，并通过构建科学的收入分配政策体系，完善教育制度、就业制度和社会保障制度，实现起点公平、过程公平和结果公平。

2. 经济稳定增长

合理而公平的收入分配政策不仅对增进社会公平、实现社会稳定有积极作用，还能够

为社会经济发展创造和谐的社会环境,促进经济增长目标的实现。收入分配政策中的税收政策、转移支付政策具有自动稳定器功能,可"熨平"经济的周期性波动,保持经济增长的效率。

3. 社会和谐稳定

收入分配政策可缩减收入分配差距,稳定民心,为社会经济发展创造和谐稳定的社会环境。收入分配政策中的社会保障政策、转移支付政策和税收政策都具有社会稳定功能。

三、收入分配政策的工具

收入分配政策的工具主要有社会保障、转移支付和税收。

1. 社会保障

社会保障(social security)是指国家和社会通过立法对国民收入进行分配和再分配,对社会成员,特别是生活有特殊困难的人们的基本生活权利给予保障的社会安全制度。社会保障的本质是维护社会公平,进而促进社会稳定发展。一般来说,社会保障由社会保险、社会救济、社会福利、优抚安置等组成。其中,社会保险是社会保障的核心内容。社会保障的主要目的是保证无收入、低收入以及遭受各种意外灾害的公民能够维持生存,保障劳动者在年老、失业、患病、工伤、生育时的基本生活不受影响,同时,根据经济和社会发展状况,逐步增进公共福利水平,提高国民生活质量。

社会保障的功能主要体现在:第一,社会保障是劳动力再生产的保护器。在劳动力再生产遇到障碍时,给予劳动者及其家属以基本生活、生命的必要保障,以维系劳动力再生产的需要,从而保证社会再生产的正常进行。第二,社会保障是社会发展的稳定器。通过社会保障对社会财富进行再分配,适当缩小各阶层社会成员之间的收入差距,避免贫富悬殊,使社会成员的基本生活得到保障,能协调社会关系,维护社会稳定。第三,社会保障是经济发展的调节器。社会保障对经济发展的调节作用主要体现在对社会总需求的自动调节作用。在经济萧条时期,一方面,由于失业增加、收入减少,用于社会保障的货币积累相应减少;另一方面,因失业或收入减少而需要社会救济的人数增加,社会用于失业救济和其他社会福利方面的社会保障支出也相应增加。这使社会保障的同期支出大于收入,从而刺激了消费需求和社会总需求。在经济繁荣时期,其作用则正好相反。第四,社会保障可以解除劳动力流动的后顾之忧,使劳动力流动渠道通畅,有利于调节和实现人力资源的高效配置。

2. 转移支付

转移支付(transfer payment)是政府财政资金的单方面无偿转移,体现的是非市场性的分配关系。它是指各级政府之间为解决财政失衡而通过一定的形式和途径转移财政资金的活动,是用以补充公共物品而提供的一种无偿支出,是二级分配的一种手段。转移支付是一种平衡经济发展水平和解决贫富差距的财务方法,包括政府转移支付、企业转移支付和政府间转移支付。政府转移支付大都具有福利支出的性质,如社会保险福利津贴、抚恤金、养老金、失业补助、救济金以及各种补助费等;农产品价格补贴也是政府转移支付。

转移支付的主要功能在于:第一,保障地方政府提供最基本的公共产品,如教育、基础设施和卫生保健等。第二,调节辖区之间的财政净收益。自然环境、经济条件和社会条件不同会引起供给成本的差异,从而使居民的财政净收益有差别。第三,矫正地方政府活动在辖区之间的外部效应。

3. 税收

税收是国家为满足社会公共需要,凭借公共权力,按照法律所规定的标准和程序,参与国民收入分配,强制取得财政收入的一种特定分配方式。它体现了国家与纳税人在征收、纳税的利益分配上的一种特殊关系,是一定社会制度下的一种特定分配关系。税收收入是国家财政收入最主要的来源。税收主要用于国防和军队建设、国家公务员工资发放、道路交通和城市基础设施建设、科学研究、医疗卫生防疫、文化教育、救灾赈济、环境保护等领域。

税收的作用就是税收职能在一定经济条件下具体表现出来的效果。税收的作用具体表现为:能够体现公平税负,促进平等竞争;调节经济总量,保持经济稳定;体现产业政策,促进结构调整;合理调节分配,促进共同富裕;维护国家权益,促进对外开放;等等。

理论探索

要对财政政策的相关内容作更深入的了解,可阅读曼库尔·奥尔森的《国家兴衰探源:经济增长、滞胀与社会僵化》(商务印书馆,1999 年版)一书中关于"滞胀、失业与经济周期:宏观经济学的进化论方法"的论述。

思维拓展

1. 根据所学相关经济学知识,谈谈你对"财政政策和货币政策是政府为实现宏观经济目标对经济进行调控的重要手段。利用财政工具调控社会需求,促进经济稳定发展的思想源于凯恩斯的宏观经济理论"的理解和认识,并回答什么是好的财政政策和货币政策,以及好的财政政策和货币政策有什么样的效果。

2. 根据所学经济学知识,谈谈你对"数字人民币"的理解与认识,并尝试回答数字人民币与其他虚拟货币的不同,以及数字人民币会不会带来货币政策的变化。

第十章 公共经济政策

 **制度实践**

2023 年的宏观政策展望与建议

从中国面临的外部环境与宏观经济形势来看，当前中国经济的最主要矛盾依然是总需求不足，表现为实际经济增速显著低于潜在经济增速。因此，当前政策最关键的着力点就是考虑如何让中国经济增速尽快回归到潜在经济增长水平。我们的总体看法是，财政政策与货币政策都需要继续放松，但货币政策进一步放松的效果相对有限，财政政策应当对经济增长发挥更大的推动作用，且除总量放松之外，更重要的是想方设法提高财政政策的执行效率，这与中央经济工作会议对积极财政政策"加力提效"的要求相一致。具体来看：

2023 年的财政政策在总量上应进一步放松，具体可以有如下几个方面举措：一是提升中央财政赤字率，2023 年财政赤字占 GDP 的比重应重返 3% 以上，甚至更高。二是增加地方专项债发行规模，考虑到专项债已经成为地方政府推动基金投资的最重要融资来源之一，专项债增量发行规模应当进一步提升至 4 万亿元以上。三是提升国债发行额度，相对于地方债而言，国债是成本更低、更可持续的融资方式，政府可考虑通过扩大国债发行缓解财政压力；此外，我们不排除政府再度发行特别国债的可能性。四是延续政策性、开发性金融工具。2022 年下半年，中国人民银行支持国家开发银行、中国农业发展银行设立了政策性、开发性金融工具，主要用于补充投资地方重大项目的资本金，从而帮助地方政府更好地撬动金融杠杆。我们认为政策性、开发性金融工具在明年应当进一步延续。

与此同时，未来政府还应从以下六个方面致力于提升财政政策的有效性：第一，改善基础设施投资融资结构。我国基建投资长期以来主要通过地方融资平台以市场化方式融资，成本通常在 10% 以上，这必然难以持续；由于基础设施的公益性，应当动用一般公共预算中的税收或通过发行国债来为大型基础设施投资提供融资，这是公共财政的应有之义。第二，提高地方专项债的使用效率。当前地方专项债在申请、报批、审核、资金使用等方面均存在严格规定，在一定程度上影响了对基建项目融资的支持力度；中央应当在专项债使用方面给予地方政府更大的自主权，诸如专项债仅可展期一次、不许提前偿还、第一年就必须付利息、必须用项目产生的现金流偿付本息、专项资金不能跨年度使用、专项债资金下达后必须在当年完成相应工程量等规定，应予以放宽或废除。第三，对地方平台债务管理使用逆周期审慎监管模式。在经济下行压力较大的情况下，应该适当放松对平台公司隐性债务的管理；待经济恢复之后，可以重新加强监管。第四，加强财政政策与货币政策的配合。在当前形势下，财政政策应主要发力，货币政策应该把国内利率保持在较低水平，把国内流动性保持在较充裕水平，帮助财政政策以较低的成本融通资金。第五，延续政策性、开发性金融工具。如前文所述，政策性、开发性金融工具是政府主导的股权投资基金，可用于地方政府基建项目的资本金。延续这项工具的使用并扩大投放资金的规模，能够对基础设施建设投资规模发挥重要的支持作用。第六，解决财政政策困局最本质的办法，还是要通过各种举措来恢复经济增长，塑造政府收入稳定增长的基础。因此，要解决当前中国经济增长面临的各种挑战，最重要的还是应尽快让中国经济的实际经济增速回归到 5%~6% 的潜在增速附近。

货币政策仍有继续放松的空间和必要性。自 2022 年第二季度以来，中国人民银行实施了多次降准与降息，货币政策一直呈现较为宽松的姿态。但是，从金融指标来看，当前的市场流动性充裕、信贷资金的供给充足，真正稀缺的是信贷需求，这表现为企业与居民部门信贷增量的低迷：企业新增投资扩大生产的意愿薄弱，居民不再贷款买房，甚至出现了大量购房者提前还贷的现象。企业和居民激进地去杠杆，将对经济增长与金融稳定造成威胁。因此，2023 年货币政策仍有必要继续维持宽松，且降息的操作优于降准，以降低企业和居民的贷款成本，助力激发其信贷需求。值得一提的是，结构性货币政策与窗口指导依然能够发挥不可替代的作用。此外，人民币汇率的变化也有助于打开货币政策宽松的空间。随着美元指数在 2023 年上半年触顶、下半年开始回落，人民币兑美元汇率有望在 2024 年下半年明显反弹；而一旦人民币汇率进入新的升值周期，中国人民银行就可以更加自如地根据国内形势需要来灵活调整货币政策。

综上所述，随着疫情防控政策的优化、进一步稳增长政策的出台，我们认为，中国 GDP 增速将由 2022 年的 3% 上下提升至 2023 年的 5% 以上，甚至不排除超过 5.5% 的可能性。考虑到全球经济增速将由 2022 年的 3.2% 下降至 2023 年的 2.7%（根据 IMF 2022 年 10 月的预测），中国经济在 2023 年将会再次成为全球经济增长最重要的"火车头"，而 2023 年全球经济将迎来"东升西降"的格局。

资料来源：本案例来源于网络，并经作者加工整理。

参考文献

1. 罗宾斯. 经济科学的性质和意义[M]. 朱泱, 译. 北京: 商务印书馆, 2000.
2. 利奇. 公共经济学教程[M]. 孔晏, 朱萍, 译. 上海: 上海财经大学出版社, 2005.
3. 林毅夫. 新结构经济学: 反思经济发展与政策的理论框架[M]. 北京: 北京大学出版社, 2012.
4. 米塞斯. 官僚体制·反资本主义的心态[M]. 冯克利, 姚中秋, 译. 北京: 新星出版社, 2007.
5. 萨缪尔森, 诺德豪斯. 经济学[M]. 12版. 汪祖杰, 等译. 北京: 中国发展出版社, 1992.
6. 布朗, 杰克逊. 公共部门经济学[M]. 张馨, 译. 北京: 中国人民大学出版社, 2000.
7. 陈共. 财政学[M]. 北京: 中国人民大学出版社, 2002.
8. 陈树文, 刘金涛, 王大刚, 等. 公共经济学[M]. 大连: 大连理工大学出版社, 2011.
9. 杰克逊. 公共部门经济学前沿问题[M]. 郭庆旺, 刘立群, 杨越, 译. 北京: 中国税务出版社, 2000.
10. 储敏伟, 杨军昌. 财政学[M]. 北京: 高等教育出版社, 2004.
11. 崔惠玉. 税式支出预算研究[M]. 北京: 中国财政经济出版社, 2011.
12. 李嘉图. 政治经济学及赋税原理[M]. 郭大力, 王亚南, 译. 北京: 商务印书馆, 1976.
13. 戴文标. 公共经济学导论[M]. 上海: 上海人民出版社, 2002.
14. 邓子基, 林致远. 财政学[M]. 北京: 清华大学出版社, 2005.
15. 邓子基. 现代西方财政学[M]. 北京: 中国财政经济出版社, 1994.
16. 杜振华. 公共经济学[M]. 北京: 对外经济贸易大学出版社, 2010.
17. 罗森. 财政学[M]. 4版. 平新乔, 董勤发, 杨月芳, 等译. 北京: 中国人民大学出版社, 2000.
18. 樊勇明, 杜莉. 公共经济学[M]. 上海: 复旦大学出版社, 2007.
19. 冯秀华. 公共支出[M]. 北京: 中国财政经济出版社, 2004.
20. 高鸿业. 西方经济学[M]. 3版. 北京: 中国人民大学出版社, 2007.
21. 高培勇, 崔军. 公共部门经济学[M]. 3版. 北京: 中国人民大学出版社, 2011.
22. 高培勇, 杨之刚, 夏杰长. 中国财政经济理论前沿[M]. 北京: 社会科学文献出版社, 2008.
23. 高培勇. 公共经济学[M]. 2版. 北京: 中国人民大学出版社, 2008.
24. 郭庆旺, 赵志耘. 公共经济学[M]. 2版. 北京: 高等教育出版社, 2010.

25. 韩康. 公共经济学[M]. 新修订版. 北京：经济科学出版社，2010.
26. 胡怡建. 税收学[M]. 上海：上海财经大学出版社，2004.
27. 黄恒学，高桂芳，郭喜. 公共经济学[M]. 2版. 北京：北京大学出版社，2009.
28. 蒋洪，朱萍. 财政学[M]. 上海：上海财经大学出版社，2000.
29. 凯恩斯. 就业、利息和货币通论[M]. 高鸿业，译. 北京：商务印书馆，1983.
30. 梁朋. 公共财政学[M]. 北京：中共中央党校出版社，2006.
31. 刘玲玲. 公共财政学[M]. 北京：清华大学出版社，2000.
32. 罗斯托. 经济成长的阶段[M]. 国际关系研究所编译室，译. 北京：商务印书馆，1962.
33. 洛克. 政府论[M]. 瞿菊农，叶启芳，译. 北京：商务印书馆，1996.
34. 马斯格雷夫. 比较财政分析[M]. 董勤发，译. 上海：格致出版社，2017.
35. 托达罗. 经济发展与第三世界[M]. 印金美，赵荣美，译. 北京：中国经济出版社，1992.
36. 萨缪尔森，诺德豪斯. 宏观经济学[M]. 16版. 萧深，等译. 北京：华夏出版社，1999.
37. 鲍德威，威迪逊. 公共部门经济学[M]. 邓力平，译. 北京：中国人民大学出版社，2000.
38. 史普博. 管制与市场[M]. 余晖，何帆，钱家骏，等译. 上海：格致出版社，上海三联书店，上海人民出版社，2003.
39. 诺思，托马斯. 西方世界的兴起[M]. 厉以平，蔡磊，译. 北京：华夏出版社，1999.
40. 曼昆. 经济学基础[M]. 5版. 梁小民，梁砾，译. 北京：北京大学出版社，2010.
41. 塔洛克. 寻租：对寻租活动的经济学分析[M]. 李政军，译. 成都：西南财经大学出版社，1999.
42. 斯蒂格利茨. 政府为什么干预经济：政府在市场经济中的角色[M]. 郑秉文，译. 北京：中国物资出版社，1998.
43. 斯蒂格利茨. 斯蒂格利茨经济学文集：第一卷（上、下册）[M]. 纪沫，陈工文，李飞跃，译. 北京：中国金融出版社，2007.
44. 敦利威. 民主、官僚制与公共选择[M]. 张庆东，译. 北京：中国青年出版社，2004.
45. 布坎南. 自由、市场和国家[M]. 平新乔，译. 上海：上海三联书店，1989.
46. 蒙丽珍，古炳玮. 公共财政学[M]. 2版. 大连：东北财经大学出版社，2010.
47. 穆勒. 功用主义[M]. 唐钺，译. 北京：商务印书馆，1957.
48. 斯密. 道德情操论[M]. 蒋自强，钦北愚，朱钟棣，等译. 北京：商务印书馆，2011.
49. 牛淑珍，杨顺勇. 新编财政学[M]. 上海：复旦大学出版社，2005.
50. 钱纳里. 结构变化与发展政策[M]. 朱东海，黄钟，译. 北京：经济科学出版社，1991.

51. 青木昌彦. 政府在东亚经济发展中的作用：比较制度分析[M]. 赵辰宁，等译. 北京：中国经济出版社，1998.

52. 史锦华. 公债学[M]. 北京：中国社会科学出版社，2011.

53. 斯蒂格利茨. 经济学[M]. 高鸿业，等译. 北京：中国人民大学出版社，1997.

54. 孙钰，陶志梅. 公共经济学[M]. 北京：经济科学出版社，2008.

55. 唐祥来，黄书猛. 财政学[M]. 北京：经济科学出版社，2010.

56. 吴厚德. 财政学[M]. 广州：中山大学出版社，2003.

57. 吴肇基. 公共经济学[M]. 北京：中国戏剧出版社，2001.

58. 许正中. 公共财政[M]. 北京：中共中央党校出版社，2003.

59. 斯密. 国民财富的性质和原因的研究[M]. 郭大力，王亚南，译. 北京：商务印书馆，2009.

60. 杨志勇，张馨. 公共经济学[M]. 北京：清华大学出版社，2011.

61. 艾伯斯坦. 哈耶克传[M]. 秋风，译. 北京：中国社会科学出版社，2003.

62. 王宁，刘俊英等. 公共经济学[M]. 开封：河南大学出版社，2013.

63. 诺斯，托马斯. 西方世界的兴起[M]. 厉以平，蔡磊，译. 北京：华夏出版社，1999.

64. 索洛. 经济增长理论：一种解释[M]. 胡如银，译. 上海：上海三联书店，1994.

65. 贝克尔. 人力资本：特别是关于教育的理论与经验分析[M]. 梁小民，译. 北京：北京大学出版社，1987.

66. 速水佑次郎，神门善久. 发展经济学：从贫困到富裕[M]. 李周，译. 北京：社会科学文献出版社，2009.

67. 厉以宁. 超越市场与超越政府：论道德力量在经济中的作用[M]. 北京：商务印书馆，2023.

68. 贝克尔. 人类行为的经济分析[M]. 王业宇，陈琪，译. 上海：上海三联书店，上海人民出版社，1995.

69. 张维迎. 企业的企业家：契约理论[M]. 上海：上海三联书店，上海人民出版社，1995.

70. 柯武刚，史漫飞. 制度经济学：社会秩序与公共政策[M]. 韩朝华，译. 北京：商务印书馆，2000.

71. 金迪斯，鲍尔斯. 人类的趋社会性及其研究：一个超越经济学的经济分析[M]. 浙江大学跨学科社会科学研究中心，译. 上海：上海人民出版社，2006.